Die Entstehung des Großen Westens, 1512-1883

Samuel Adams Drake

Writat

Diese Ausgabe erschien im Jahr 2023

ISBN: 9789359254982

Herausgegeben von
Writat
E-Mail: info@writat.com

Inhalt

VORWORT.

„ Der edelste Nachwuchs der Zeit ist der letzte. "

Diese Geschichte soll soweit wie möglich dem Wunsch nach kurzen, kompakten und handlichen Handbüchern über die Anfänge unseres Landes gerecht werden.

Obwohl es in erster Linie für junge Leute gedacht ist, wurde nicht übersehen, dass das gleiche Bedürfnis auch bei erwachsenen Lesern besteht, denen eine intelligente Sicht auf das Thema auf engstem Raum nirgends zugänglich ist.

Für den vorliegenden Zweck wurde die einfachste und klarste Sprache verwendet, obwohl ich nie gezögert habe, das richtige Wort zu verwenden, wann immer ich es beherrschen konnte, selbst wenn es mehr als drei Silben umfasste.

Wie in „Making of New England" „zielt dieses Buch darauf ab, einen Platz zwischen den größeren und kleineren Geschichten einzunehmen – die ausführliche Erzählung so zu verdichten, dass sie ihr mehr Lebendigkeit verleiht, oder so zu erweitern, was die engen Grenzen der Schule überschreiten." Die Geschichte bleibt oft im Dunkeln, um den Mangel auszugleichen. Wenn Lehrer also ein bestimmtes Thema vor sich haben, ist es beabsichtigt, dass ein Kapitel über dasselbe Thema gelesen wird, um die bloßen Umrisse des allgemeinen Schullehrbuchs zu ergänzen.

„Zu diesem Zweck bestand der Plan darin, jedes Thema als eine Einheit zu behandeln, die zu einem klaren Verständnis seiner Ziele und Ergebnisse ausgearbeitet werden sollte, bevor zu einem anderen Thema übergegangen wird. Und zur Förderung dieser Methode hat jedes Thema seine eigenen beschreibenden Anmerkungen, Karten, Pläne und bildliche Darstellungen, so dass alle zu einer gründlichen Kenntnis des jeweiligen Sachverhalts beitragen können. Die verschiedenen Themen lassen sich leicht in Gruppen einteilen, die einen offensichtlichen oder zugrunde liegenden Zusammenhang aufweisen, der klar herausgestellt wird."

In diesem Band habe ich die Arbeit der drei großen Rivalen der Neuzeit bei der Zivilisierung unseres Kontinents bis zu ihrem legitimen Abschluss weiterverfolgt. Ich habe versucht, es zum würdigen, wenn auch bescheidenen Vertreter eines großartigen Themas zu machen. Die Geschichte weckt zunehmendes Interesse als große Errungenschaft des Zeitalters: die Überwindung der lateinischen Rasse durch die Angelsachsen, während eine große Welle eine andere mit widerstandsloser Kraft überwältigt.

Unter dem Titel „Der Große Westen" befasst sich der vorliegende Band hauptsächlich mit dem Abschnitt jenseits des Mississippi. Ein weiterer Vorschlag wird vorgeschlagen, in dem der zentrale Teil der Union behandelt wird. Man hofft, dass die abgeschlossene Serie so etwas wie ein nationales Porträt des amerikanischen Volkes präsentieren wird.

Gruppe I.
DREI RIVALEN ZIVILISATIONEN.

„ Die wahre Geschichte, die von nun an mit der Erziehung des Volkes beauftragt ist, wird die aufeinanderfolgenden Bewegungen der Menschheit studieren. " – VICTOR HUGO.

I.
DIE SPANIER.

EINE HISTORISCHE ÄRA.

„ Und aus Amerika das goldene Vlies

Das füllt jedes Jahr die Schatzkammer des alten Philipp. "

Marlowes Faustus.

Die Geschichte, die wir zu erzählen haben, war das Problem des 16. Jahrhunderts und ist nicht weniger das Wunder des 19. Jahrhunderts. In der einfachsten Form ausgedrückt lautete das Rätsel, das in jedem Palast der Christenheit gelöst werden musste: „Wie wird sich die Entdeckung einer neuen Welt auf die Menschheit auswirken?“

SPANISCHE WAFFEN.

Um die ganze Geschichte von Anfang bis Ende klar zu machen, müssen wir uns bemühen, uns zunächst mit dieser fernen Zeit in Verbindung zu setzen – ihr Denken , seine Interessen, seine Ziele und die Zivilisation. Versuchen wir dies jetzt, zu diesem Zeitpunkt, wo wir von unserem Standpunkt des erreichten Erfolgs aus ruhig auf das Feld zurückblicken und klar die Ursachen erkennen können, die in geordneter Abfolge dazu geführt haben.

Ganz am Anfang sehen wir drei rivalisierende Zivilisationen. Wir sehen verschiedene Nationen, von denen jede versucht, die Vorherrschaft in der Neuen Welt zu erlangen oder ihr ihre eigene Zivilisation aufzuzwingen, trotz der anderen. Wir sehen, dass die Zivilisation offenbar damit beschäftigt ist, ihre eigenen Ziele zu vereiteln. Natürlich gilt unser erstes Interesse den Kombattanten selbst. Wer und was sind diese Gladiatoren der Alten Welt , die sich für die Begegnung ausgezogen haben, als sie sich für die Neue Welt als Arena entschieden haben?

SCHIFF DES SECHZEHNTEN JAHRHUNDERTS.

Die Aufmerksamkeit der zivilisierten Welt erregte große Ereignisse, die so groß waren, dass fast ganz Europa in Aufruhr geriet. Es war die Zeit der ungeklärten Verhältnisse, der wiederauflebenden alten Eifersüchteleien und Feindseligkeiten, der dadurch geschaffenen neuen Möglichkeiten und neuen Anpassungen. Aber unter den Nationen Europas war die Machtverteilung ganz anders als wir sie heute sehen. Spanien, nicht England, war die anerkannte Herrin der Meere. England hatte seinem alten Rivalen diesen stolzen Titel noch nicht in der größten Seeschlacht des Jahrhunderts entrissen. Drake und Frobisher waren nicht geboren. Hawkins war ein Junge, der über die Kais seines Heimathafens spazierte. Wer sollte dann Spanien die Herrschaft über die Meere streitig machen?

Die königliche Standarte Spaniens war tatsächlich sehr weit auf dem Meer getrieben. Kolumbus hatte es sogar in Sichtweite der Küsten Mexikos getragen; Doch obwohl er Spanien eine neue Welt geschenkt hatte, gelang es ihm, dem Mann seines Jahrhunderts, den lang ersehnten Weg nach Indien nicht zu finden, und so starb er, ohne die Erfüllung des einen großen Zwecks seines Lebens zu sehen.

ISABELLA VON SPANIEN.

Doch Kolumbus war sozusagen ein Hebel des Archimedes, [1] denn mit der Größe seiner Idee hatte er sowohl die Alte als auch die Neue Welt bewegt. Die Alte geriet wegen seiner Entdeckungen und der Bedeutung, die sie für die Menschheit bedeuteten, in Aufruhr, die Neue war begeistert von dem neuen Leben, das sich in ihrer Brust regte. Spanien rückte sofort in die vorderste Reihe der Nationen vor. Wie seltsam und beeindruckend sind die Ereignisse, die aus dieser einen Idee hervorgegangen sind, die im Gehirn eines Mannes wirkte! Und wo in der ganzen Weltgeschichte sollen wir ihresgleichen suchen?

Als Kolumbus nach Spanien zurückkehrte, hatte der portugiesische Seefahrer Diaz auch das Kap der Guten Hoffnung entdeckt. Daraufhin einigten sich diese beiden stolzen und mächtigen Nationen, Spanien und Portugal, darauf, alle unbekannten Länder und Meere östlich und westlich einer Meridianlinie, die von Pol zu Pol, einhundertsiebzig Meilen westlich, verlaufen sollte, untereinander aufzuteilen der Azoren. Alle anderen Nationen sollten somit aus der Neuen Welt ausgeschlossen werden. [2]

Nachdem Spanien sich durch Kolumbus und seine Entdeckungen zunächst einen festen Stand auf den Antillen gesichert hatte [3] , brach es seine Expeditionen nach Florida (1512) und Mexiko (1519) schon früh ab. Das eine war das logische Ergebnis des anderen, denn St. Domingo und Kuba erlangten nun eine besondere Bedeutung als Stationen, von denen aus es leicht war, neue Eroberungspläne voranzutreiben. In den Häfen dieser Inseln konnten die Spanier ihre Schiffe umrüsten oder ihre Besatzungen nach der langen Seereise von Europa aus rekrutieren. Vor allem Kuba wurde zu einem Arsenal von höchster militärischer Bedeutung, dessen Stärkung Spanien große Mühe gab.

also von Anfang an diesen großen Vorteil gegenüber seinen Konkurrenten. Sie verfügte über eine Marinestation, die günstig gelegen war, um Landungen an den angrenzenden Küsten zu machen, die jedoch keines von ihnen für sich sichern konnte.

Kolumbus starb 1506; Auch Ferdinand, König von Spanien, dessen Name durch einen Zufall mit dem von Kolumbus verbunden ist, war gestorben; und nun begann für Karl, der kurz darauf zum deutschen Kaiser gekrönt wurde, seine ereignisreichste Regierungszeit. Der darin behandelte Zeitraum ist einer der bedeutsamsten in der modernen Geschichte, und so wie große Anlässe gewöhnlich große Männer hervorbringen, so waren auch die Monarchen, die damals über die Völker Europas herrschten, der Zeit würdig, in der sie lebten. Charles war selbst einer der größten dieser Monarchen. Franz I. von Frankreich war ein anderer; Heinrich der Achte. von England ein anderer. Daher fühlten wir uns berechtigt, wie zu Beginn dieses Kapitels zu sagen, dass unser Ausgangspunkt in einer historischen Ära festgelegt war; denn alles deutete darauf hin, dass der Kampf zwischen solchen Männern ein Kampf der Riesen sein würde.

MEDAILLE VON KARLES V.

Während dieser Herrschaft fanden die Eroberungen Mexikos und Perus statt. Während dieser Herrschaft erreichte Spanien eine Größe, die in seiner Geschichte noch nie zuvor gekannt worden war. Europa sah mit Staunen zu, wie diese großen Eroberungspläne dreitausend Meilen entfernt durchgeführt wurden, während Spaniens mächtige Nachbarn zu Hause in Ehrfurcht gerieten. Der englische Dichter Dryden, der ein Theaterstück über die Eroberung Mexikos schrieb, lässt Cortez und Montezuma den folgenden Dialog führen, wobei Cortez Frieden oder Krieg anbietet:

Mont. Woher oder von wem bringst du diese Angebote?

Cortez. Von Karl dem Fünften, dem mächtigsten König der Welt.

Andere Nationen hätten die Reichtümer der Neuen Welt gerne mit den Eroberern geteilt, aber Spanien warnte hochmütig vor Eindringlingen und wollte den Preis für sich allein behalten.

Damals verlangte Franz I. die Vorlage dieser Klausel im Testament Adams, der ihn in der Neuen Welt enterbte. Aber Spanien war zu gewaltig, um auf See angegriffen zu werden. Auf dem Land trafen die beiden großen Rivalen in Pavia aufeinander, wo der Stolz Frankreichs so erschüttert wurde, dass Franziskus nach dem Ende der Schlacht seiner Mutter die denkwürdigen Worte schrieb, die in ähnlichen Notfällen so oft verwendet wurden: „Madame, alle zusammen.“ ist verloren außer der Ehre.“

Die herausragende Größe Spaniens zu dieser Zeit tritt umso deutlicher hervor, wenn man es mit der minderwertigen Haltung Englands vergleicht, nicht nur als Militärmacht, sondern auch in Bezug auf friedliche Erfolge. Mit dem Licht, das Spanien im Wagen der Entdeckung trug, rückten andere Nationen vor, allerdings mit Abstand, was ihren Respekt vor dem Diktator der europäischen Politik zum Ausdruck brachte.

PONCE DE LEON.

Es lohnt sich, daran zu erinnern, dass bei den Bemühungen, auf dem Festland Fuß zu fassen, oder auf der „ *Terra Firma* ", wie die Spanier es damals nannten, [4] das Territorium der Vereinigten Staaten in der zeitlichen Reihenfolge Vorrang beanspruchen kann. Bevor Cortez in Mexiko landete, hatte Ponce de Leon Florida entdeckt und benannt. Damit war Florida der erste Teil des nordamerikanischen Kontinents, der die Taufe auf einen christlichen Namen erhielt. [5]

Obwohl Spanien unter diesem Namen Florida zunächst alles in Nordamerika beanspruchte , richteten seine Entdecker ihre Aufmerksamkeit zunächst auf die große Zentralregion rund um die Tropen.

Cortez landete an der Golfküste, entfaltete sein Banner aus „Blut und Gold", zündete seine Schiffe an, [6] um seinen Anhängern klarzumachen, dass es für ihn und sie keinen Rückzug gab, und marschierte weiter ins Herz Mexikos. Somit sind zwei Ausgangspunkte festgelegt, von denen aus die Geschichte der spanischen Herrschaft in der Neuen Welt, in Florida und in Mexiko fortgesetzt werden kann.

Andererseits gaben die Spanier, nachdem sie endlich den Weg über den Isthmus von Darien zur Südsee gefunden hatten [7] (1513), gewissermaßen ihre hartnäckige und nutzlose Suche nach einem offenen Wasserweg nach Indien auf. Cortez schlug daraufhin mit dem Schwert eine weitere Straße durch Mexiko zu diesem großen westlichen Ozean. Seiner Leistung folgten schnell Ulloa (1539), Cabrillo (1542) und andere spanische Seefahrer, die von Cortez oder dem Vizekönig geschickt wurden, um die Entdeckungen entlang der Küste auszudehnen. Sie segelten entlang des Golfs von Kalifornien, der zunächst Vermilion Sea genannt wurde, und segelten bis zum 30. nördlichen Breitengrad darüber hinaus.

Dank Cortez hatte sich Spanien endlich den begehrten Weg nach Indien gesichert. Doch als er in sein Heimatland zurückkehrte, fragte der König seine Mitmenschen, wer Cortez sei. „Ich bin ein Mann", sagte der Eroberer Mexikos, „der Ihrer Majestät mehr Provinzen gewonnen hat, als Ihr Vater Ihnen Städte hinterlassen hat."

Als zu Lande und zu Wasser führendes Land trieb Spanien seine Eroberungszüge im Ausland ungehindert voran. Wenn solche Taten wie die ihre die Eigenliebe eines rivalisierenden Prinzen so gereizt hatten, wie mussten sie dann das Blut all jener kühnen Geister erregt haben, von denen Charles umgeben war und die danach brannten, sich im Dienst ihres Lehnsherrn und Herrschers hervorzuheben ? . In Amerika sagten die Menschen, die Entstehung eines neuen Imperiums habe begonnen. Wenn dem so wäre, bedeutete das, dass Männer mit Energie, Ehrgeiz und Fähigkeiten, die Art von Männern, auf die das Glück wartet, um seine erlesensten Gunst zu erweisen, sie dort suchen sollten.

BALBOA ENTDECKT DEN PAZIFISCHEN OZEAN.
„Stille auf einem Gipfel in Darien." – KEATS.

Aber Mexiko und Peru waren bereits gewonnen. Als die Spanier daher begannen, sich nach neuen Welten umzusehen, die es zu erobern galt, fiel ihr Blick auf Florida. Es ist wahr, dass allen, die sich auf den Weg zu diesem Auftrag gemacht hatten, nichts als eine Katastrophe widerfuhr. [8] Ein Zauber schien über diesem Land der Blumen zu liegen. Die Spanier hatten tatsächlich mit viel Pomp ein Kreuz aufgestellt und sich seltsamerweise zu Herren des Landes erklärt; doch ohne die Macht, auch nur einen Fußbreit Boden zu halten, war dieses Kreuz ein Denkmal für ihr Versagen, da seine Inschrift wie ein Epitaph ihrer Anmaßung wirkte.

FUSSNOTEN

[1] HEBEL DES ARCHIMEDES. Das diesem berühmten Mathematiker der Antike zugeschriebene Sprichwort, dass er die Welt bewegen würde, wenn man ihm einen Drehpunkt für seinen Hebel geben würde, wird oft in der einen oder anderen Bedeutung als Redensart verwendet.

[2] PAPST ALEXANDER VI. bestätigte den Teilungsakt durch ein besonderes Dekret, eine sogenannte Bulle.

[3] ANTILLEN , ein früher Name der Westindischen Inseln.

[4] TERRA FIRMA , was wörtlich festes Land bedeutet; ein Name, der erstmals von den Spaniern verwendet wurde, um den amerikanischen Kontinent oder den zuerst entdeckten Teil von den Westindischen Inseln zu unterscheiden.

[5] VORNAME , seit seiner Entdeckung am Ostersonntag, *Pascha Floridum –* Blumiges Ostern.

[6] DAS VERBRENNEN SEINER SCHIFFE ist zu einem Sprichwort geworden, das oft verwendet wird, um einen Akt außergewöhnlicher Kühnheit zu veranschaulichen, mit dem man es außer Kraft setzt, von einem Unternehmen zurückzutreten. Cortez folgte lediglich dem Beispiel des Kaisers Julian im antiken Rom und Wilhelms des Eroberers in England.

[7] SÜDSEE. Der Pazifische Ozean wurde zuerst so genannt.

[8] Der Angriff von Narvaez auf Florida im Jahr 1528 ereignete sich in EINER KATASTROPHE . Schauen Sie nach.

DE SOTOS ENTDECKUNG DES MISSISSIPPI. [1]

„ Man kann Gold zu einem zu hohen Preis kaufen. “ – Spanisch.

Wenn wir uns die frühesten spanischen Karten ansehen, auf denen der Golf von Mexiko eingezeichnet ist, finden wir nicht nur das Delta eines großen Flusses an der Stelle, an der wir auf unseren heutigen Karten den Mississippi erwarten würden Er mündet triumphal ins Meer, aber die Kartographen haben ihm sogar einen Namen gegeben – Rio del Espiritu Santo – was in ihrer Sprache „Fluss des Heiligen Geistes" bedeutet.

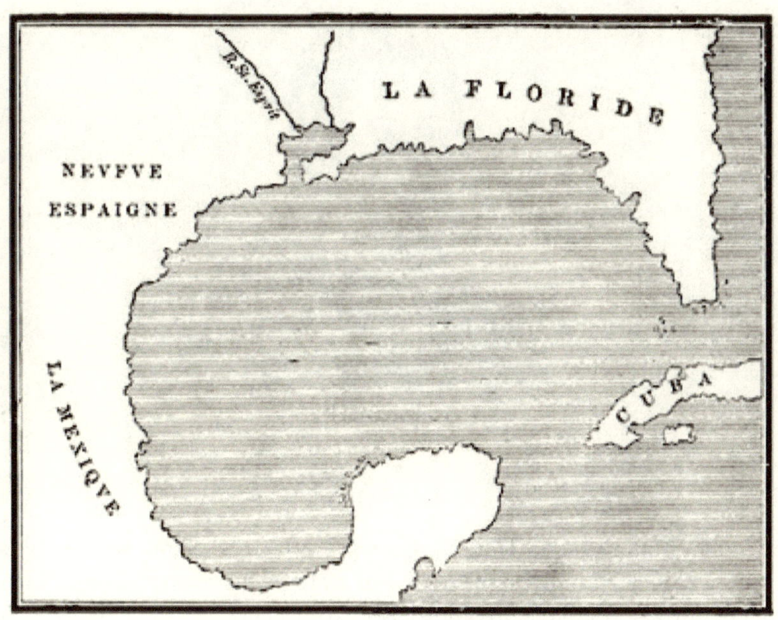

FRANZÖSISCHE KARTE VON 1542. VON JOMARD.

Dass dieses Wissen die Arbeit nachfolgender Entdecker nicht beeinträchtigen sollte, ist für uns ganz klar, denn die Karten selbst zeigen, dass nur die Küstenlinie [2] untersucht worden war, als diese Ergebnisse auf Pergament gebracht wurden. Die Entdecker hatten tatsächlich einen Fluss gefunden und sich dessen notiert, waren aber auf ihrem Weg vorbeigekommen, ohne auch nur zu ahnen, dass das schlammige Wasser, das sie vor ihnen aus dem Land strömen sahen, einen Kontinent entwässerte. Hätten sie diese wichtige Entdeckung gemacht, können wir nicht an ihrer Bereitschaft zweifeln, sie bei ihrer dritten Invasion in Florida auszunutzen. Somit hatte die Entdeckung, wenn man sie denn überhaupt nennen kann, keinen praktischen Wert für diejenigen, die sie gemacht haben, und das Land blieb wie zuvor ein versiegeltes Buch. Wir können uns darüber nicht wundern, denn La Salle konnte den Fluss später bei der eigentlichen Suche nicht finden, obwohl er ihn schon einmal gesehen hatte.

Mit 600 Männern, sowohl zu Pferd als auch zu Fuß, gut ausgerüstet und geschickt geführt, stach Hernando de Soto [3] im Mai von Havanna aus in See und landete am Pfingstsonntag [4] des Jahres 1539 an der Küste Floridas.

DE SOTO.

De Soto verbrannte seine Schiffe nicht wie Cortes, sondern schickte sie nach Havanna zurück, um auf seine weiteren Befehle zu warten. Diese Spanier waren nicht als friedliche Kolonisten gekommen, die nach Häusern und einem Willkommensgruß bei den Besitzern des Bodens suchten, sondern als Soldaten, die nur auf Eroberung aus waren. De Soto hatte, wie wir gesehen haben, eine Armee mitgebracht. Sein Lager wurde in militärischer Ordnung errichtet. Es bewegte sich beim kriegerischen Klang der Trompete. Zweihundert Reiter mit Lanzen und Langschwertern marschierten im Wagen. Mit ihnen ritt der Adelantado, sein Fahnenträger und sein Gefolge. Hinter diesen Schwadronen marschierten die Männer aller Waffengattungen – Armbrustschützen, Arkebüchsenschützen , Kaliberschützen , Pikeniere, Pagen und Knappen, die sich den Offizieren in De Sotos Zug anschlossen – , dann kam das Gepäck mit seiner Lagerwache aus Stallknechten und Dienern : und zu guter Letzt schloss ein weiterer starker Infanterietrupp den Rücken der vorrückenden Kolonne fest, so dass sie, ob im Lager oder auf dem Marsch, immer kampfbereit war. Tatsächlich marschierte De Soto mit dem Schwert in der Hand in Florida ein und erklärte alle, die sich ihm widersetzen sollten, zu Feinden.

SOLDAT VON 1585.

De Soto setzte eine eiserne Disziplin durch und versäumte es nie, als guter Soldat selbst ein Beispiel für den Gehorsam gegenüber den für das Verhalten seiner Armee veröffentlichten Befehlen zu geben. Bei der Verfolgung seines Schicksals sollte man sich stets vor Augen halten, dass De Soto nur einen Eroberungsfeldzug unternahm.

Gegenüber den unschuldigen Eingeborenen des Landes wandten die Eindringlinge zunächst Gewalt an, dann Versöhnung. Wie in Mexiko und Peru wollten sie auch hier jeden Widerstand niederschlagen , das Land völlig ihren Waffen unterwerfen. De Soto hatte unter Pizarro gedient und sich als geschickter Schüler eines grausamen Meisters erwiesen. Es wurde angenommen, dass die Indianer überhaupt keine Rechte hatten oder zumindest keine, die weiße Männer respektieren müssten. In der Absicht, sie zu Sklaven zu machen, hatten die Spanier Bluthunde mitgebracht, um sie zu jagen, Ketten mit eisernen Halsbändern, um sie an der Flucht zu hindern, und wohin auch immer die Armee ging, wurden diese armen Kerle in ihrem Gefolge, wie so viele wilde Tiere, vorbeigeführt ihre grausamen Herren. Auf dem Marsch wurden sie mit Lasten beladen. Wenn die Spanier Halt machten, warfen sich die Gefangenen wie müde Hunde auf den Boden. Wenn sie hungrig waren, aßen sie, was den Hunden vorgeworfen wurde. Soweit bekannt, war Hernando de Soto der erste, der die Sklaverei [5] in ihrer schlimmsten Form im Land Florida einführte, und auf diese Weise gründete dieser christliche Soldat eines christlichen Prinzen die erste Regierung, die von weißen Männern gegründet wurde in irgendeinem Teil des Territoriums der Vereinigten Staaten.

Die Spanier waren auf der Suche nach dem Gold, das ihrer Meinung nach das Land enthielt. Bei der ersten Landung wurde ein Spanier [6], der zwölf Jahre unter den Florida-Indianern gelebt hatte, von diesen zu seinen Freunden ins Lager gebracht. Das erste, was De Soto diesen Mann fragte, war, ob er von Gold oder Silber im Land wisse. Als er offen sagte, dass dies nicht der Fall sei, wollten ihm seine Landsleute nicht glauben. Als die Indianer befragt wurden, wiesen sie auf die Berge hin, in denen tatsächlich bis heute Gold gefunden wird. Obwohl er ihm nicht glaubte, nahm De Soto den Geretteten als Dolmetscher mit.

KUBANISCHER BLUTHUND.

Es hieß, und viele glaubten, dass es irgendwo in Florida eine goldene Stadt gab, die von einem König oder Hohepriester regiert wurde, der von Kopf bis Fuß mit Goldstaub statt mit Pulver bestreut war. Diese Geschichte reichte völlig aus, um die Gier der Spanier zu erregen, denen es warm wurde, als sie von dieser Stadt als dem El Dorado [7] oder der Stadt des Vergoldeten sprachen.

Heutzutage würden vernünftige Menschen solchen Fabeln nicht zuhören , aber in der Zeit, über die wir schreiben, glaubten sie fest an sie, nicht nur von den Armen und Unwissenden, sondern auch von den größten Fürsten der Christenheit. Zweifellos haben sie dazu beigetragen, De Sotos Reihen zu füllen. Lord Bacon sagt uns, dass in allen Aberglauben weise Männer den Narren folgen, und da dies ein abergläubisches Zeitalter war, können wir ihm leicht glauben. An die großen, fruchtbaren, wahren Minen des Landes, die Bewirtschaftung des Bodens dachten diese Glücksritter, die De Soto nach Florida folgten, nicht.

Diese unglückselige Expedition ist eher wegen ihres Unglücks denkwürdig als wegen der Verdienste, die sie der Zivilisation erwiesen hat. Am anschaulichsten werden diese durch den Tod und die Beerdigung von De Soto selbst hervorgehoben, und in diesem Sinne werden sie für alle Zeiten auf der Seite der Geschichte stehen als Denkmal dafür, was Menschen aus Gier nach Gold wagen und ertragen werden. In jedem anderen Fall wäre die Expedition ein Epos wert.

Obwohl die kleine Armee aus den besten Soldaten der Welt bestand und einen tapferen und geschickten Kapitän als Anführer hatte, war sie so hoffnungslos in der urzeitlichen Wildnis verstrickt, dass es bis zum heutigen Tag nie möglich war, das Wahre herauszufinden Verlauf dieses verhängnisvollen Marsches. [8] Wo immer er von Gold hören konnte, dorthin führte De Soto seine müden und fußschmerzenden Bataillone. Als er auf der einen Seite ratlos war, wandte er sich mit seltener Beharrlichkeit der anderen zu. Und obwohl sie in täglichen Kämpfen verschwendet wurden, obwohl ihnen Hungersnot und Krankheit Schritt für Schritt durch Sümpfe und Sumpfwälder, über Berge und Flüsse folgten, drängte De Soto dennoch mit wundersamer Leichtsinnigkeit immer weiter voran. Wie eine Zauberin hatte ihn sein El Dorado in seinen Untergang gelockt.

Etwa zwei Jahre lang entzogen sich De Soto und seine Gefährten völlig dem Wissen der Menschen. Ein elender Überrest dieser einst tapferen Bande machte sich dann auf den Weg zur Küste, allerdings nicht als Eroberer, sondern als Flüchtlinge. [9]

ABFAHRT DER SPANIER.

Wo genau diese Jahre vergangen sind, ist nicht klar. Vor langer Zeit hat die Zeit alle Spuren des Marsches der Eindringlinge verwischt. Der Schothorn ist also verloren. Dennoch wissen wir, dass die Armee eines Tages im Mai 1541, zwei Jahre nach ihrer ersten Landung, am Ufer eines unbekannten Flusses Halt machte, der fast eine halbe Meile breit war. Einer der Soldaten sagt dazu, wenn ein Mann auf der anderen Seite stehen bliebe , könne man nicht erkennen, ob er ein Mann sei oder nicht. Der Fluss hatte eine große Tiefe und eine starke Flut, die ständig viele große Bäume mit sich trieb. Alle Zweifel verschwinden. Dies könnte kein anderer sein als der „Vater des Wassers" selbst.

FUSSNOTEN

[1] DER MISSISSIPPI wurde erstmals (indianisch) erwähnt. Der Name wird von frühen Autoren unterschiedlich geschrieben. „Vater des Wassers" oder „Großer Vater des Wassers" ist die akzeptierte Bedeutung. Höchstwahrscheinlich der *Espiritu Santo* der frühesten bekannten spanischen Karte von Florida (1521) von Sebastian Cabot (1544); und *St.*

Esprit des im Text angegebenen, obwohl möglicherweise das Mobile gemeint ist. Die Leute von De Soto scheinen es zuerst *Rio Grande oder Großer Fluss* genannt zu haben . Diese Katastrophe brachte die Forschung in diesem Viertel vierzig Jahre lang völlig zum Erliegen, bevor sie von den Franzosen wieder aufgenommen wurde, über deren Bemühungen wir gleich sprechen werden. Der Fluss erscheint dann auf einer Karte des Entdeckers Louis Joliet (1674) unter seinem heutigen Namen, allerdings mit der Schreibweise „ *Messasipi* ". Von diesem Zeitpunkt an verdrängte der Name alle anderen.

[2] DIE GOLFKÜSTE Floridas ist auf einer Karte von 1513 (Ptolemäus, Venedig) mit erträglicher Genauigkeit eingezeichnet. Garay untersuchte es im Jahr 1518. Bis 1530 (Ptolemaios, Basel) hatte die Golfküste eine recht genaue Abgrenzung erhalten. Der Golf selbst war den spanischen Seeleuten wohlbekannt, da er die Hauptstraße für Schiffe nach Mexiko und Yukatan war. Bald wurde es ein ausschließlich spanisches Meer, auf dem keine andere Flagge erlaubt war.

[3] HERNANDO DE SOTO wird von einem seiner Anhänger als „ein strenger Mann mit wenigen Worten" beschrieben, der, obwohl er gerne die Meinungen anderer Menschen kennenlernte und sichtete, selbst immer tat, was ihm gefiel, und so ergaben sich alle Menschen seinem Willen ." – *Rel. Portugal* .

[4] PFINGSTEN oder Pfingsten, ein Fest der christlichen Kirche zum Gedenken an die Herabkunft des Heiligen Geistes auf die Apostel.

[5] ZWAR gab es unter den Indianern dieses Kontinents eine bestimmte Art von Sklaverei, die ihre Gefangenen in halber Knechtschaft hielten, allerdings waren die Bedingungen völlig anders, da der Gefangene als zur Adoption in seine Familie und seinen Stamm geeignet angesehen wurde Meister. Bei den Indianern hatte die Frage der sozialen Gleichheit nichts mit ihrer Politik gegenüber ihren Gefangenen oder solchen zu tun, die sich weigerten, sich eingliedern zu lassen.

[6] EIN SPANIER namens Juan (John) Ortiz, der mit Narvaez nach Florida kam.

[7] EL DORADO. Merken Sie sich diesen Namen. Wir werden es wiedersehen.

[8] DIESER TÖDLICHE MARSCH. Der eine Hinweis auf die Route, die De Soto auf seinen Wanderungen durch die heutigen Golfstaaten nahm, findet sich in den Namen verschiedener indianischer Nationen, deren Länder er durchquerte. Daher sind die Namen Apalache , Coça (Coosa), Tuscaluca (Tuscaloosa) und Chicaça (Chicasaw) so viele Wahrzeichen. Es liegen jedoch keine genauen Daten vor, die eine hinreichend genaue Beschreibung

einer Reise ermöglichen könnten, die sich über mindestens acht oder zehn Staaten erstreckte, Tausende von Kilometern zurücklegte und Jahre in Anspruch nahm. Der Kreuzungsort von De Soto ist auf Pownalls (englischer) offizieller Karte von 1755 am oder in der Nähe von Osier Point am Ostufer platziert, der jetzt der nordwestlichen Ecke des Bundesstaates Mississippi und des De Soto County entspricht. Auf einer Karte von 1775 ist es auf dem vierunddreißigsten Breitengrad verzeichnet, etwas unterhalb des alten Dorfes Arkansas oder „Handsome Men".

[9] Als FLÜCHTLINGE bauten sich De Sotos Anhänger unter dem Kommando von Moscoso , seinem Nachfolger, Boote, mit denen sie den Mississippi hinunter zur Küste fuhren und schließlich Tampico in Mexiko erreichten, „worüber sich der Vizekönig sehr wunderte".

TOD UND BEERDIGUNG VON DE SOTO.

„ Von einem Portugiesen der Gesellschaft. "

„Der Gouverneur spürte in sich , dass die Stunde nahte, in der er dieses gegenwärtige Leben verlassen sollte , und rief die Offiziere, Kapitäne und wichtigsten Personen des Königs herbei . Hee ernannte Luys de Moscoso de Aluarado zu seinem Kapitän allgemein . Und bald darauf wurde er von allen Anwesenden geschworen und zum Gouverneur gewählt . Am nächsten Tag, dem 12. Mai 1542, verließ der tapfere, tugendhafte und tapfere Kapitän , Don Fernando de Soto, Gouverneur von Kuba und Adelantado von Florida, den das Schicksal begünstigte , wie es war andere zu tun, damit er den höheren Sturz erleiden könnte . [1] Er ging an einen solchen Ort und zu einer solchen Zeit, da er in seiner Krankheit nur wenig Trost hatte; und die Gefahr, in der sein ganzes Volk in diesem Land umkam , die vor ihren Augen erschien, war Grund genug, warum jeder von ihnen brauchten Trost , und warum sie ihn nicht besuchten oder begleiteten , wie sie es hätten tun sollen. Luys de Moscoso beschloss, seinen Tod vor den Indianern zu verbergen , weil Ferdinando de Soto sie glauben gemacht hatte, dass die Christen unsterblich seien ; und auch , weil sie ihn für zäh, weise und tapfer hielten ; und wenn sie wüssten , dass er tot war, würden sie mutig gegen die Christen vorgehen, obwohl sie friedlich mit ihnen lebten .

„Sobald er gestorben war, befahl Luys de Moscoso , ihn heimlich in ein Haus zu bringen, wo er drei Tage blieb ; und indem er ihn von dort entfernte , befahl er, ihn in der Nacht an einem der Tore der Stadt innerhalb der Stadt zu begraben Und als die Indianer gesehen hatten, dass er krank war, und ihn vermissten, ahnten sie, was sein könnte. Und als sie an der Stelle vorbeigingen, wo er begraben war, sahen sie, dass die Erde bedeckt war , schauten und redeten miteinander. Luys de Mososco Als er dies erkannte , befahl er, ihn bei Nacht hochzuholen und eine große Menge Sand in die Mäntel zu werfen, wo er in Windeseile geriet, in einem Kanu getragen und mitten in den Fluss geworfen wurde . Der Kaziken von Guachoya erkundigte sich bei ihm und fragte, was aus seinem Bruder und Herrn, dem Gouverneur , geworden sei : Luys de Moscoso sagte ihm, dass er wie viele andere Male nach Heauen gegangen sei und dass er dort auf jeden Fall bleiben sollte Tagelang hatte er ihn an seiner Stelle gelassen. Der Kazik dachte bei sich , dass er tot sei; und befahl, zwei junge und wohlproportionierte Indianer dorthin zu bringen; und sagte, dass das Gebot dieses Landes sei, wenn ein Lord starb, Indianer zu töten und zu warten Und zu diesem Zweck kamen diejenigen, die auf seinen Befehl hin kamen, zu ihm und beteten zu Luys de Moscoso, er möge befehlen, sie zu enthaupten, damit sie seinem Herrn und Bruder dienen und ihm dienen könnten. Luys de Moscoso sagte ihm, dass der Gouernour nicht tot sei, sondern nach Heauen gegangen sei und dass er von seinen eigenen christlichen Souldiers so viel genommen habe, wie er brauchte, um ihn zu bewachen , und bat ihn, den Indianern zu befehlen, sie freizulassen, und nicht von nun an gegen solche schlechten Bräuche vorzugehen .

BEERDIGUNG VON DE SOTO.

DIE INDIANER VON FLORIDA .

De Sotos Invasion in Florida ist unserer Meinung nach am denkwürdigsten, weil sie die Sitten und Gebräuche der Indianer berührt hat, mit denen die Spanier auf solch böse Weise umgegangen sind. In diesem Licht hat es nur historischen Wert. Auch wenn die Details unvollständig sind, handelt es sich um unser frühestes Porträt dieses einzigartigen Volkes, da es bereits ein ganzes Jahrhundert vor der Besiedlung Neuenglands existierte, und markiert somit eine eindeutige geschichtliche Grenze, von der aus dieses Wissen datiert werden kann.

Doch wenn wir in der Geschichte dieser Urrasse bis zum Beginn des 16. Jahrhunderts so weit zurückgehen, finden wir in ihren Sitten, Bräuchen und Traditionen, wie sie uns überliefert sind, nichts, was die Theorie bestätigen würde dass die Vorfahren dieser Menschen zivilisierter waren als sie selbst. Das Wenige, das sie darüber zu wissen scheinen, gehört zu den Anfängen der Kunst und nicht zu ihrem Wachstum aus niedrigeren Verhältnissen. Diese Indianer wussten, wie man Perlen aus der Perlenauster herstellt. Die Menschen in Neuengland wussten auch, wie man Muschelwampum herstellt. Die Florida-Indianer konnten Stoffe aus wilden Hanffasern weben und sie hübsch färben; sie konnten Hirschleder gerben, kleiden und verzieren; hatte herausgefunden, wie man grobe Tongefäße formt und in der Sonne backt. In einigen dieser Dinge übertrafen sie sicherlich ihre Brüder in Neuengland, obwohl ihre Waffen und Geräte denen ähneln, die weiter nördlich verwendet werden. Da alle Werkzeuge, mit denen sie arbeiten mussten, von der einfachsten Art waren und aus Stein oder Knochen geformt waren, kostete die Herstellung der meisten Dinge sie viel Zeit und Arbeit, und daher auch die bei ihnen verwendeten mechanischen Künste waren solche, die nur den ersten und dringendsten Bedürfnissen eines Volkes entsprangen, wie es überall in der Geschichte des Urmenschen der Fall ist. [1]

FLORIDA-KRIEGER.

Man muss bedenken, dass das, was uns über diese Florida-Indianer erzählt wird, von ihren Feinden geschrieben wurde. Wenn ihr Mut gelobt wird, haben wir daher das Gefühl, dass sie es verdient haben müssen. Was uns an den Erzählungen selbst vielleicht am meisten erstaunt, ist die kaltblütige Art und Weise, mit der sie das Abschlachten dieser Indianer schildern, die im Lichte der Menschheit kaum berücksichtigt zu werden scheinen.

Es scheint, als ob der schlechte Ruf der Spanier ihnen zuvorgekommen wäre, denn als sie sich der Küste Floridas näherten, sahen die Eindringlinge überall Rauch, der sich darüber aufwirbelte, und sie stellten bald fest, dass er angezündet wurde, um die Bewohner vor der Küste zu warnen bewachen.

Die ersten Indianer, denen man begegnete, wurden sofort von De Sotos Reitern angegriffen, die John Ortiz beinahe getötet hätten, bevor sie entdeckten, dass er ein Christ wie sie selbst war. Obwohl sie sich nicht sicher waren, was die Landung so vieler weißer Männer bedeuten könnte, brachten diese Indianer Ortiz treu als Friedensangebot in das spanische Lager. Es lohnt sich, sich daran zu erinnern, da der erste Akt seitens der Spanier von Gewalt und Einschüchterung geprägt war.

Wenn sich die Spanier daher einer indianischen Stadt näherten, flohen die Einwohner voller Angst aus ihr; Und um Führer zu finden, die sie führten, oder Träger, die das Gepäck trugen, sah sich De Soto während des Marsches gezwungen, die Indianer, die seine eigenen Männer in die Hände bekommen konnten, mit Gewalt zu ergreifen. An diese legte er Ketten und ließ sie die Lasten seiner Soldaten tragen. Wenn möglich, wurde ein Häuptling entführt und als Geisel für das gute Benehmen seines Stammes gehalten. Daher war kein Spanier außerhalb seines Lagers sicher. [2]

Wieder plünderten die Spanier die Dörfer, die sie betraten, von allem, was sie brauchten, als wären sie in einem eroberten Land. Wenn sie Mais wollten , nahmen sie ihn; Wenn sie etwas Wertvolles fanden, bedienten sie sich selbst, ohne den Anschein zu erwecken, dafür zu bezahlen. Infolgedessen behinderten die verärgerten Indianer überall De Sotos Marsch, soweit es in ihrer Macht stand; und andererseits behandelte De Soto die Eingeborenen im Verhältnis zum Widerstand, auf den er stieß, mehr oder weniger streng. Wir kennen diese Indianer daher als mutige Männer, da sie zur Verteidigung ihrer Häuser und Freiheiten mit nackten Brüsten gegen Männer in Rüstungen und mit Pfeil und Bogen gegen Feuerwaffen kämpfen konnten. [3]

Palisadenstadt.

Als De Soto am Mississippi ankam, hatte er über hundert Männer und die meisten seiner Pferde verloren.

Wozu eine solche Behandlung wahrscheinlich führen würde, ist leicht vorhersehbar. Mit Sicherheit hat es den Grundstein für eine künftige Feindseligkeit gegenüber der Sendung „Weißer Mann" gelegt. Seine Grausamkeit wurde zur Tradition. Der Inder hat ein langes Gedächtnis und ist von Natur aus rachsüchtig. Der Indianer betrachtete die Weißen zunächst als mit allen guten und wohltätigen Dingen begabte Götter und erkannte sie schnell als ein grausames Volk voller Geiz, das darauf aus war, ihn zu vernichten . Seine schlimmsten Feinde konnten nichts mehr tun. Und so trafen die beiden Rassen in der Neuen Welt aufeinander.

Wir sollten es nicht unterlassen, hier eines der merkwürdigsten Dinge zu erwähnen, die sich im gesamten Verlauf der Expedition ereigneten. Als die Spanier in die Stadt Quizaquiz kamen , wo sie einen Aufenthalt machten, strömten Indianer aus entfernten Dörfern dorthin, um mit eigenen Augen zu sehen, was für ein Volk unter sie gekommen war; Denn sie sagten, es sei ihnen von den Vätern ihrer Väter vorhergesagt worden, dass Männer mit weißen Gesichtern kommen und sie unterwerfen würden, und nun glaubten sie, dass die Prophezeiung wahr geworden sei.

DIE HÜTTE EINES FLORIDA-INDIANERS.

Vom Aussehen her sind die indischen Dörfer und Städte, in denen wir uns befinden, weitgehend gleich. Bei den Häusern handelte es sich um kleine runde Hütten aus Holzlatten, die manchmal mit Palmblättern gedeckt waren, manchmal mit Stöcken oder Schilf, die wie Ziegel auf das Dach gelegt waren. Um den heftigen Golfwinden besser standhalten zu können, wurden sie tief auf dem Boden gebaut. In den kälteren Klimazonen wurden die Wände mit Lehm bestrichen. Der einzige erkennbare Unterschied zwischen den Hütten der gewöhnlichen Art und den Behausungen der Häuptlinge bestand darin, dass es sich um größere und geräumigere Wohnhäuser handelte, mit manchmal einer Galerie an der Vorderseite, unter der die Familie in der Hitze sitzen konnte der Tag.

jeder noch so kleinen Hüttengruppe befanden sich eine oder mehrere Maiskörner. Dabei handelte es sich um einen Dachboden oder einen Getreidespeicher, der auf Pfählen in der Luft aufgestellt war, genau wie es heute von den Weißen praktiziert wurde , und mit dem gleichen Zweck, Mais oder Mais zu lagern, der allgemein angebaut wurde. Nur wegen der überall vorhandenen Vorräte an Mais wären sowohl die Spanier als auch ihre Pferde bald verhungert, da Mais [4] ihr einziges Nahrungsmittel wurde und sie oft aus Mangel daran hungern mussten.

Ein Kanu bauen.

Männer und Frauen trugen Mäntel, die entweder aus Baumrinde oder aus einer wilden Hanfsorte geflochten waren und die die Indianer zu diesem Zweck richtig zu kleiden wussten. Sie verstanden sich auch auf die Kunst des Gerbens und Färbens der bei der Jagd gewonnenen Häute, aus denen sie auch Kleidungsstücke verarbeiteten. Zwei dieser Mäntel bildeten die übliche Kleidung einer Frau. Einer wurde wie ein Unterrock oder ein Kleid von der Taille abwärts um den Körper getragen, der andere wurde nach der Art der Ägypter mit entblößtem rechten Arm über die linke Schulter geworfen. Die Krieger trugen nur diesen letzten Mantel, der ihnen den freien Gebrauch des rechten Arms ermöglichte, um einen Pfeil aus dem Köcher zu ziehen oder den Bogen zu spannen. Mit seiner Kopfbedeckung aus Federn bekleidet, den verzierten Mantel über die Schulter geworfen, den Bogen in der Hand und den gut gefüllten Köcher auf dem Rücken tragend, machte der indische Krieger selbst neben den Schwerbewaffneten keine unmalerische Figur

weißer Mann, denn er war wohlproportioniert und muskulös gebaut, mit guten Gesichtszügen, einem Auge wie das eines Adlers und einer Haltung, die von der Männlichkeit zeugte, die unter seiner dunklen Haut pochte.

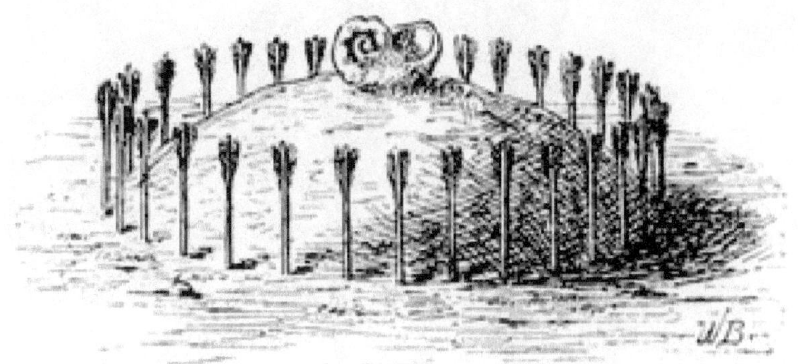

Das Grab eines Häuptlings.

Die Indianer Floridas verehrten sowohl einen Gott des Guten als auch des Bösen. Sie brachten auch beiden Geistern gleichermaßen Opfer dar. An manchen Orten verehrten und opferten sie die Sonne als das große lebensspendende Prinzip; in anderen gab es einen merkwürdigen Brauch, wenn ein großer Herr starb, lebende Personen zu opfern, um seinen Geist zu besänftigen oder zu trösten, mit der Opfergabe dieser anderen Geister, die ihm dienen und ihm in den glücklichen Jagdgründen Gesellschaft leisten sollten.

Einige Stämme ließen ihre Toten eine bestimmte Zeit lang unbestattet in einer Art Pantheon oder Tempel, der ihren Göttern geweiht war. [5] Darüber wurde streng gewacht, um das Eindringen böser Geister zu verhindern, die angeblich auf der Lauer lagen, in Gestalt eines umherstreifenden Raubtiers. Dieser Brauch entstand aus dem Glauben, dass die Geister der Toten zeitweise ihre sterblichen Körper wieder aufsuchten.

Außer Mais, Kürbissen, Bohnen und Melonen lebten die Indianer von allen natürlichen Früchten, die das Land hervorbrachte. Er jagte und fischte. Der Sommer war für ihn eine Jahreszeit des Überflusses, der Winter eine der Not, manchmal auch der Not, aber in der halbtropischen Region, die an den Golf grenzt, waren seine Bedürfnisse geringer und leichter zu befriedigen, und daher war das Leben in der Regel freier aus Not als in nördlicheren Gefilden.

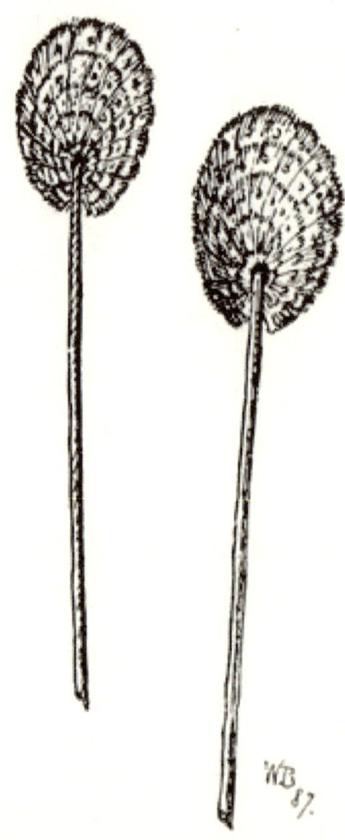

PROZESSIONAL-FANS.

Die stärkeren Nationen führten Krieg gegen die schwächeren, aber Verträge
wurden gebührend respektiert. Die Besiegten waren gezwungen, den
Eroberern Tribut zu zahlen oder sich einem stärkeren Stamm als ihrem
eigenen anzuschließen. Die Sprachen waren in den einzelnen Nationen so
unterschiedlich, dass De Soto feststellte, dass er für jede neue Nation, die er
besuchte, einen neuen Dolmetscher haben musste. Dennoch lernten die
Indianer schnell, die spanische Sprache zu sprechen. In der Öffentlichkeit
verhielten sich die Menschen sehr anständig, zeigten Respekt vor ihren
Herrschern und verwirrten De Soto, der übernatürliche Kräfte vortäuschte,
oft durch die Klugheit ihrer Antworten. Als zum Beispiel der Spanier ausgab,
er sei das Kind der Sonne, befahl ihm ein Häuptling aus Natchez sofort, den
Fluss trockenzulegen, und er wollte ihm glauben. An manchen Orten
begrüßten die Indianer die Spanier mit Liedern und Musik. Ihre Instrumente
waren Rohrblätter, an denen klingelnde Kugeln aus Gold oder Silber hingen.
Wenn der Häuptling oder Kaziken feierlich ins Ausland ging, gingen Männer
an seiner Seite, die elegant aus dem bunten Gefieder von Vögeln gefertigte
Schirme trugen. Diese wurden am Ende eines langen Stabes getragen.

Die Spanier fanden die fruchtbaren Teile des Landes überall mit Städten überfüllt und sehr bevölkerungsreich. Aber sie fanden das Gold, das sie so sehr begehrten, nicht. Sie nannten die Indianer ein Volk, das alle Segnungen der Zivilisation nicht kannte, aber zu ihrer Ehre sei auch gesagt, dass sie frei von den Lastern waren, die mit dieser Zivilisation einhergehen und sie erniedrigen.

FUSSNOTEN

[1] PRIMITIVER MANN. Alle genannten Gegenstände, die bei den Florida-Indianern häufig verwendet werden, stammen aus den Grabhügeln, die es in den Bundesstaaten Ohio, Georgia, North Carolina, Tennessee, Wisconsin usw. gibt. Und alle werden mehr oder weniger so bezeichnet viele Beweise einer ausgestorbenen Zivilisation.

[2] NARVAEZ verfolgte die gleiche Politik und erfuhr die gleiche Behandlung.

[3] FEUERWAFFEN dieser Zeit waren in der Tat sehr schwerfällige Waffen. Die Arkebuse war eine kurze Handfeuerwaffe mit längerem Kaliber und konnte mit Hilfe eines Langsamzündholzes aus dem Stand abgefeuert werden. Nur ein gewisser Teil der Infanterie war auf diese Weise bewaffnet; der Rest trug Hechte.

[4] MAIS. Die Getreidemühle der Indianer war ein glattes, rundes Loch, das in den Fels gehauen war. Es wurde ein Steinstößel verwendet. Das mit Wasser oder Talg oder beidem vermischte grobe Mehl wurde dann in Blätter gewickelt und in heißer Asche gebacken.

[5] BEGRÄBNISSTÄTTEN. Als ein Franziskaner aus der Truppe von Narvaez eines dieser Gefäße für die Toten fand und die Praxis für götzendienerisch erklärte, ließ er alle Leichen verbrennen, was die Eingeborenen sehr erzürnte.

[6] GOLD. Als die Eingeborenen hörten, dass die Spanier ständig nach Gold fragten, nutzten sie es geschickt aus, um sich dieser unwillkommenen Besucher zu entledigen, indem sie sie immer weiter wegschickten. In Wirklichkeit besaßen die Indianer fast keine Edelmetalle, aber der Fund einiger Schmuckstücke unter ihnen schien De Sotos Augen geblendet zu haben.

WIE NEUES MEXIKO ENTDECKT WURDE.

„Nach Norden, jenseits der Berge werden wir gehen,

Wo Felsen liegen, bedeckt mit ewigem Schnee.

Bei den Katastrophen von Narvaez und De Soto war die Bewegung von der Seite Floridas nach Westen auf eine vorzeitige Hemmung gestoßen. Aber seltsamerweise machte es trotz dieser Unglücke in einem anderen Viertel Fortschritte.

Denn während De Soto auf dieser Seite vergeblich nach Gold suchte, beschäftigten sich seine Landsleute mit demselben Geschäft in einer ganz anderen Richtung, wie wir sehen werden.

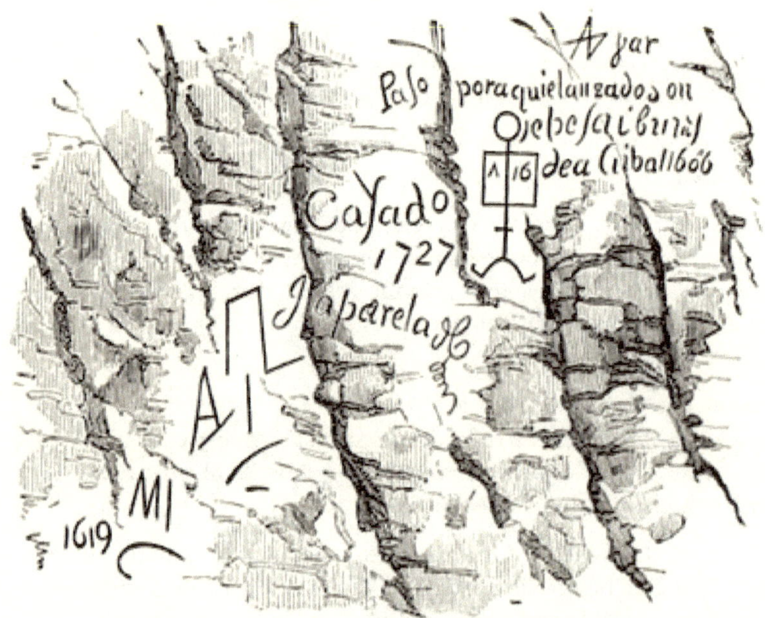

FELSINSCHRIFTEN, NEW MEXICO.

Zu dieser Zeit war Don Antonio de Mendoza der Vizekönig des Kaisers in Mexiko. Nun wollte Mendoza sich von seinem Herrscher einen Namen machen, indem er als Erster die gesamte unerforschte Region nördlich von Mexiko entdeckte und der Welt bekannt machte, die als die reichste galt, die den Spaniern bisher bekannt war. Am allermeisten wünschte sich Mendoza vielleicht, das Ende des Landes in dieser nördlichen Richtung zu finden, da er dadurch die Arbeit, einen Gürtel um den Kontinent zu legen, vollenden und den Ruhm davon für sich gewinnen würde.

Es wurden verschiedene Anstrengungen unternommen, dies sowohl auf dem Land- als auch auf dem Seeweg zu erreichen. [1] Und seltsamerweise kamen diese Bemühungen aus dem Westen.

[2] der Narvaez-Expedition bei sich , die sich auf wunderbare Weise auf dem Landweg durch die unbekannten Regionen des Nordens, von Florida nach Mexiko, begeben hatten. Diese Männer erzählten dem Vizekönig Mendoza, dass die Eingeborenen , die in den Bergen im Norden lebten, ein sehr reiches Volk seien, das in großen Städten lebte und über Gold und Silber im Überfluss verfügte. Mendoza hielt auch einige Indianer gefangen, deren Heimat in diesem fernen Land lag, das er nun erobern wollte.

Doch gleich zu Beginn traf Mendoza auf zwei wichtige Hindernisse. Erstens konnte das unbekannte Land, das die Spanier vage unter dem Namen Cibola kannten, [3] nur über Gebirgsschluchten erreicht werden, die so zerklüftet und unzugänglich waren, dass die Menschen sich fragten, ob es überhaupt erreichbar sei. Die Natur hatte es wunderbar für die Verteidigung angepasst . Es ist also klar, dass ein paar entschlossene Männer ihr Land leicht gegen ein Heer verteidigen könnten, und die Spanier, die Grund hatten, den entschlossensten Widerstand zu erwarten, sahen sich einem zweifachen Hindernis im Weg.

Das zweite Hindernis hatten sich die Spanier selbst geschaffen, indem sie alle in Waffen gefangenen Eingeborenen zu Sklaven machten. Anstatt Sklaven zu sein, waren die Indianer in die Bergfestungen geflohen. Da ihre Angst vor den Spaniern sehr groß war, versteckten sich diese Flüchtlinge an den unzugänglichsten Orten und zogen es vor, wie wilde Tiere zu leben, als wie Vieh mit heißen Eisen gebrandmarkt zu werden, und nährten ihren Hass auf ihre Unterdrücker. Diese unglücklichen Menschen wagten es nicht, in die offenen Täler hinabzusteigen, wo sie der Gnade ihrer Eroberer ausgeliefert wären, und lebten in Höhlen oder in Steinhütten hoch oben zwischen den Felsen, wo sie zumindest unbehelligt die Luft der Freiheit atmen konnten . Auch diejenigen, die früher in den Tälern lebten, waren in die Berge geflohen, als sie vom Kommen der Spanier hörten. Die Spanier müssten sich also nicht nur mit der Natur auseinandersetzen, sondern auch mit einem tapferen und feindseligen Volk, wenn sie versuchen würden, es zu unterwerfen.

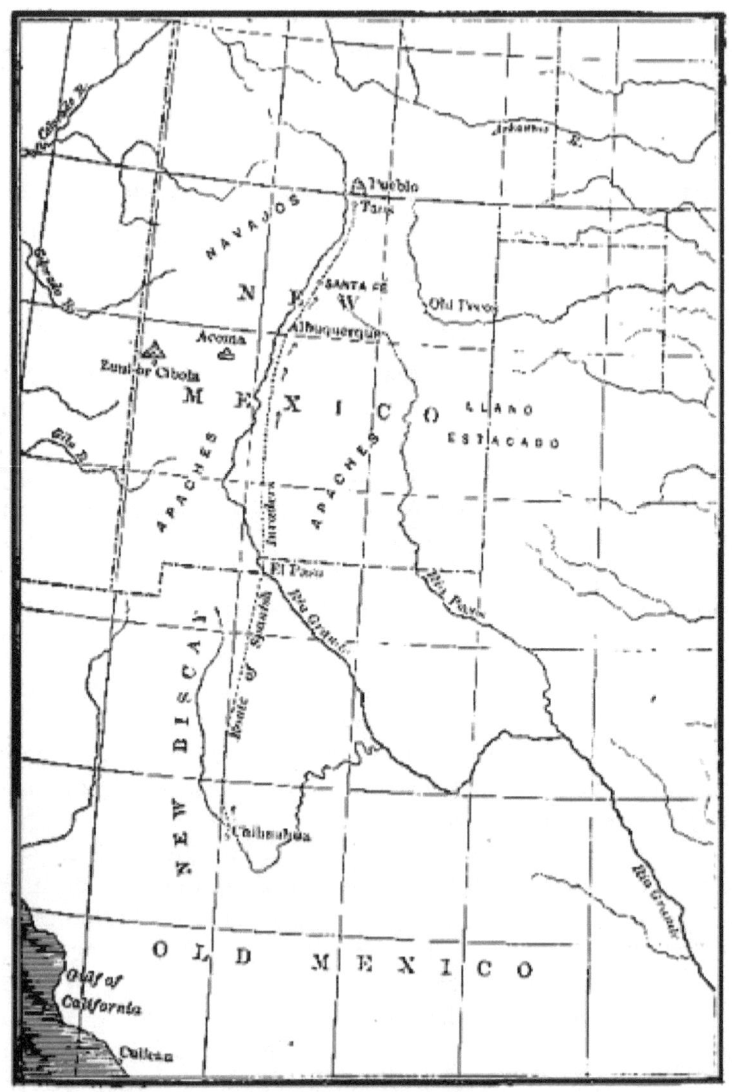

NEW MEXIKO. – ROUTE DER SPANISCHEN INVADER.

Da große Schwierigkeiten oft mit einfachen Mitteln überwunden oder Ergebnisse erzielt werden können, holte der Vizekönig einen armen, barfüßigen Mönch [4] aus seiner Zelle, gab ihm einen von Narvaez' Männern als Führer und schickte ihn mit einigen Eingeborenen des Landes hinaus um die unbekannte Wildnis zu erkunden. Als sie Culiacan erreichten, den nördlichsten Ort, zu dem die Spanier gelangt waren, wurden die gefangenen Indianer mit Botschaften des Friedens und des guten Willens an die misstrauischen Eingeborenen vorausgeschickt, die sorgfältig darauf achteten, ihnen aus dem Weg zu gehen.

Diese Friedensversprechen veranlassten viele Eingeborene, von den Bergen herunterzukommen; Dort angekommen ließen sie sich leicht mit Geschenken und freundlichen Worten überzeugen, und aus Dankbarkeit für das Versprechen, sie nicht wie zuvor gefangen zu nehmen und zu versklaven, forderten sie die Spanier auf, so frei zu gehen und zu kommen, wie sie wollten. Anschließend wurden die Eingeborenen nach Hause geschickt, um die Nachricht unter ihren Brüdern zu verbreiten.

Nachdem der Weg auf diese Weise geöffnet war, machten sich der Mönch und seine Gruppe auf dem gleichen Weg auf den Weg, während eine andere Gruppe, angeführt von Vasquez de Coronado, [5] auf einem anderen Weg mit demselben Auftrag weiterging. Von den beiden Parteien gelang es allein dem Mönch, weit in das Land vorzudringen, und die Informationen, die er mitbrachte, lesen sich jetzt eher wie eine Geschichte aus Tausendundeiner Nacht als wie die nüchterne Bilanz eines bereits gut mit Land und Leuten vertrauten Menschen, wie z wie Mendoza sagt, glaubte er, Pater Marco sei es. Es wird jedoch angenommen, dass der Vater Cibola oder Zuñi , das Ziel seiner Reise, erreicht hatte, als die Ermordung seines Negerführers ihn dazu veranlasste, mit aller Eile zu den spanischen Siedlungen zurückzukehren.

Daher waren diese Versuche sowie ein zweiter von Coronado im folgenden Jahr unternommener Versuch in jeder Hinsicht erfolglos , mit Ausnahme des formellen Akts der Inbesitznahme des Landes und der Aneignung unvollständiger geographischer Kenntnisse über die Täler des Colorado [6] ⋅] der Gila, [7] und der Rio Grande del Norte. [8] Über sie können wir nur sagen, dass die Entdecker das Land durchzogen.

Wie in Florida folgte auch hier eine lange Zeit der Untätigkeit auf diese Misserfolge. In beiden Fällen waren die Spanier gekommen, um zu sehen, aber nicht zu siegen. Der Mississippi floss ungestört zum Meer, das Herz des Kontinents bewahrte sein Geheimnis noch immer fest verschlossen im Schoß seiner Hügel. Aber wir wissen jetzt, dass das Gold und Silber, nach dem sich die Spanier so sehr sehnten, dort auf die erfolgreicheren Entdecker warteten.

Es dauert vierzig Jahre, bis wir wieder von ernsthaften Bemühungen hören, die Geheimnisse dieses geheimnisvollen Landes zu erforschen. Daraufhin nahm die Kirche die Angelegenheit in die Hand. Es wurde klugerweise entschieden, dass der beste Weg, das Volk zu erobern, darin besteht, es zu bekehren. Dementsprechend machten sich zwei fromme Franziskaner zu diesem Auftrag von den spanischen Siedlungen in Neu-Biskaya [9] auf den Weg. Diesmal drangen sie über das Tal des Rio Grande ins Land vor, unter dem Schutz einiger Soldaten, die, nachdem sie die Väter in einen abgelegenen Teil dieses Tals geführt hatten, sie ihrer frommen Arbeit allein überließen und selbst nach New zurückkehrten Biskaya. Da sie von diesen Missionaren nichts hörten, organisierten ihre Auftraggeber im darauffolgenden Jahr – 1582 – eine Expedition, um sich auf die Suche nach ihnen zu machen. Diese rettende Truppe brachte eine genauere Kenntnis von Land und Leuten mit, als sie bisher durch die vielen Entdecker zusammen erlangt werden konnte.

Kreuzung von Gila und Colorado.

Je weiter sie den Rio Grande hinauf vordrangen, desto bevölkerungsreicher fanden diese Entdecker überall Städte. Die Menschen lebten gut und zufrieden. Es wurden einige gefunden, die sogar den Glauben bewahrt hatten, den ihnen die Christen vor langer Zeit gelehrt hatten [10], aber im Allgemeinen beteten sie Götzen in zu diesem Zweck errichteten Tempeln an. Bei den Eingeborenen selbst bemerkten die Spanier einen großen Unterschied. Einige gingen fast nackt und lebten in ärmlichen Lehmhütten, die mit Stroh gedeckt waren. Andere wiederum waren in Felle gekleidet und lebten in vierstöckigen Häusern. Oftmals zeigten die Eingeborenen den Spaniern kunstvoll in weißen und blauen Streifen gewebte Baumwollmäntel , die sie selbst hergestellt und gefärbt hatten und die sehr bewundert wurden. Es schien im Großen und Ganzen ein Land der Sparsamkeit und des Überflusses zu sein, denn die Städte waren so bevölkerungsreich, dass die Spanier es sich nicht hätten träumen lassen. Und je weiter die Entdecker nach Norden kamen, desto besser wurde die Lage der Menschen. Die Entdecker befanden sich in einem Land, das dem alten Mexiko in Bezug auf seine Berge, Flüsse und Wälder ähnelte, und gaben ihm den Namen New Mexico.

Eine der größten besuchten Städte, Acoma genannt, [11] hatte über sechstausend Einwohner. Es wurde auf der ebenen Spitze einer hohen Klippe erbaut und war nur über Stufen erreichbar, die in den festen Fels gehauen waren, der die Klippe bildete. Beim Anblick dieses Ortes wunderten sich die Spanier nicht wenig über das Geschick und die Weitsicht, die sie bei der Planung und dem Bau dieser natürlichen Festungen an den Tag legten, die nur durch Hungersnot erobert werden konnten. Das gesamte Wasser wurde in Zisternen aufbewahrt. Aber das war noch nicht alles, was diese Leute an den Tag legten, wenn es darum ging, Hindernisse zu überwinden oder Bedürfnisse zu befriedigen. Ihre Maisfelder lagen in einiger Entfernung von der Stadt. Hierzulande regnet es kaum. Der Mangel an Regen zum Maiswachstum wurde durch das Ausheben von Gräben ausgeglichen, um das Wasser aus einem benachbarten Bach auf die Felder zu leiten. Wir sehen also, wie die Boden- und Klimabedingungen den Indianern den Einsatz von Bewässerung beigebracht hatten. [12]

Als sie das Tal des Rio Grande in Richtung Westen verließen, gelangten die Entdecker schließlich in die Provinz Zuñi , wo viele spanische Kreuze genau so standen, wie Coronado sie vierzig Jahre zuvor zurückgelassen hatte. Hier hörten unsere Spanier von einem sehr großen See, der weit entfernt lag und in dem ein Volk lebte, das Armbänder und Ohrringe aus Gold trug. Ein Teil der Gesellschaft wollte sofort dorthin gehen, aber der Rest wollte nach Neu-Biskaya zurückkehren, um von allem zu berichten, was sie gesehen und gehört hatten. Also ging nur der Anführer mit ein paar Männern vorwärts und wurde überall von den Eingeborenen freundlich behandelt, die an einem Ort, wie uns erzählt wird, den Spaniern Essen herabschütteten, damit ihre Pferde darauf treten konnten, und ihre fremden Besucher so lange bewirteten und streichelten wie sie unter ihnen blieben.

Orgelberge.

Diese Entdecker kehrten im Juli 1583 nach Alt-Mexiko zurück, durch das Tal des Pecos [13] , dem Bach den Namen „Fluss der Ochsen" gaben, weil sie entlang seines Laufs große Bisonherden [14] beim Fressen sahen.

Aus diesen Entdeckungen und Berichten gingen neue Versuche hervor, eine Kolonie am Rio Grande zu gründen. Es gedieh jedoch nichts, bis Juan de Oñate [15] 1598 an der Spitze einer Streitmacht in New Mexico einmarschierte, die es gründlich unterwerfen und dauerhaft halten sollte. Oñate wurde unter dem Vizekönig zum Gouverneur ernannt. Diese Spanier ließen sich am Rio Grande nieder, nicht weit von der Stelle, an der sich heute Santa Fé befindet. Die meisten Dorfindianer unterwarfen sich den Spaniern, deren Autorität über sie bestenfalls kaum mehr als nominell war, obwohl die umherziehenden Stämme, die wilden Apachen und kriegerischen Navajos , nie ihren ererbten Hass auf die Spanier vergaßen, mit denen sie zusammenlebten einen unaufhörlichen Krieg auslösen.

Mit dieser Expedition kamen eine Reihe franziskanische Missionare, die, sobald eine Stadt erobert war, eine Mission zur Bekehrung der Eingeborenen gründeten. Im Jahr 1601 wurde Santa Fé gegründet und zur Hauptstadt erhoben. In weiteren dreißig Jahren hatte der katholische Klerus bis zu fünfzig Missionen gegründet, die neunzig Städten und Dörfern Religionsunterricht erteilten.

New Mexico hatte nun unter spanischer Herrschaft die Zeit seines größten Wohlstands erreicht. Mehr als fünfzig Jahre lang stand das Land eher still, als dass es Fortschritte machte. Die Spanier waren zu anmaßend und die alte Feindseligkeit zu tief, als dass der Frieden von Dauer gewesen wäre. Dann trug das System der Knechtschaft, das die Spanier aus Alt-Mexiko mitbrachten und hier äußerst unklugerweise in die Praxis umsetzten, seine üblichen bitteren Früchte. Entschlossen, keine Sklaven mehr zu sein, erhoben sich die einheimischen New-Mexikaner im Jahr 1680 in einer Schar und vertrieben die Eindringlinge unter großem Gemetzel aus dem Land. An der Grenze des alten Mexiko machten die Flüchtlinge halt und gründeten dann El Paso del Norte, das sie als Tor nach New Mexico betrachteten und dem sie den Namen gaben. Die Spanier brauchten zwölf Jahre, um sich von diesem Schlag zu erholen. Zu diesem Zeitpunkt war kaum noch zu erkennen, dass sie jemals die Herren von New Mexico gewesen waren. Doch es kam zu einer erneuten Invasion, über die nur wenige Einzelheiten bekannt sind, von der wir jedoch wissen, dass sie noch vor dem Ende des Jahrhunderts zu einer dauerhaften Eroberung führte.

EL PASO DEL NORTE.

Bereits 1687 hatte Pater Kino am Rande des Landes rund um den Golf von Kalifornien eine Mission gegründet, der die Spanier den Namen Pimeria gaben . [16] Es fällt auf, dass sie erneut den Spuren von Pater Marco und Coronado folgten. Als die Spanier nach dieser Niederlage Mut fassten und erneut in New Mexico einmarschierten, gründete Kino (1693) weitere Missionen im Gila-Land, die sich mit der Zeit zu Verbindungsgliedern zwischen New Mexico und Kalifornien im heutigen Arizona entwickelten. [17]

<hr>

FUSSNOTEN

[1] ZU LAND UND ZU WASSER. Als Rivalen strebten sowohl Cortez als auch Mendoza danach, einander voraus zu sein. Cortez schickte Ulloa im Juli 1539 von Acapulco nach Norden. Alarcon, der 1540 auf Mendozas Befehl segelte, begibt sich an die Spitze des Golfs von Kalifornien und findet so den Colorado River, während eine Landstreitmacht unter Coronado nach Norden marschierte, um zu handeln im Konzert mit Alarcon.

[2] ÜBERLEBENDE DER NARVAEZ-EXPEDITION (FLORIDA, 1528). Der Anführer unter ihnen war Alvar Nuñez , manchmal Cabeça de Vaca (wörtlich: Kuhkopf) genannt , der Schatzmeister der Expedition von Narvaez gewesen war.

[3] CIBOLA. Das Zuñi- Land unserer Tage. Angeblich abgeleitet von Cibolo, dem mexikanischen Stier, und daher auf das Land des Bisons anwendbar. Cibola ist auf einer englischen Karte von 1652 in meinem Besitz. Zuñi liegt dreißig Meilen südlich von Fort Wingate.

[4] DER ARME BARFÜSSIGE MÖNCH war Marco de Niza (Mark von Nizza), ein Mönch des Franziskanerordens. Lange Zeit wurde seine Geschichte angezweifelt. Tatsächlich handelt es sich um eine übertriebene Darstellung dessen, was eindeutig ein wahres Ereignis ist.

[5] VASQUEZ DE CORONADO. (Siehe Anmerkung 1.)

[6] COLORADO (Co-lor-ah´-doe) Spanisch, bedeutet rötlich oder rot. Zuerst *Tizon genannt* , was Feuerbrand bedeutet.

[7] GILA , ausgesprochen Hee'la .

[8] RIO GRANDE DEL NORTE , Spanisch, Großer Fluss des Nordens. Normalerweise einfach Rio Grande genannt.

[9] NEUE BISKAYA. Nördlichste Provinz Mexikos, Hauptstadt Chihuahua (Shee´wah´wah).

[10] VON CHRISTEN. Cabeça de Vaca und seine Gefährten.

[11] ACOMA , eine der sieben Städte von Cibola; 45 Meilen südlich des alten Fort Wingate.

[12] BEWÄSSERUNG. Ohne sie wäre es heute in New Mexico kaum möglich, Getreide anzubauen.

[13] TAL VON PECOS. Östlich und parallel zum Rio Grande.

[14] BISON. Cabeça de Vaca ist der erste, der dieses Tier erwähnt. Einer soll als Schaustück in Montezumas Garten aufbewahrt worden sein, wo die Spanier ihn zum ersten Mal sahen. Siehe Anmerkung 3 .

[15] JUAN DE OÑATE . Über den genauen Zeitpunkt dieser Invasion herrscht hoffnungslose Verwirrung.

[16] PIMERIA entspricht im Wesentlichen Arizona. Der Name stammt von den Pimos- Indianern des Golfs.

[17] ARIZONA oder Arizuma , ein Name, den die Spanier für den Mineralreichtum von Pimeria gaben , wo angeblich Silber und Gold in jungfräulichen Massen vorhanden waren. Tatsächlich wurden Silbererze schon früh von den Spaniern entdeckt. Ursprünglich Teil von Senora (Sonora), Altmexiko.

„DAS WUNDERBARE LAND.“

„ Hier lebt, spricht und schreit die Antike zum Reisenden , Sta, viator. “ – V. Hugo, Der Rhein.

Märschen durch das Land erreichten . Die Menschen hatten ihnen in aller Nüchternheit erzählt, dass weit entfernt im Nordwesten sieben blühende Städte, [1] wunderbar groß und reich, zwischen den Bergen verborgen lagen. Wir erinnern uns, dass ihre ersten Expeditionen geplant waren, um diese sieben Städte zu erreichen. Als nun endlich die Spanier zu ihnen kamen, erwiesen sich diese wunderbaren Städte als groß, aber nicht reich, voller Menschen, wenn auch keineswegs so, wie die weißen Männer es erwartet hatten.

Die Spanier waren zwar zutiefst verärgert darüber, dass sie so weit gekommen waren, um so wenig zu finden, doch sie waren sehr erstaunt über das Aussehen dieser Städte, die sie noch nie zuvor gesehen hatten. Diese versteckten Städte inmitten der Wüstenberge blieben daher lange im Gedächtnis und es wurde oft darüber gesprochen.

Aber diese Städte waren überhaupt keine Städte, wie der Begriff heute verstanden wird. Anstatt viele Häuser über ein großes Grundstück zu verteilen, zielten die Bauherren eindeutig darauf ab, viele Menschen auf kleinem Raum unterzubringen. Doch die Städte, die sie bauten, waren weder einfach ummauerte Städte noch einfach Festungen, sondern eine geschickte Kombination aus beidem.

In der offenen Ebene bestanden sie gewöhnlich aus einem großen Bauwerk, das entweder von einer hohen Mauer umgeben war oder so darum herum gebaut war, dass Mauer und Gebäude eins waren.

Wenn andererseits das Pueblo [2] auf einer Anhöhe stünde, wären die Häuser alle in Blöcken gebaut und von Straßen durchzogen, obwohl die Bauweise ansonsten überall gleich war.

In jedem Fall ließ dieser Baustil sie weniger wie die friedlichen Behausungen friedlicher Männer aussehen, sondern eher wie die Hochburgen einer kriegerischen und räuberischen Rasse, von wo aus die Bewohner sich auf ihre schwächeren Nachbarn stürzen konnten, so wie es die Herren der Feudalzeit taten die Felsenburgen des Rheins. Es ist offensichtlich, dass sie aus der Notwendigkeit der Verteidigung heraus entstanden sind , da alles andere ihren Anforderungen geopfert wurde, und wir wissen, dass Notwendigkeit die Mutter der Erfindung ist.

Das einzige große Haus, in dem alle Bewohner zusammen lebten, ist vielleicht das Merkwürdigste. Nehmen wir an, es handele sich um ein dreistöckiges Gebäude, das in sechzig bis hundert kleine Räume unterteilt ist und in dem etwa tausend Menschen leben. Könnte die Außenmauer entfernt werden, würde das gesamte Gebäude wie eine monströse Bienenwabe aussehen, und tatsächlich war das Pueblo nichts anderes als ein menschlicher Bienenstock, wie wir gleich sehen werden.

EIN PUEBLO RESTAURIERT.

Nun ist die Stadt Acoma eine von denen, die auf einer Anhöhe gebaut sind. Die Bauherren wählten die flache Spitze einer kargen Sandsteinklippe mit einer Fläche von etwa zehn Acres, die sich etwa 900 Meter über die Ebene erhebt. In New Mexico werden solche Hochebenen *Mesas genannt*, abgeleitet von *„mesa"*, dem spanischen Wort für „Tisch". Obwohl niemand sein Alter oder seine Geschichte kennt, sind sich alle einig, dass Acoma weit in die Vergangenheit zurückreichen muss. Acoma war so stark gebaut, dass es heute kaum anders aussieht als damals, als die Spanier es 1582 zum ersten Mal auf der Spitze seines Felsens sahen.

Wir sehen also in den Erbauern von Acoma ein Volk, das mit einer viel höheren Intelligenz ausgestattet ist als die Indianer, die immer in Hütten oder Unterschlupfen der rohsten möglichen Art leben. Der wilde Indianer trägt sein Haus immer mit sich herum und ist daher jederzeit bereit, es zu tun

„Falt sein Zelt wie die Araber,

Und so still davonschleichen.

Der sesshafte Indianer orientierte sich bei seinem Muster manchmal an den grabenden Tieren, wie dem Biber, und manchmal an den Vögeln der Luft, wie dem Spatz.

Nun möchte ich Acoma selbst beschreiben. Es besteht aus Reihen massiver Gebäude, die in aufeinanderfolgenden Etagen aus dem Boden ragen. Das zweite Stockwerk liegt etwas zurückversetzt zum ersten und das dritte etwas zurückversetzt zum zweiten, so dass vor jeder Reihe von Gebäuden ein Raum bleibt, in dem die Bewohner oder Wächter in friedlichen Zeiten herumlaufen oder herabschicken können Raketen auf die Köpfe ihrer Feinde in Kriegszeiten. Indem die Bauherren die Außenwände jedes Stockwerks ein paar Fuß höher als diese Plattform hinaufführten, schufen sie etwas, das im Militärjargon „Brüstung" genannt wird und dem Schutz der Verteidiger dienen sollte. Außer in der obersten Etage gab es weder Türen noch Fenster. Acoma war also eine auf einem Felsen erbaute Burg.

Es scheint, dass nur Luftvögel oder kriechende Lebewesen Zugang zu einem solchen Ort erhalten könnten. Tatsächlich gab es für die Bewohner selbst keine andere Möglichkeit, ihre Behausungen zu betreten, als über Leitern zu klettern, die zu diesem Zweck an den Außenwänden des Gebäudes angebracht waren. Auf diese Weise konnte man auf die erste und dann auf die zweite Plattform klettern, aber erst hineinkommen, wenn man das Dach erreichte, durch das man durch eine Falltür in seine eigenen Gemächer hinabstieg.

EIN KOMA.

Die gesamte Gebäudegruppe, die durch Trennwände in mehrere Blöcke mit jeweils sechzig oder siebzig Häusern unterteilt ist, stellt praktisch das heutige Apartmenthotel dar. Das üblicherweise verwendete Material war Lehm [3] oder in der Sonne getrocknete und gehärtete Ziegel. Ein solches Gebäude konnte mit den damals bekannten Raketen nicht in Brand gesteckt oder seine Wände eingerissen werden.

Wir sehen also, dass die Pueblo-Indianer Feinde gehabt haben müssen, die sie fürchteten – Feinde, die gleichzeitig aggressiv, kriegerisch und wahrscheinlich viel zahlreicher waren als sie selbst. Wie gut sie diese Bedingungen erfüllen konnten, zeigen uns ihre Häuser bis heute.

CASA GRANDE, GILA-TAL.

Diese von den Weißen entfernt lebenden Menschen haben wie die des alten Zuñi mehr von ihren primitiven Manieren bewahrt und leben mehr wie ihre Väter als diejenigen, die in den Pueblos des Rio Grande leben, wo sie schon länger in Kontakt sind mit Europäern. Vor vierzig Jahren kannten sie nur wenige spanische Wörter, die sie gelernt hatten, als die Spanier ihr Land hielten. Auf bemerkenswerte Weise hat das Volk seine eigene Sprache und Nationalität frei von fremden Einflüssen gehalten. Aufgrund dieser Tatsache glauben wir, dass sie noch immer dieselben Menschen sind wie vor langer, langer Zeit.

noch andere Gebäude im Land der Gila, sogenannte *Casas Grandes* [4] oder Große Häuser, die sich deutlich von den in diesem Kapitel beschriebenen unterscheiden, aber offenbar zu einem ähnlichen Verteidigungszweck errichtet wurden .

FUSSNOTEN

[1] SIEBEN STÄDTE. Siehe vorheriges Kapitel .

[2] PUEBLO , spanisch für Stadt oder Dorf.

[3] ADOBE , Spanisch. Das gleiche Material wird in ganz New Mexico, Arizona, Kalifornien, Utah und Colorado häufig verwendet.

[4] CASAS GRANDES oder Casas Montezumas . Leutnant. So beschreibt Emory, USA, einen auf dem Gila gesehenen Anblick: „Gegen Mittagspause wurde links ein großes Gebäude gesehen. Es handelte sich um die Überreste eines dreistöckigen Lehmhauses mit einer Fläche von sechzig Fuß im Quadrat und durchbrochenen Türen und Fenstern. Das Die Wände waren vier Fuß dick. Das gesamte Innere des Gebäudes war ausgebrannt und stark verunstaltet. Casa Grande ist auf einer Karte von 1720; liegt auf der Gila.

Volkskunde der Pueblos.

Während sie sich zum Christentum bekennen, haben die Pueblo-Indianer größtenteils einen Teil des götzendienerischen Glaubens ihrer Väter beibehalten. So haben sich die beiden in ihrer Anbetung auf seltsame Weise vermischt. Wir sehen oft das Kruzifix oder Bilder der Jungfrau an den Wänden ihrer Behausungen hängen, aber weder das Kommen der Weißen noch der Eifer der Missionare konnten die tief verwurzelten Grundlagen ihrer alten Religion vollständig auslöschen. Das Wenige, was wir über diesen Glauben und seine Reinheit wissen, erreichen uns hauptsächlich in Form legendärer Überlieferungen, obwohl wir seit der Erforschung der Zuñi [1] mit diesem Ziel eine viel klarere Vorstellung davon haben als je zuvor.

In diesem unsicheren Licht sehen wir, dass es sich um eine Religion der Symbole und Mysterien handelt, die in erster Linie auf den wundersamen Wirkungen der Natur für die Bedürfnisse des Menschen basiert und so eine Philosophie verkörpert, die aus ihren vielfältigen Phänomenen hervorgeht. Deshalb sollten Sonne, Mond und Sterne, Erde, Himmel und Meer sowie alle Pflanzen, Tiere und Menschen im Plan des Universums in einer bestimmten mystischen Beziehung zueinander stehen. Anstelle eines allumfassenden Wesens verehrten die Zuñi viele Götter, von denen jeder eine besondere Eigenschaft oder Kraft besitzen sollte. Einige waren höher, andere tiefer in der Machtskala.

Da die Naturphänomene mysteriöser waren, wurde angenommen, dass sie enger mit den höheren Göttern verbunden seien. Wenn es im Land Dürre gab, beteten die Priester um Regen von den Dächern, wie es der Prophet Elia in der Wüste tat. Jedes Jahr im Juni bestiegen sie den Gipfel des höchsten Berges, den sie „Mutter des Regens" nannten, um eine geheime Zeremonie im Zusammenhang mit der bevorstehenden Ernte durchzuführen. Und weil es in diesem Land selten regnet, flehten sie ernsthaft zum Wasser als einem wohltätigen Geist, der vor ihren Augen in den Himmel auf- und niederstieg, und zur Sonne als der Zwillingsgottheit, in der die Macht über Leben und Tod lag – um die Ernte reifen zu lassen oder alles Lebewesen zu Staub zu verdorren.

Wie die alten Ägypter, an die sie uns ständig erinnern, glaubten die Zuñi , dass Tiere bestimmte mystische Kräfte besaßen, die nicht dem Menschen zukamen, und verliehen ihnen daher einen heiligen Charakter. Raubtiere sollten magische Kräfte über andere Tiere haben, daher stand der Bär in der Zuñi- Mythologie höher als der Hirsch oder die Antilope. Die Indianer nennen diese magische Kraft Medizin, aber die Zuñi gaben ihr eine Form für ihren eigenen Geist – die Substanz einer unsichtbaren Sache –, indem sie ein Steinbild des besonderen Tieres anfertigten, das er für seine Medizin ausgewählt hatte und das er mit in den Krieg oder in den Krieg nahm die Jagd als Zauber höchster Tugend. Wir nennen das Fetisch-Anbetung.

Jedes Pueblo hatte eine oder mehrere geschlossene, unterirdische Zellen [2] , in denen bestimmte mysteriöse Riten, die vermutlich mit der Verehrung des Volkes verbunden waren, feierlich abgehalten wurden. Es wird uns erzählt, dass die Priester in Pecos Tag und Nacht über einem heiligen Feuer Wache hielten, das nie einen Moment lang erlöschen durfte, aus Angst, dass dem Stamm sofort ein Unglück widerfahren würde. Es heißt auch, dass die Priester, als Pecos von einem feindlichen Stamm angegriffen und geplündert wurde, ihre Aufsicht über das heilige Feuer behielten, während der Tumult der Schlacht um sie herum tobte. Und als der Stamm selbst schließlich fast ausgestorben war, nahmen die Überlebenden das heilige Feuer mit zu einem anderen Volk jenseits der Berge, wo es als Symbol eines immer lebendigen Glaubens weiter brennt.

RUINEN VON PECOS.

Eine andere Legende besagt weiter, dass in einer Höhle im Tempel von Pecos eine riesige Schlange gehalten wurde, in die bei bestimmten Gelegenheiten lebende Menschen als Opfer geworfen wurden. Beide Legenden scheinen darauf hinzuweisen, dass Pecos ein heiliger Ort war, von dem aus die Priester wie einst von den Tempeln der heidnischen Götter aus das Volk unterwiesen
.

von Herrn Cushing erzählte Tradition des Ursprungs der Zuñi ist fast identisch mit der der Mandans im oberen Missouri. Jeder sagt, die Rasse sei aus der Erde selbst hervorgegangen, oder besser gesagt, dass die ersten Völker in Dunkelheit und Elend in den Eingeweiden der Erde gelebt hätten, bis sie schließlich von zwei Geistern, die vom Himmel zu ihrer Befreiung gesandt wurden, ans Tageslicht geführt wurden. wie die Zuñi sagen, oder indem sie einen Ausweg für sich selbst finden, wie die Mandans sagen. [3]

Eine Tradition der Pimos- Indianer [4] macht eine schöne Göttin zur Gründerin ihrer Rasse. Es heißt, dass vor langer Zeit eine Frau von unvergleichlicher Schönheit in den Bergen in der Nähe dieses Ortes lebte. Alle Männer bewunderten und machten ihr den Hof. Sie erhielt den Tribut ihrer Hingabe, Getreide, Häute usw., gewährte jedoch keine Gefälligkeiten im Gegenzug. Ihre Tugend und ihre Entschlossenheit, zurückgezogen zu bleiben, waren gleichermaßen standhaft. Es kam zu einer Dürre, die der Welt eine Hungersnot drohte. In ihrer Not wandten sich die Menschen an sie, und sie gab ihnen Mais aus ihrem Vorrat, und der Vorrat schien endlos zu sein.

Ihre Güte war grenzenlos. Eines Tages, als sie schlief, fiel ein Regentropfen auf sie und löste eine Empfängnis aus. Es ging um einen Sohn, der der Begründer der Rasse war, die diese Bauwerke errichtete.

Aber Montezuma [5] ist der Patriarch oder das Schutzgenie, auf den alle Indianer von New Mexico als ihren kommenden Befreier blicken.

Einer Überlieferung zufolge war Montezuma ein armer Hirte, der in den Bergen Schafe hütete. Eines Tages kam ein Adler, um ihm Gesellschaft zu leisten. Nach einer Weile rannte der Adler vor Montezuma her und breitete seine Flügel aus, als wollte er ihn einladen, sich auf seinen Rücken zu setzen. Als Montezuma es endlich tat, breitete der Adler sofort seine Flügel aus und flog mit ihm nach Mexiko, wo Montezuma ein großes Volk gründete.

Seitdem haben die Indianer ständig auf das zweite Kommen von Montezuma gewartet, und von da an wurde der Adler als heilig angesehen und ist unter ihnen zu einem Symbol geworden. Er soll, so heißt es, am Morgen bei Sonnenaufgang kommen, so dass man zu dieser Stunde Menschen auf den Dächern sehen kann, die ernsthaft nach Osten blicken und dabei ihre Morgengebete singen, denn wie die Anhänger Mohammeds singen diese Menschen Hymnen auf sie die Hausdächer. Obwohl diese Gesänge schön und melodiös sind, werden sie als unaussprechlich traurig und traurig beschrieben.

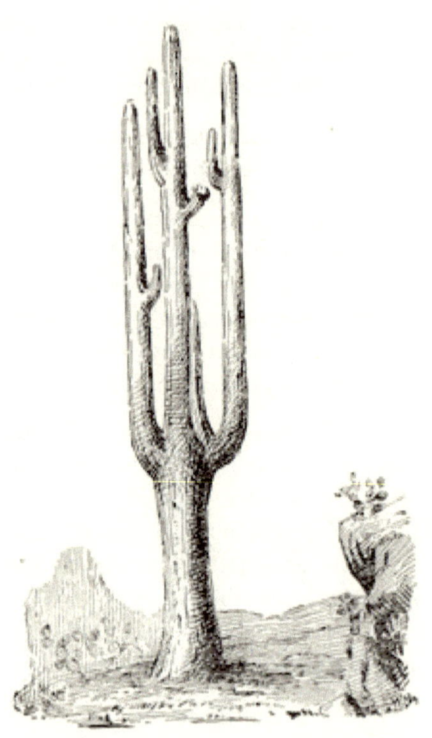

CEREUS GIGANTEA.

Persönlich sind die Menschen wohlgeformt und sehen edel aus. Sie sind ehrlich untereinander, gastfreundlich gegenüber Fremden und widmen sich im Gegensatz zu Nomaden ausschließlich der Pflege ihrer Ernte und ihrer Herden. Sie besitzen viele Schafe. Sie bauen Mais, Weizen, Gerste und Obst an. Ein Pueblo baut Mais und Obst an, ein anderer ist für seine Töpferwaren bekannt, während ein dritter für seine Webkunst bekannt ist.

Aber schließlich sind diese Pueblo-Indianer nur Barbaren von etwas höherem Typ als gewöhnlich. Wann immer wir uns ihre Gewohnheiten und Manieren genauer ansehen, fallen uns die Ähnlichkeiten auf, die innerhalb der gesamten Familie der einheimischen Stämme bestehen. Wenn wir davon ausgehen, dass sie eine höhere Zivilisation gekannt haben, sind sie degeneriert. Wenn wir das nicht annehmen, zeigt die Beobachtung von drei Jahrhunderten, dass sie schon vor langer, langer Zeit zum Stillstand gekommen sind.

PUEBLO-BRÄUCHE. Wenn die Erntezeit kommt, verlassen die Menschen ihre Dörfer, um auf ihren Feldern zu leben und besser auf sie aufzupassen, während die Ernte eingebracht wird.

PUEBLO-IDOLE.

Das Getreide wird gedroschen, indem man es zunächst auf einem möglichst harten Erdboden ausbreitet und es dann von Pferden mit den Hufen austreten lässt. Anschließend wird es im Wind geworfelt.

Die mahlende Frau kniet vor einem Trog nieder und legt ihren Stein wie das Waschbrett einer Wäscherin vor sich hin. Über diesen Stein reibt sie einen anderen, als würde sie Kleidung schrubben. Die ursprüngliche Getreidemühle besteht einfach aus einem großen konkaven Stein, in den ein weiterer Stein passt, um das Getreide durch Druck mit der Hand zu zerkleinern.

Der ungesäuerte Teig wird dünn ausgerollt, sodass er nach dem Backen wie Papier zu Rollen aufgerollt werden kann. Es hat dann die Farbe eines Hornissennestes, dem es tatsächlich ähnelt. Auf den Hausdächern stehen Öfen zum Backen.

Die Prozesse des Spinnens und Webens, die nichts primitiver sein könnten, werden so von Lieut beschrieben. Emory, wie er es 1846 auf der Gila sah.

„Eine Frau saß auf dem Boden unter einem der Baumwollschuppen. Ihr linkes Bein war nach unten gedreht, mit der Fußsohle nach oben. Zwischen ihrem großen Zeh und dem nächsten befand sich eine etwa achtzehn Zoll lange Spindel mit einer einzigen Fliege Hin und wieder drehte sie ihn geschickt, und an seinem Ende zog ein grober Baumwollfaden heraus. Das war ihre Spinnmaschine. Angeregt durch diese primitive Zurschaustellung fragte ich nach ihrem Webstuhl und zeigte zuerst auf den Faden. und dann zu der Decke, die um die Lenden der Frau gegürtet war. Ein Kerl, der im Staub ausgestreckt lag und sich sonnte, erhob sich träge und band ein Bündel los, das ich für seinen Pfeil und Bogen gehalten hatte. Dieses kleine

Paket mit vier Pfählen Im Boden befand sich der Webstuhl. Er spannte sein Tuch und begann mit dem Weben."

Aber diese autodidaktischen Weber standen hinter ihren Brüdern aus den Pueblos zurück, deren Webstuhl ein verbessertes Muster hatte. Ein Ende des Stäbchenrahmens, auf dem die Kette gespannt war, wurde am Boden befestigt, das andere Ende an einem Dachsparren. Die Weberin saß vor diesem Rahmen, bewegte das Schiffchen in ihrer Hand schnell hin und her und formte so den Schuss.

HIEROGLYPHIEN, GILA-TAL.

Töpferwaren waren bei ihnen schon weit verbreitet, seit uns Berichte über die Pueblo-Indianer vorliegen. Krüge zum Tragen und Aufbewahren von Wasser waren immer Gegenstände des täglichen Bedarfs, obwohl zu diesem Zweck manchmal Körbe aus Korbgeflecht wasserdicht geflochten wurden.

PUEBLO-REGIERUNG. Jedes Pueblo steht unter der Kontrolle eines Oberhäuptlings, der aus dem Volk selbst ausgewählt wird. Wenn eine öffentliche Angelegenheit zu erledigen ist, versammelt er die wichtigsten Häuptlinge in der bereits erwähnten Untergrundzelle, wo die Angelegenheit, die sie zusammengebracht hat, besprochen und geklärt wird.

[6] einer Stadt korrespondieren und deren Aufgabe es ist, für Ordnung zu sorgen. In jedem Pueblo gibt es auch einen öffentlichen Ausrufer, der von

den Dächern Dinge ruft, deren Kenntnis für die breite Bevölkerung von Belang sein könnte.

In einigen Pueblos gibt es eine verlassene spanische Missionskirche unbekannten Alters. Der in Acoma hat einen vierzig Fuß hohen Turm mit zwei Glocken, von denen eine die Aufschrift „San Pedro, AD 1710" trägt. Die Kirche in Pecos ist eine malerische Ruine.

FUSSNOTEN

[1] ZUÑI WURDEN von Herrn FH Cushing untersucht, der sich zu diesem Zweck dem Stamm anschloss.

[2] UNTERIRDISCHE ZELLEN , spanisch *Estufas* , waren kreisförmig, ohne Türen oder Fenster und enthielten eine Art Steintisch oder Altar. Einer in Taos war mit einem Palisadenzaun umgeben und gelangte durch eine Falltür.

[3] DIE MANDANER SAGEN , dass die Wurzeln einer Weinrebe, die in ihre dunkle Heimat eingedrungen waren, ihnen das Licht der Oberwelt offenbarten. Mithilfe dieser Ranke stieg der halbe Stamm an die Oberfläche. Durch das Gewicht einer alten Frau brach der Weinstock und der Rest blieb wie zuvor begraben.

[4] DIE PIMOS leben entlang des Gila, nachdem sie innerhalb von fünfzig Jahren von der Golfküste heraufgewandert sind. Sie sind ein pastorales und landwirtschaftliches Volk.

[5] MONTEZUMA der Traditionen ist nicht das Montezuma der Berühmtheit der spanischen Eroberung.

[6] BÜRGERMEISTER UND CONSTABLE. DER ERSTE WIRD al´cal´de genannt , der zweite al´gua´zil .

LETZTE TAGE VON KARLES V. UND PHILIPUS II.

Wir haben hier den Höhepunkt des spanischen Vormarsches in Gebiete erreicht, die jetzt zu den Vereinigten Staaten gehören. Der Moment scheint gut gewählt, um einen Abschiedsblick auf die beiden großen Männer ihrer Zeit zu werfen, deren Talente und Energie ein so großes Imperium aufgebaut hatten , dass es, als ihm die Hand des Meisters entzogen wurde, ins Wanken geriet.

DIE LETZTEN TAGE KARLS V. Es wird angenommen, dass Karl V. seinen Tod beschleunigte, weil er einer so seltsamen Laune nachgab, dass man an der Solidität seines Intellekts zweifeln könnte.

Er entschied sich noch zu seinen Lebzeiten dafür, seine eigene Trauerfeier durchführen zu lassen. Zu diesem Zweck legte er sich in seinen Sarg, den die Mönche dann auf ihre Schultern hoben und in die Kirche trugen. Nachdem die Sargträger den Sarg vor dem Altar abgestellt hatten, wurde der feierliche Gottesdienst für die Toten gesungen, wobei der Kaiser selbst in alle Gebete für die Ruhe seiner Seele einstimmte. In der Stille, die auf das letzte Amt für die berühmten Toten folgte, verließen alle anwesenden Mönche schweigend die Kirche und ließen Charles allein in seinem Sarg beten.

„Die Kammer im Escurial- Palast, in der Philipp II. starb, ist die, in der er die letzten drei Jahre seines Lebens verbrachte, von der Gicht an ein Sofa gefesselt. Durch einen schmalen Fensterflügel hatte man von seiner Nische aus einen Blick auf den Hochaltar des Auf diese Weise, ohne aufzustehen, ohne das Bett zu verlassen, half er jeden Tag beim heiligen Messopfer. Seine Geistlichen kamen, um mit ihm in dieser kleinen Kammer zu arbeiten, und sie zeigen noch immer das kleine Holzbrett, das der König gemacht hat Verwendung beim Schreiben oder Unterschreiben seines Namens, indem er ihn auf die Knie legt.

GRÄBER VON KARL UND PHILIPP. „Rechts und links vom Altar, in einer Höhe von etwa fünfzehn Fuß, befinden sich zwei große parallele Nischen, die in Form eines Quadrats ausgehöhlt sind. Die linke ist das Grab von Karl V., die rechte davon Philipp II. An der Seite von Philipp II., der in der Haltung des Gebets auf den Knien liegt, stehen der Prinz Don Carlos und die beiden Königinnen, die Philipp nacheinander vermählt hat, alle drei ebenfalls auf den Knien im Gebet. Darunter eine kann in goldenen Buchstaben lauten:

PHILIP II., KÖNIG ALLER SPANIEN,

VON SIZILIEN UND VON JERUSALEM,

RUHT IN DIESEM GRAB, DAS ER

WÄHREND DES LEBENS FÜR SICH GEBAUT.

„ DER KAISER KARL V. ist auch auf seinen Knien im Gebetsakt dargestellt. Auch er ist von einer Gruppe kniender Persönlichkeiten umgeben, die in der Inschrift identifiziert sind, von der wir nur einen Teil wiedergeben.

AN KARL V., KÖNIG DER RÖMER,

HOHER UND MÄCHTIGER KAISER, KÖNIG VON

JERUSALEM, Erzherzog von Österreich,

SEIN SOHN PHILIP.

„Alle diese Statuen sind aus vergoldeter Bronze, von großartigem Stil und bewundernswerter Wirkung. Vor allem die der beiden Herrscher mit ihren Wappenmänteln sind von strenger Pracht." – Alex . *Dumas, der Ältere.*

SCHWERT UND KLEID IN KALIFORNIEN.

Kalifornien ist der Name [1] , der in einem alten spanischen Roman einer sagenhaften Meeresinsel gegeben wurde, die in Richtung Indiens liegt.

Nach einiger Zeit fanden die Spanier heraus, dass das, was sie für eine große Insel gehalten hatten [2], in Wirklichkeit eine Halbinsel war, und so verbreitete sich der Name bald auf dem Festland.

Cabrillo [3] segelte noch höher und andere noch höher, bis die Arbeit, die Küste bis zum Kap Mendocino [4] zu verfolgen , abgeschlossen war.

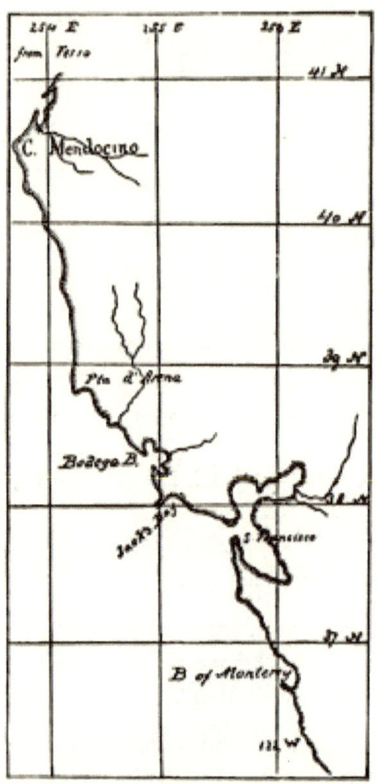

KALIFORNISCHE KÜSTE.

Die spanische Macht in der Neuen Welt erfuhr hier und da ihren ersten ernsthaften Drang, obwohl man damals in Europa möglicherweise kaum darüber nachdachte. Wie David vor Goliath konfrontierte das kleine England den Tyrannen Europas dort, wo es am wenigsten erwartet wurde, und bedrohte sein großes und wachsendes Reich im Westen.

Der größte Seemann seiner Zeit, Francis Drake, dessen Name den Spaniern überall Angst einjagte, war mit einem kleinen Schiff durch die Magellanstraße in die Große Südsee gelangt, die Balboa entdeckte und für Spanien beanspruchte. Drake ließ sich nicht von allen Widerständen abhalten, kämpfte an einem Tag und plünderte am nächsten Tag und behielt unerschrocken seinen Weg tausend Meilen die Küste hinauf. Da sein Schiff bereits voll mit der Plünderung der Häfen, die es angelaufen hatte, beladen war, überlegte Drake, den Weg zurück nach England zu verkürzen, indem er durch die Nordostpassage segelte [5] und so die Spanier überlistete, die wachsam ^{Wache} hielten seine Rückkehr nach Süden, denn seine Männer waren nur eine Handvoll gegen eine Welt voller Feinde, und sein Schiff war zu kostbar, um es im Kampf aufs Spiel zu setzen. Also segelte Drake weiter in den Norden. Er segelte bis zur Küste Oregons, als das Wetter so kalt wurde, dass seine Männer, die aus tropischen Hitzegebieten stammten, zu murren begannen. Drake war daher gezwungen, sein Schiff umzudrehen und wieder nach Süden zu steuern, entlang der Küste, auf der Suche nach einem Hafen, in den er sein Schiff umrüsten konnte. Als die Golden Hind diesen Hafen [6] bei 38 ° fand, warf sie dort den Anker 17. Juni 1579, mit einer Flagge, die in diesem Teil der Welt noch nie zuvor gesehen wurde.

Drake lag fünf Wochen lang ruhig in diesem Hafen vor Anker. Während dieser ganzen Zeit kamen die Eingeborenen in Scharen an die Küste, dorthin gelockt, um die seltsamen bärtigen weißen Männer zu sehen, die in einer unbekannten Sprache sprachen, und hielten den lauten Donner in ihrem Schiff verborgen. Es wird sogar gesagt, dass der König dieses Landes als Zeichen der Unterwerfung die Krone von seinem eigenen Kopf nahm und sie Francis Drake aufsetzte. All dies und noch viel mehr wird ausführlich und anschaulich in der Erzählung von Master Fletcher dargelegt, der Drakes Kaplan an Bord der Golden Hind war.

Bevor er diesen freundlichen Hafen verließ, nahm Drake das Land offiziell in Besitz, indem er einen Pfosten aufstellte, an dem eine Messingplatte befestigt war, auf der der Name der Königin Elisabeth eingraviert war.

Die weißen Klippen der Küste, die sich um ihn herum erhoben, schienen Drake an die Klippen des alten England erinnert zu haben, denn er gab diesem großen Land, das er lediglich an der Küste entlanggefahren hatte, den Namen New Albion. Wir sollten nicht vergessen, dass Elizabeth selbst später über solche Taten sagte, dass „eine Entdeckung ohne tatsächlichen Besitz von geringem Wert ist".

SIR FRANCIS DRAKE.

Nachdem er dem spanischen Reich des Westens diesen Dorn im Auge gepflanzt hatte, segelte Drake fröhlich über das Kap der Guten Hoffnung nach England. [7]

Spanien beschwerte sich. Elizabeth hörte ungeduldig zu. Als der spanische Botschafter darauf bestand, dass sein Herr das alleinige Recht habe, den westlichen Ozean zu befahren, verlor die Königin die Beherrschung. Sie sagte Mendoza rundheraus, dass „das Meer und die Luft allen Menschen gemeinsam sind". Doch die Behauptung selbst zeigt, welch mächtigen Einfluss Spanien auf die anderen Mächte hatte. In acht Jahren wurde die Frage im Ärmelkanal mit ganz Europa vor Zuschauern ausgetragen. Spanien war sich seines Sieges so sicher, dass das Volksgefühl sogar in die Kinderreime der damaligen Zeit Einzug hielt. Ein Kind soll sagen:

„Mein Bruder Don John

Nach England ist weg,

Um den Drachen zu töten,

Und die Königin zu nehmen,

Und die Ketzer alle zu vernichten." [7]

DRAKE SEGEL WEG.

Drake hatte vielleicht mehr als jeder andere Mann dazu beigetragen, das Problem herbeizuführen. Er war mitten im Kampfgeschehen dabei. [8]

Damit war der Bann der spanischen Unbesiegbarkeit endlich gebrochen. Spanien war nicht länger Herrin der Meere.

Als nächstes auf ihrer glänzenden Liste der Seefahrer folgt Juan de Fuca, der (1592) die Meerengen entdeckte, die heute seinen Namen tragen. Da Spanien immer noch auf der Suche nach einem Hafen war, in dem die Manila-Galeonen auf dem Heimweg anlegen konnten, lief Sebastian Vizcaino (1602-1603), manchmal auch „der Biscayner " genannt, in den Hafen von San Diego und Monterey ein, [9] dem er dann den Namen gab , wie er es auch bei dem in Point Reyes liegenden Hafen tat, den er Port San Francisco nannte.

[10] Die Erforschung dieser Küste wurde dann eineinhalb Jahrhunderte lang eingestellt.

Der wirkliche Vormarsch nach Kalifornien (1768) hatte wie alle anderen spanischen Bewegungen auf diesem Kontinent seinen Ursprung in einem halb mönchischen, halb militärischen Plan zur Eroberung, Bekehrung und Zivilisation des Landes. Über seinen Boden und sein Klima war genug bekannt, um zu zeigen, wie weit beide über die sterilen Steppen von New Mexico hinausgingen, wo der spanische Vormarsch bereits seine äußerste Grenze erreicht hatte und wie ein Bach, der auf seinem Weg auf ein Hindernis trifft, in einen anderen Kanal verwandelt wurde. Denn wo Pflanzen wachsen und Flüsse fließen, hat Gott die Wohnstätten der Menschen bestimmt.

Diese Bewegung begann [11] mit den Missionen in Niederkalifornien. Es sollte das System, mit dem Spanien Mexiko zunächst erobert und seitdem regiert hatte, auf die unbesetzte und wenig bekannte Provinz Alta oder Oberkalifornien ausweiten. Der Vizekönig sollte Soldaten stellen, der Prälat des Franziskanerordens Missionare.

So sollten Küstenbatterien und Festungen zur Verteidigung der besten Häfen sowie zur Aufrechterhaltung der Missionen selbst gebaut werden, um entlang der Küste eine Linie militärischer Stärke zu bilden, die ausreichte, um Angriffe zu Wasser oder zu Land abzuwehren, während die Berge dahinter lagen würde eine Barriere zwischen den Missionen und den wilden Stämmen sein, die in den großen Tälern dahinter lebten. Ein Arm sollte das Land ergreifen und fest im Griff halten, während der andere es nach und nach dem katholischen Glauben unterwerfen sollte. Dann, nachdem die geistliche Herrschaft einmal etabliert war, sollte die bürgerliche Ordnung Einzug halten. Daher war der erste wesentliche Schritt der Bau einer Festung und der zweite eine Kirche. Auf diese Weise wurde vorgeschlagen, diese Missionen zu Sammelpunkten für die Zivilisation zu machen, [12] obwohl der Plan eine Oligarchie und nichts anderes begründete.

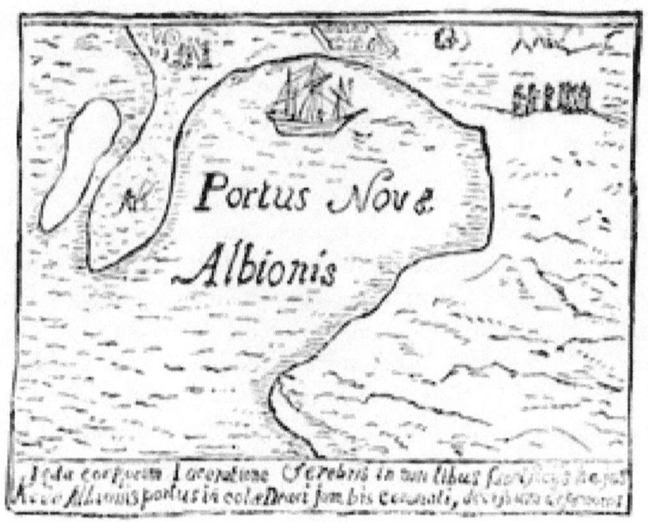

ALTE KARTE, DIE DRAKES HAFEN ZEIGT.

Den Spaniern ging es nicht darum, den Boden selbst zu bestellen, sondern die Indianer sollten es für sie tun. Um diesen Plan in die Tat umzusetzen, wurde im Juli 1769 in San Diego eine Franziskanermission gegründet. Im nächsten Jahr wurde eine weitere in Monterey gegründet. Von diesen Missionen aus machten sich die Entdecker bald auf den Weg in das Tal des San Joaquin und sogar bis in den Norden bis zur großen Bucht von San Francisco (1772), die wenig später den Namen des alten Hafens von San Francisco annahm , womit es nicht verwechselt werden darf.

KARMEL-MISSIONSKIRCHE.

1776 wurde die Mission von San Francisco gegründet. Da Monterey die Hauptsiedlung war, wurde dort der offizielle Wohnsitz des Gouverneurs eingerichtet. und jetzt, erst in der Zeit der amerikanischen Unabhängigkeit, haben wir die Zivilisationsmaschinerie in Kalifornien einigermaßen in Gang gesetzt.

Der Plan, den sich die Gründer selbst vorgeschlagen hatten, beinhaltete auch den Aufbau von Pueblos, die an geeigneten Orten außerhalb der Missionen angesiedelt werden sollten, obwohl sie eigentlich zu ihrer Unterstützung gedacht waren und daher gewissermaßen von ihnen abhängig waren . Aber diese Pueblos sollten nur von spanischen Kolonisten bewohnt werden. So wurde einer (1777) in San José und ein zweiter (1781) in Los Angeles begonnen. Hier gibt es also zwei verschiedene Arten von Pflanzen im Wachstum des Landes: einheimische Vasallen und ausländische Freie.

Als nach und nach Missionen gegründet wurden, wurde den einheimischen Kaliforniern gesagt, sie müssten kommen und in ihnen leben und sich der Fürsorge der Väter unterwerfen, die ihnen beibringen würden, wie die Weißen zu leben, und sie ihnen bekannt machen würden ihnen die Segnungen des Christentums, damit ihre Kinder ihre Väter an Wissen übertreffen könnten, und da sie ein fügsames, unterwürfiges und träges Volk waren, gehorchten sie meist widerstandslos dem Befehl und wurden mit der Arbeit beauftragt, Häuser zu bauen, den Boden zu bestellen oder zu pflegen Herden oder Herden der Missionen, in die die Väter den gesamten Reichtum des Landes schöpfen wollten.

Diese frommen Väter dachten jedoch mehr daran, den Indianer zu bekehren, als ihn zum Mann zu machen. Zwar tauften sie ihn und gaben ihm einen Vornamen, aber sie hielten ihn trotzdem in Knechtschaft. Das System zielte eher darauf ab, ihn abhängig zu machen , als seine Ambitionen zu wecken oder ihm zu zeigen, wie er seinen Zustand verbessern könnte. Beispielsweise konnte der Indianer kein eigenes Land besitzen. Seine Arbeit diente der Bereicherung der Mission, nicht ihm selbst. Er wurde von der Mission mit Essen und Kleidung versorgt. Er war nur ein Atom der Gesellschaft, ein Vasall der Kirche und wurde auch so behandelt. Männer und Frauen wurden nach Belieben ihrer Herren in die Stöcke gesteckt oder ausgepeitscht, genau wie auf Sklavenplantagen. Wenn ein Indianer weglief, wurde er vom Militär verfolgt und zurückgebracht. Die Missionare fanden ihn frei, nahmen ihm aber die Freiheit. Kurz gesagt, trotz all der Romantik, die ihn umgab, und obwohl sein Zustand etwas besser war als in früheren Zeiten, war der Missionsindianer im Großen und Ganzen kaum mehr als ein Leibeigener. Dennoch florierte die Arbeit der Missionen so sehr, dass es am Ende des Jahrhunderts achtzehn von ihnen mit 13.500 Konvertiten gab. Aber zu diesem Zeitpunkt gab es 110 mehr als 1.800 Weiße im Land, also nur einhundert in einer Mission.

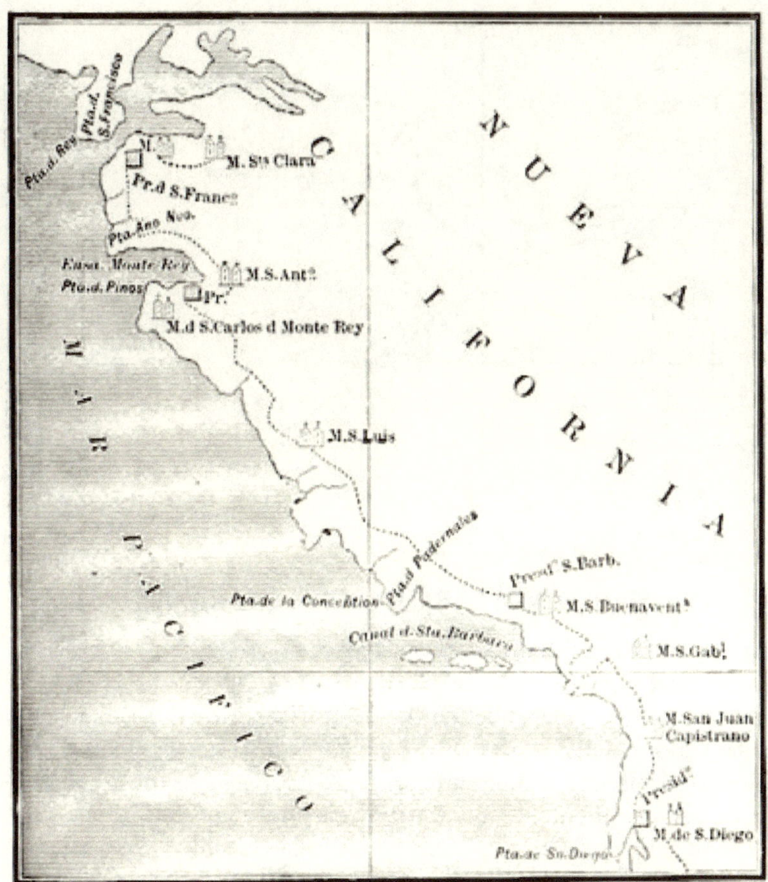

SPANISCHE KARTE VON 1787 MIT MISSIONEN, PRÄSIDIOS UND ROUTEN.

Dies waren, kurz gesagt, die spanischen Missionen in Kalifornien, die eine edle, nicht edel geleistete Arbeit unternahmen, die das Wort der Verheißung für das Ohr hielten und es für die Hoffnung brachen.

Wenn wir einen Blick auf die Handelspolitik der Provinz werfen, und darauf sollten wir uns natürlich als nächstes konzentrieren, werden wir feststellen, dass fast keine Geschäfte mit der Außenwelt getätigt werden. Einmal im Jahr kam die Manila-Galeone nach Monterey und nahm die dort gesammelten Pelze mit. Spaniens Politik schloss alle anderen Nationen aus seinen Kolonien aus und schloss die Kolonien im gleichen Maße ein. Daher war es ausländischen Schiffen überhaupt verboten , in seine Häfen einzulaufen. Dieser Tatsache verdanken wir die spärlichen und seltenen Berichte darüber, was im Land vor sich ging, und erst 1786 erfuhr die Welt etwas über seinen wahren Zustand und Wert.

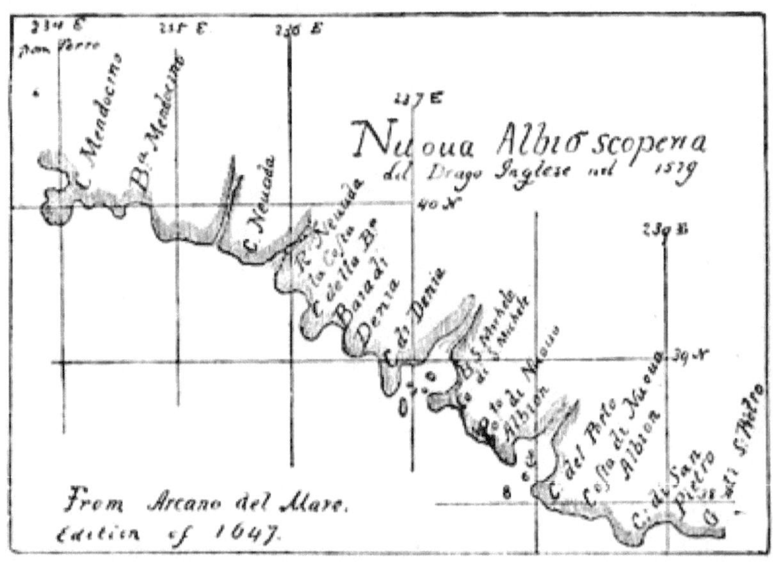

KARTE VON ARCANO DEL MARE, 1647

In diesem Jahr lief ein französisches Entdeckungsschiff in Monterey ein. Ihr Kommandeur war La Peyrouse , [13] den Ludwig XVI. hatte in den Pazifik geschickt, um den Pelzhandel an der Nordwestküste zu untersuchen, und nachdem er dort gelandet war, war er die Küste hinuntergekommen, um sich in einem spanischen Hafen umzurüsten. La Peyrouse nutzte die sechs Wochen seines Aufenthalts in Monterey zu einem solchen Zweck, dass wir ihm den ersten und einzigen intelligenten Blick auf Kalifornien bis zu diesem Zeitpunkt verdanken.

Selbstverständlich erfolgte die Kommunikation mit den Nachbarprovinzen größtenteils über den Seeweg. Es gab einen kleinen Handel mit San Blas und damit auch mit Altmexiko, aber es dauerte lange, bis der Weg nach New Mexico durch die Durchquerung der Colorado-Wüste frei wurde. Einer der Väter machte sich 1776 von San Gabriel aus auf den Weg zum Colorado River und überquerte dabei sicher die Strecke, auf der heute die Southern Pacific Railway verläuft. Danach entstand ein kleiner Handel zwischen den Provinzen, aber der Weg war lang und der Weg voller Gefahren.

Das erste amerikanische Schiff, das einen kalifornischen Hafen anlief, war das Schiff Otter of Boston im Jahr 1796. Sie war ein bewaffneter Händler und trug einen von Washington unterzeichneten Pass, von dem die Kalifornier zweifelhaft waren, ob sie überhaupt etwas gehört hatten, obwohl sie zugaben der Otter, um mit ihnen Handel zu treiben.

Die Spanier hatten festgestellt, dass die Eingeborenen einzigartig frei von den Lastern der Zivilisation waren, aber die Vermischung der beiden Rassen führte bald zu einer Vermischung des Blutes und in der Folge zum Entstehen einer Zwischenklasse, die halb Spanier und halb Indianer war und so bestimmte Merkmale beider ohne die einheimische Kraft vereinte von beidem.

FUSSNOTEN

[1] DER NAME „KALIFORNIEN" , wie er auf die Halbinsel angewendet wird, erscheint erstmals in Preciados ' Tagebuch über Ulloas Reise.

[2] Kalifornien war auf englischen Karten erst 1709 EINE INSEL (H. MOLL, „PRESENT STATE OF THE WORLD").

[3] CABRILLOS REISE ist im Bericht der Wheeler Exploring Expedition abgedruckt.

[4] KAP MENDOCINO. Bancroft („The Pacific States") glaubt, dass der Name zu Ehren des Vizekönigs Mendoza vergeben wurde.

[5] DIE NORDOSTPASSAGE hier bzw. die Nordwestpassage von der Atlantikseite her war ein fester Glaube der Seefahrer aller Nationen.

[6] DRAKE'S HARBOUR ist nicht zufriedenstellend identifiziert. Die Behörden sind unterschiedlich. Einige, wie Admiral Burney, glauben, dass der heutige Hafen von San Francisco Drakes Ankerplatz gewesen sei; andere, wie Bancroft, halten dies für völlig unwahrscheinlich und glauben, Old Port San Francisco unter Point Reyes sei der Ort gewesen. Siehe Fletchers Bericht „The World Encompassed" oder Bancrofts Monumental History.

[7] DRAKES REISE UM DIE WELT. Ein aus seinem Schiff gefertigter Stuhl wurde der Universität Oxford geschenkt.

[8] DIE UNBESIEGBARE ARMADA Philipps II., 1588.

[9] MONTEREY , wörtlich King's Mountain.

[10] PUNTA DE LOS REYES oder Königspunkt.

[11] BEGANN IN LA PAZ.

[12] MISSIONEN wurden auf Wunsch der Mönche mit Geldern wohlwollender Personen gegründet. Manchmal war ein königliches Stipendium die Grundlage. Sie wurden stets zu Ehren eines Heiligen benannt. Die Gebäude bildeten normalerweise ein von einer hohen Mauer umgebenes Quadrat, an dessen einem Ende sich die Kirche befand,

während die Wohnungen der Mönche, Getreidespeicher, Lagerhäuser usw.
die übrigen Seiten einnahmen.

[13] LA PEYROUSE , ein Offizier der französischen Marine, der in unserem
Unabhängigkeitskrieg tapfer gekämpft hatte. Er kam auf den Inseln der
Neuen Hebriden ums Leben, als sein Schiff auf eine dieser Inseln geworfen
wurde, und niemand überlebte, um die Geschichte zu erzählen.

II.
DIE FRANZOSEN.

AUFTAKT.

Nach der Entdeckung Amerikas durch Kolumbus gehörten die Franzosen zu den ersten, die ihre Aufmerksamkeit dieser Seite des Atlantiks zuwandten, nicht so sehr, um im Geiste der Weltherrschaft Eroberungen zu machen, wie es die Spanier taten, sondern um neue Absatzmöglichkeiten zu suchen neue Bezugsquellen für Handel und Fischerei.

Wie wir gesehen haben, zwang Spanien andere Nationen, seinem Beispiel in respektvoller Distanz zu folgen. Mit einem Fuß in Europa und dem anderen in Amerika verankert, beschritt sie als Koloss ihrer Zeit den Atlantik.

Aber der neu erwachte Entdeckergeist ließ sich nicht von den Geboten eines Fürsten oder Pontifex leiten, auch wenn er nie so groß oder so mächtig sein mochte. Einmal geweckt, war es sicher, Wege zu finden, wie ein Teil des Nutzens, der der Menschheit aus dieser großartigen Entdeckung erwachsen würde, nicht von einer einzelnen Nation monopolisiert werden sollte. Man könnte sogar sagen, dass alle Nationen Europas dies instinktiv als ihre Chance empfanden – als die Chance der Menschheit.

Frankreich hatte die Schiffe und Frankreich hatte die Seeleute. Sir Walter Raleigh erzählt uns – und sicherlich ist er ein unvoreingenommener Zeuge – , dass die französischen Bretonen zu Cæsars Zeiten die besten Seeleute der Welt waren. Wären wir bereit, ihr Recht auf diesen Titel zu einem späteren Zeitpunkt – zur Zeit von Kolumbus, Cabot, Cortereal und Magellan – in Frage zu stellen – was kann man dann von ihrem mutigen Segelsetzen über einen unbekannten Ozean, wie den Atlantik, sagen? Schiffe, die nicht größer als ein modernes Austernboot sind?

Doch die Namen, die sie auf ihren abenteuerlichen Reisen hinterließen, lassen darauf schließen, dass diese baskischen und bretonischen Fischer in den Sankt-Lorenz-Golf vordrangen, kurz nachdem Cabot die Nachricht nach England überbrachte, dass er in Meeren voller Kabeljau gewesen war.

SCHIFFE DES SECHZEHNTEN JAHRHUNDERTS.

Die so gewonnenen Erkenntnisse deuteten mit unfehlbarem Fingerzeig darauf hin, dass der Sankt-Lorenz-Strom die offene Tür war, durch die französische Entdecker in das weitläufige Innere unseres weiten Kontinents vordringen sollten, obwohl sie in ihren wildesten Träumereien nie hätten ahnen können, was dahinter lag Tür. Also führte sie eher Zufall als Entscheidung durch die kältere Region des Nordens. Und während die Spanier den Mississippi verpasst hatten, führte ein glücklicherer Zufall dazu, dass die Franzosen ihn auf einem ganz anderen, wenn auch nicht weniger sicheren Weg fanden. Ihnen sei die Ehre der Leistung!

So wie der Fortschritt der spanischen Zivilisation in den Namen nachgezeichnet wird, die die Entdecker dieser Nation vergeben haben, so werden uns die von den Franzosen verliehenen Namen in gleicher Weise in den Linien zeigen, auf denen sie weiter zur untergehenden Sonne reisten.

Obwohl Jacques Cartier [1] bereits 1534–35 den Sankt-Lorenz-Strom bestieg, begann die ernsthafte Gründung einer französischen Kolonie in Kanada erst mit der Gründung von Quebec durch Champlain (1608). Aber selbst hier, in Quebec, dreihundert Meilen vom Meer entfernt, ergoss sich der große Fluss mit unvermindertem Strom aus der dahinter liegenden Wildnis und trug seine Größe deutlich ins Gesicht.

Erstaunt, sich sozusagen erst an der Schwelle des Kontinents zu befinden, erhaschten die abenteuerlustigen Pioniere ihre ersten Einblicke in seine unbestrittene Großartigkeit. Dass sie davon geblendet waren, können wir uns leicht vorstellen.

Woher kam dieser stille Fluss, dieses tägliche Rätsel, das die Menschen erraten mussten, und wohin würde es sie führen? In welchem fernen Land würden sich seine winzigen Nebenflüsse befinden? Versteckten sie sich zwischen den Füßen weit entfernter Berge und überragten das ganze Land wie uralte Riesen, oder strömten sie aus dem Schoß einer weiten Ebene? War es tatsächlich der Weg nach Indien? [2]

Auf solche Fragen muss die Zukunft eine Antwort geben. Alle glaubten, es würde nach Indien führen. Aber Champlain und diejenigen, die wie er die Dinge umfassend und tiefgründig betrachteten, waren davon überzeugt, dass derjenige, der diesen Fluss entlang seines gesamten Verlaufs kontrollieren sollte, Herr des Kontinents sein würde, den er zweifellos entwässerte. Und als stets loyale Franzosen gegenüber ihrem König und ihrem Land, dessen Ruhm sie wachsen sahen, beabsichtigten sie, hier in der Wildnis ein neues FRANKREICH ZU SCHAFFEN , das eines Tages vielleicht mit dem alten konkurrieren, wenn nicht sogar es in den Schatten stellen sollte.

Zu dieser Arbeit brachten die Franzosen eine besondere Qualifikation mit. Es war das. Von den drei Nationen, die um die Vorherrschaft in unserem Land gekämpft haben, hat sich keine so bereitwillig an das ursprüngliche Volk angepasst wie die Franzosen. Keiner hat seine Gefühle und Vorurteile so gründlich respektiert. Und keiner hat so leicht sein Vertrauen gewonnen oder seine Dienste so vollständig beherrscht.

EIN WOOD RANGER.

Da die Franzosen darüber hinaus eher Händler als Kolonisten im eigentlichen Sinne waren, weil in Kanada der Pelzhandel [3] hauptsächlich im Fokus stand und man die Kolonisierung für ungünstig hielt, wurde die Erkundung, so könnte man sagen, zum Beruf vieler, die sich selbst ausbildeten Dies erreichen sie, indem sie unter den Indianern leben, ihre Sprache und ihre Gewohnheiten studieren, den Umgang mit dem Paddel erlernen, lange Kanufahrten unternehmen und so ihren Körper an die Strapazen und Strapazen des wilden Lebens gewöhnen . Während die Engländer in ihren Dörfern blieben, wanderten die Franzosen überall umher.

Wenn wir noch hinzufügen, dass die Franzosen eine Nation von Entdeckern sind, bei denen sich das Entdecken schnell zur Leidenschaft entwickelt, kommen wir zu dem wahren belebenden Geist, der sie so weit ins Landesinnere getragen hat, sei es als einfache Händler, Soldaten oder Missionare.

Die Welt könnte einen ihrer Pioniere kaum entbehren. Sie sind Vorboten der Zivilisation, die dem Leitstern ihres Schicksals folgen.

FUSSNOTEN

[1] JACQUES CARTIER bestieg den Sankt-Lorenz-Strom bis nach Montreal (Königlicher Berg), den er nach dem Berg hinter der Stadt benannte.

[2] DER WEG NACH INDIEN war nicht weniger das Ziel der frühen französischen Entdecker als die anderer Nationen.

[3] DER PELZHANDEL Kanadas galt, und nicht die Landwirtschaft oder die Fischerei, als die wahre Quelle des Reichtums, da er unmittelbare Erträge brachte und als unerschöpflich galt. Daher wurde es zur faszinierenden Beschäftigung der Bewohner. Es wurde zuerst De Monts gewährt , dann anderen, die sich verpflichteten, Kanada auf eigene Kosten zu kolonisieren.

WESTWÄRTS DURCH DIE GROSSEN BINNENWASSERSTRASSEN.

„Ich höre die Schritte der Pioniere

Von Nationen, die es noch geben wird." – Whittier.

Von Quebec aus drang Champlain flussaufwärts bis zur Insel Montreal vor, wo er einen Handelsposten errichtete. Hierher kamen die Huronen des Sees, um ihre Pelze gegen französische Waren einzutauschen. Sie kamen über den Lake Nipissing und den Ottawa. Diese Indianer erzählten den Franzosen alles über ihr Land und den Weg dorthin. Einer von ihnen zeigte Champlain einen Kupferbarren und beschrieb, wie sein Volk ihn aus einheimischem Erz raffinierte. Dolmetscher begannen, die indianischen Dialekte zu studieren, und eifrige Händler drängten immer weiter in die Wildnis vor, um größere Gewinne zu erzielen.

Doch der Weg nach Westen war nicht ohne Gefahren, die die Franzosen nur schwer überwinden konnten. Zwei große rivalisierende Wildenfamilien wurden durch den Sankt-Lorenz-Strom und die Seen voneinander getrennt. Diejenigen, die nördlich des Flusses leben, können in den allgemeinen Namen Huronen einbezogen werden; [1] Diejenigen im Süden wurden

Irokesen genannt. [2] Die beiden führten einen ständigen Krieg miteinander und zogen verwandte oder tributpflichtige Stämme an sich. In einer schlimmen Stunde hatte sich Champlain auf die Seite der Huronen gestellt und identifizierte die Franzosen in den Augen der Irokesen mit ihren schlimmsten Feinden.

CHAMPLAIN.

Wenn zu den natürlichen Hindernissen noch die Feindschaft eines äußerst tapferen Volkes hinzukommt, dessen Land sich entlang des gesamten Südufers des Ontariosees erstreckte, das den Transport rund um die Niagarafälle kontrollierte und unbestrittene Herren des Sees selbst war, werden wir weitermachen eine Vorstellung von den Hindernissen für eine friedliche Erkundung und von der vollendeten Torheit, die dieser Stolperstein in den Weg gelegt hatte.

Wir wissen, dass sich Champlain vor 1612 recht gründlich über den Ontariosee informiert hatte, da wir den See auf seiner Karte aus diesem Jahr eingezeichnet finden. Aus einem ähnlichen Grund vermuten wir, dass er vom Niagara River und den Niagarafällen wusste. [3] Aber so lagen die Irokesen.

Dieser Zustand zwang die Erkundung in eine ganz andere Richtung. Die Franzosen mussten nun den Umweg und den schwierigen Weg durch das Land der befreundeten Huronen, ihrer Verbündeten, nehmen oder mit anderen Worten den Huronsee erreichen, indem sie eine Kanufahrt den Ottawa hinauf, über den Lake Nipissing und von dort den French River hinunter zum Huronsee unternahmen See, anstatt durch die offenen Gewässer der Seen Ontario und Erie zu fahren.

EINE PORTAGE.

Im Jahr 1615 brachte Champlain einige franziskanische Missionare nach Quebec, von denen einer kurz vor ihm den Ottawa hinauf zum Huronsee aufbrach. Im Jahr 1626 kamen die Jesuitenpatres [4] , die den Eifer ihres Ordens für die Evangelisierung der Indianer einsetzten. Dann gründete Richelieu, [5] der die Zügel der Monarchie in seinen Händen hielt, seine berühmte Kompanie von Neu-Frankreich, der der König nicht nur die volle Regierungsgewalt, sondern auch ein Monopol auf den Pelzhandel verlieh und so Kanada übergab in private Hände.

Der neuen Ordnung der Dinge stand jedoch ein unglücklicher Anfang bevor. In Frankreich war ein Bürgerkrieg ausgebrochen. Richelieu belagerte die Ketzer von La Rochelle, als sich England in den Kampf mischte. 1629 eroberten die Engländer Quebec von den Franzosen und stellten es erst 1632 wieder her [6] .

Zu dieser Zeit hatten die Eroberer Champlain als Kriegsgefangener nach England gebracht. Er kehrte 1633 nach Quebec zurück, erneut als Oberbefehlshaber, starb jedoch bald (1635) auf seinem Posten, dem größten aller Entdecker seiner Zeit.

Mit Champlains Tod [7] trat eine neue Kraft in die Sache der Entdeckung und Bekehrung ein, denn seit der Ankunft der Jesuiten sollten die beiden fortan Hand in Hand gehen.

Nach Belieben des Generals des Ordens konnten seine Missionare mit Geld, Stab und Geldbeutel bis in die entlegensten Winkel der Erde geschickt werden. Wie Johannes der Täufer in der Wildnis leben sie von der spärlichen Kost, die die Natur lieferte. Ihre Betten waren der nackte Boden. Unter einem Baldachin aus grünen Zweigen errichteten sie den Altar ihrer bescheidenen Mission zur Anbetung des ewig lebenden Gottes. So begannen sie im Exil und in der Not ihren Dienst unter den rauen Völkern der Wildnis, weil Gott und die Heilige Jungfrau ihnen diese fromme Arbeit aufgetragen hatten. Ihre Nahrung war für die Fantasie oft nahrhafter als für den Körper, doch im Vergleich zu dem, was sie von den Irokesen erwarten konnten, zählte der Hunger kaum, da diese Barbaren der Neuen Welt einen Missionar mit der gleichen Begeisterung verbrannten wie die Christen der Alte war ein Ketzer.

Männer, die bereit sind, solche Pflichten zu übernehmen, solche Härten auf sich zu nehmen, ein solches Leben zu führen, werden mit Sicherheit in jedem Land ihren Eindruck hinterlassen. Wir werden feststellen, dass sie es auch bei uns getan haben.

Die Wilden ihrerseits wünschten sich wirklich etwas über den Gott des weißen Mannes, von dem man ihnen sagte und an den sie glaubten, er könne sie aus ihrer bescheidenen Lage erheben und sie wie die Weißen reich und mächtig machen. Zumindest so viel von den Lehren der Jesuiten konnten sie verstehen.

Es dauerte nicht lange, bis sich diese Jesuiten auf den Weg zu den Huronen am See machten und hier (1634) ihre ersten Missionen gründeten.

Einige sagen, dass im selben Jahr ein französischer Händler namens Jean Nicolet [8] bis zur Green Bay des Michigansees vordrang. Es herrscht hoffnungslose Verwirrung über das Datum, aber keine über die Tatsache, dass er der erste Weiße war, der einen Fuß in den heutigen Bundesstaat Wisconsin setzte.

Als Nicolet nach Quebec zurückkehrte, erzählte er den dortigen Missionaren, dass er an einem Fluss gewesen sei, der ihn zum Meer geführt hätte, wenn er nur drei Tage länger weitergefahren wäre. Als die Väter diese Geschichte hörten, glaubten sie, am Vorabend nichts Geringerem zu entdecken als dem lang ersehnten Weg nach Indien.

Obwohl die Spanier wenig über die Entdeckungen sagten, die sie auf dieser Seite machten, konnten sie nicht verhindern, dass etwas Wissen darüber, was sie in New Mexico und im Pazifik taten, durch die Jesuiten durchsickerte, die selbst an all diesen Entdeckungen beteiligt waren, und so weiter waren über ihre Fortschritte besser informiert als andere.

Aber ab dem Jahr 1640, als die Missionare so sicher glaubten, der Schlüssel zur Südsee liege in ihren Händen, bis 1650, oder ein ganzes Jahrzehnt, gaben die Irokesen den Franzosen und ihren Verbündeten andere Aufgaben zu Hause. Die Franzosen konnten sich in ihrer Festung in Montreal kaum sicher fühlen, geschweige denn sich auf neue Entdeckungspläne ins Ausland wagen. Vergebens beschimpften die Missionare die Irokesen als die große Geißel des Christentums. Vergebens wurden die Elemente angerufen, um sie zu zerstören. Die Heiden standen vor den Türen ihrer Klöster, die Holländer [9] standen hinter den Irokesen und drängten sie weiter, und die Zukunft Neufrankreichs sah tatsächlich düster aus.

TOTEM DER FÜCHSE.

Schließlich (1650) trugen die Irokesen den Krieg bis ins Herz des Huronenlandes. Die Huronen kämpften gut, wurden jedoch bald überwältigt und aus ihren Dörfern in die ewige Verbannung vertrieben. Einige flohen nach Osten, andere nach Westen und wurden dadurch so gründlich zerstreut, dass es nie mehr zu einer geeinten Nation kam.

Mit kurzen Unterbrechungen der aktiven Kriegsführung, bei denen es sich eher um Waffenstillstände als um Frieden handelte, tobte der Krieg bis 1661, und da die Irokesen nun alle Routen nach Westen beherrschten, waren die Franzosen vorerst praktisch von den Großen Seen ausgeschlossen.

FRANZÖSISCHE KOSTÜME.

Endlich brach ein hellerer Tag an. Im Jahr 1660 kamen einige Lake Superior-Indianer mit ihren Kanus in Quebec an. Als sie bereit waren, zurückzukehren, boten sie an, einen Missionar mit nach Hause zu nehmen und bei ihnen zu leben. Es war eine schreckliche Reise, aber das Angebot konnte nicht ignoriert werden. Dementsprechend wurde einer in ihrer Begleitung zurückgeschickt, starb aber schon bald nach der Ankunft in ihrem Land an Elend und Not. Die Indianer baten daraufhin um einen weiteren Missionar. Der nächste, der ging, war Pater Allouez, [10] der im Sommer 1665 in Begleitung einiger heimkehrender Wilder aufbrach. Fast zwei Jahre lang hörte man nichts von ihm. Er war fast verloren, als er in Quebec erschien und tatsächlich seltsame Neuigkeiten überbrachte. Am Südufer des Lake Superior, im Wald, inmitten wilder Horden, hatte er eine Mission eingerichtet. Er war viel bei den Nachbarstämmen gewesen und hatte die gefürchteten Sioux gesehen und mit ihnen gesprochen, die ihm stolz erzählten, dass ihr Land bis zum Ende der Welt reichte. Sie erzählten ihm auch von einem großen Fluss, der seiner Meinung nach „bei Virginia ins Meer stürzen" müsse. Der Vater schrieb den Namen auf, wie die Sioux ihn aussprachen: Messipi . [11]

Die Patres Dablon [12] und Marquette [13] traten in die Fußstapfen von Allouez (1668) und wurden zur Mission am Fuße des Lake Superior geschickt. Danach gründete Dablon das in Sault St. Marie. Mit Dablon unternahm Allouez (1670) eine Reise von Green Bay den Fox River hinauf zum Winnebago Lake, den sie überquerten. Als sie noch weiter vordrangen, erreichten sie das Quellwasser des Wisconsin, der sich damals als Nebenfluss des Mississippi erwies.

FUCHS FLUSS.

So hatten die Jesuiten im Laufe einiger Jahre Missionen in La Pointe, am Lake Superior, in Sault St. Marie, seinem Auslass, an der Straße von Michilimackinac und in Green Bay errichtet. Sie alle waren zunächst Fischerorte, später Missionen und dann Außenposten der Zivilisation in der westlichen Welt.

Im Frühjahr 1671 nahmen die Franzosen mit großer Zeremonie offiziell Sault St. Marie, die Seen Huron und Superior sowie das gesamte Land bis zum Westmeer in Besitz. Als Zeichen der Souveränität wurde ein Holzkreuz aufgestellt, auf dem das Wappen Frankreichs befestigt war. Inmitten von Musketensalven und Rufen wie „Gott schütze den König!" Frankreich proklamierte sich damit zur Herrscherin des Großen Westens.

FUSSNOTEN

[1] HURONEN oder Wyandots besetzten das Ostufer des Huronsees und das angrenzende Land zwischen diesem und dem Simcoe-See. „Ihre Frauen waren ihre Maultiere." – *Champlain*. Die Wyandots leben jetzt in Kansas und sind zivilisiert.

[2] IROKESEN , von den Franzosen so genannt; von den Engländern, Five Nations und anschließend Six Nations. Die verbündeten Mohawks, Oneidas, Cayugas , Onondagas und Senecas, denen sich die Tuscaroras von North Carolina anschlossen, bildeten den sechsten Platz. Sie führten ihren Ursprung auf fünf verschiedene Handvoll Samen zurück, die der Schöpfer gesät hatte.

[3] DER NIAGARA RIVER ist ordnungsgemäß angelegt. Dass Champlain von den WASSERFÄLLEN WUSSTE , geht aus den Worten „ *Saut*" hervor *d'eau* , was Wasserfall bedeutet, den er nicht ganz da hingelegt hat, wo sie hingehören, aber nicht weit weg vom Weg.

[4] DIE JESUITEN oder Gesellschaft Jesu wurden 1534 von Ignatius Loyola gegründet. Die Brüder wurden zu Keuschheit, Armut und Gehorsam gelobt. Siehe Enzyklopädie ; siehe auch Artikel „Jesuit's Bark" oder „Cinchona".

[5] RICHELIEU , zu dieser Zeit Minister Ludwigs XIII.

[6] Québec WURDE ERST WIEDERHERGESTELLT , als die Rückstände der Mitgift von Königin Henrietta (Königin von Karl I.) vollständig beglichen waren.

„Wie seltsam sind die Launen des Schicksals! Maria von Medici , Witwe Heinrichs IV., verbannt und verlassen, hatte eine Tochter, Henrietta, Witwe Karls I., die in Köln in dem Haus starb, in dem sie vor 65 Jahren lebte , Rubens, ihr Maler, wurde geboren." – *V. Hugo*.

[7] CHAMPLAIN, SAMUEL DE , der Vater Kanadas und erster französischer Entdecker in der Neuen Welt, sollte bei den Amerikanern hohes Ansehen genießen. Die Arbeit, die er leistete, war für alle Zeiten. Ein Mann mit hervorragenden Qualitäten; von Ressourcen; von festem Urteilsvermögen; Nie überschäumend, manchmal eigensinnig, aber dennoch reaktionsschnell in Notfällen. Obwohl er nicht edel war, besaß er eine ritterliche Natur, gepaart mit Geschick für Geschäfte. Seine *Voyages* sind ein Informationsspeicher über Kanada und Neuengland.

[8] JEAN NICOLET ist Gegenstand vieler Diskussionen geworden. Die Beweise für seinen Besuch im Jahr 1634 sind ausschließlich Indizien und daher unbefriedigend. Aber es ist keineswegs unwahrscheinlich. Zuerst

neigte ich dazu, die ganze Geschichte, wie sie Pater Vimont erzählte ,
anzuzweifeln, weil ich dachte, man hätte ihn aufdrängen können, aber sie
trägt den Stempel der Echtheit. Der Vater schrieb 1640, daher muss
Nicolet früher nach Green Bay gegangen sein. Niemand bestreitet seinen
Anspruch, der erste Weiße zu sein, der diese Region besuchte. Siehe
Jesuitenbeziehungen von 1640.

[9] Anschließend besetzten DIE HOLLÄNDER New York mit einer Festung
und einem Handelsposten in Albany. Sie waren Konkurrenten der
Franzosen im Pelzhandel und daher natürliche Verbündete der Irokesen, an
die sie Waffen verkauften, die sie gegen die Franzosen einsetzen sollten.
Nachdem New York eine englische Kolonie wurde (1664), verfolgten die
Engländer die gleiche Politik und beschränkten die Franzosen auf das
Nordufer des Ontariosees.

[10] PATER CLAUDE ALLOUEZ , in den *Jesuit Relations* .

[11] MESSIPI , erstmals unter seinem heutigen Namen erwähnt. Heutzutage
wird es meistens so ausgesprochen, wie hier geschrieben.

[12] PATER CLAUDE DABLON kam 1655 in Kanada an. 1668 ging er mit
Marquette zur Mission von St. Esprit am Lake Superior. Danach gründete
er die S. St. Marie. – *Jesuit Relations*.

[13] PATER JAMES MARQUETTE kam 1666 nach Kanada. Sein Weg nach
Westen hatte den Charakter einer Verstärkung für die früheren Missionare,
die den Weg bereitet hatten. Er starb, als er 1675 von einer Reise in die
Städte von Illinois zurückkehrte oder nach einer Reise mit Joliet im
Vorjahr. Marquette, Michigan, ist nach ihm benannt.

DIE SITUATION IM JAHR 1672 n. Chr.

Seit dem Tag von Champlains Tod wurde Neu-Frankreich völlig schlecht
regiert. Männer, die wie er bereit wären, ihr Bestes zu geben und ihre besten
Jahre zielstrebig für den Aufbau der Kolonie einzusetzen, waren nicht bereit,
zugegen zu sein. Champlain hinterließ keinen Nachfolger. Im Allgemeinen
wurde das Amt des Gouverneurs nach dem Wert berechnet, den es dem
Inhaber einbrachte. Manchmal wurde es direkt verkauft, manchmal als
Bezahlung für Dienstleistungen gegeben, oder wieder an einen bedürftigen
Günstling als Mittel, um sein ruiniertes Vermögen wiedergutzumachen.

Daher betrachteten die meisten Gouverneure Kanada als einen Ort, an dem man reich werden konnte, genauso wie die besseren Kaufleute danach strebten, ein Vermögen zu machen und es dann so schnell wie möglich nach Hause nach Frankreich zu bringen, um es zu genießen. Wo jeder das Land nur als einen Ort des vorübergehenden Aufenthalts und niemanden als ein Zuhause betrachtete, ist es offensichtlich, dass es kein Gefühl der Beständigkeit geben konnte.

In der Zwischenzeit kann die kurzsichtige Politik, die natürlichen Ressourcen Kanadas kontinuierlich zu nutzen, ohne den Verlust auszugleichen, mit der Abholzung von Bergen ihrer Wälder verglichen werden. Unter dieser Politik war die Kolonie wie ein Mann, der langsam verblutet.

Aber es war jetzt das Zeitalter Ludwigs XIV., der, wenn auch manchmal ein harter Herr, die seltene Gabe besaß, Männer mit überlegenen Fähigkeiten um sich zu ziehen.

Werfen wir noch einmal einen Blick auf die beiden führenden Monarchien Europas und sehen wir, ob sich ihre relative Haltung zueinander seit Pavia in irgendeiner Weise verändert hat.

Unter Karl V. bedrohte Spanien Europa mit der Weltherrschaft; unter Philipp II. und Philipp III. hatte sie die Niederlande verloren; unter Philipp IV., Portugal; unter Karl II., Burgund und Flandern. Die Geschichte bietet nur wenige Beispiele für einen derart schnellen Niedergang.

Der Charakter dieser Herrscher lässt sich wie folgt zusammenfassen: Karl V. war ein großer Feldherr und großer König. Philipp II. war nur ein König. Philipp III. und Philipp IV. waren nicht einmal Könige. Karl II. konnte kaum als Mann bezeichnet werden. Dieser neununddreißigjährige Idiot verbrachte seine Zeit damit, sein Testament zu verfassen und zu zerstören. Da er sich dafür entschied, sein Haus lieber mit Frankreich als mit Deutschland zu verbünden, ernannte Karl einen französischen Prinzen zu seinem Erben. Diesem Prinzen gegenüber benutzte Ludwig XIV., als er ihn umarmte, die denkwürdigen Worte: „Es gibt keine Pyrenäen mehr."

Es war damals, wie gesagt, das Zeitalter Ludwigs XIV. und der französischen Vormachtstellung in kontinentalen Angelegenheiten.

Auf unserem Kontinent spielte Spanien bereits eine untergeordnete Rolle. Eine energischere Hand hatte die Fahne der Entdeckung ergriffen und trug sie nun zum Sieg weiter.

Von der bescheidenen Jesuitenmission am Fuße des Lake Superior bis nach Frankreich war man davon überzeugt, dass der größte Fluss Amerikas so gut wie gefunden wurde – der größte, weil alle zugaben, dass nur seine Quellflüsse berührt worden sein konnten Es zeigte sich, dass sein Verlauf notwendigerweise auf der einen oder anderen Seite der Berge von New Mexico liegen musste – in Richtung des Golfs von Mexiko oder des Vermilion-Meeres. Aber auf welcher Seite konnten sie nicht sagen.

Natürlich gab es zwei Meinungen. Einige bevorzugten das eine, andere das andere, aber beide Glaubensrichtungen verkündeten den Fluss des Kontinents. Wer sich zuerst an seiner Mündung niederlassen würde, würde unweigerlich seinen gesamten Verlauf kontrollieren. Und so wurzelte die Idee in den Köpfen der damaligen Staatsmänner und Geographen, die sich daran machten, das Schicksal des zukünftigen Reiches zu planen.

LUDWIG XIV.

Die klügsten unter den französischen Entdeckern glaubten nicht, dass Mississippi und Colorado dasselbe sein könnten oder dass der große Fluss in die Südsee mündete. Pater Allouez war, wie wir gesehen haben, anderer Meinung. Auf jeden Fall war ein Anreiz für ernsthaftere Anstrengungen mit klareren Zielen gefunden worden. In Amerika begann sich eine wirklich nationale Frage zu stellen.

So kam es, dass dieser große, geheimnisvolle Fluss, der so lange durch die Gehirne der Menschen geflossen war, Schritt für Schritt schließlich zur Endgültigkeit wuchs, obwohl er immer noch darauf wartete, dass der Schleier der Jahrhunderte gelüftet würde.

Bislang war Amerika die Orange gewesen, die jeder auspressen konnte, der sie besaß. Wie alle anderen achtete Ludwig zweifellos mehr auf die

Einnahmen, die er sich von Neu-Frankreich erhoffte, als auf den bloßen Ruhm, seine Herrschaftsgebiete in diesem Viertel auszudehnen, obwohl er auch den Ehrgeiz hegte, dies zu erreichen. Für beide Zwecke benötigte er jedoch geeignete Agenten, während seine politischen Ziele in Europa durch die Zerstörung der englischen und spanischen Kolonien in Amerika gefördert würden. Die Engländer sollten an der Küste eingeengt werden, während die Spanier daran gehindert würden, über die von ihnen bereits besetzten Grenzen hinaus vorzudringen.

Als die königlichen Waffen Frankreichs bei Sault St. Marie gehisst wurden, drängte Neuengland nach Osten und nicht nach Westen vor. Westlich des Hudson waren keine Engländer zu finden. Außerhalb des Ontariosees war kein Wort Englisch zu hören. Es gab noch kein Pennsylvania. Virginia lag östlich des Blue Ridge; die Carolinas wurden erst vor kurzem besiedelt; Florida war kaum mehr als ein spanischer Militärposten.

Große Ansichten erfordern zu allen Zeiten große Männer für ihre Ausführung. Als der König sich nach einem Statthalter umsah , der eher ein Soldat als ein Politiker und weniger ein Höfling als ein Mann der Tat sein sollte, obwohl er beides vereinte, fiel der Blick des Königs auf den Grafen Frontenac, dessen Herrschaft der seines erhabenen Herrn ein wenig ähnelte. in der versuchten Konzentration aller Macht in sich selbst.

Im Jahr 1672 schrieb der Premierminister Colbert an den Intendanten Kanadas, dass seine Majestät wünsche, dass er seine Aufmerksamkeit der Entdeckung der Südsee schenke. Da der Wunsch dasselbe wie ein Befehl war, suchte der Intendant nach einem geeigneten Agenten, um ihn in die Tat umzusetzen.

Graf Frontenac.

Louis de Buade , Compte de Frontenac, zeigte äußerlich kaum einen Verlust an körperlicher oder geistiger Kraft, obwohl sich mit seinen siebzig Jahren unaufhörliche Abnutzungserscheinungen an seiner eisernen Konstitution und seinem eisernen Willen bemerkbar machten. Sein Auge hatte sein Feuer nicht verloren, noch sein Schritt seine Elastizität, aber eine tiefe Falte zwischen den Brauen verlieh seinem Gesicht einen Ausdruck der Sorge und verriet die Kraft und Gewohnheit konzentrierten Denkens. Sein Teint war strahlend, sein Schnurrbart königsblau und seine Augenbrauen weiß wie Schnee. Ungeachtet einer gewissen Sinnlichkeit hatte das Gesicht, wenn auch nicht edel, doch jene entschiedene Vornehmheit, die dem Betrachter den Eindruck vermittelte, dass er sich in der Gegenwart keines gewöhnlichen Menschen befand. Die Leute nannten ihn den Retter Kanadas, denn er war in einem äußerst kritischen Moment geschickt worden, um, wenn möglich, die Fehler und die Unfähigkeit seines Vorgängers Denonville wiedergutzumachen . Schlau, geschmeidig und scharfsinnig war er genau der Mann, der die indische Diplomatie verstand, die indische Doppelzüngigkeit durchdrang oder verblüffte oder durch einen politischen Akt die Feindseligkeit dieser listigen Gegner entwaffnete. Gleichzeitig wusste er nicht nur, wann und wo er die tödlichsten Schläge ausführen musste, sondern auch, wie er aus Erfolgen im Krieg die wichtigsten und fruchtbarsten Ergebnisse ziehen konnte. Die Irokesen, die einen unaufhörlichen und zerstörerischen Krieg gegen Kanada führten, nannten ihn den großen Onontio . Er hatte es nicht verschmäht, an einem indianischen Kriegstanz teilzunehmen, bei dem er als erster mit seinem Beil auf den Kriegsposten einschlug. Er hielt Ansprachen vor seinen wilden Verbündeten in ihrer eigenen sentimentalen und äußerst einfallsreichen Rhetorik, imitierte ihre eigenen Kriegsmethoden und sogar ihre Gräueltaten, indem er Gefangene bei lebendigem Leibe röstete – vielleicht mit dem Ziel, dass die Indianer an ihm die Eigenschaften bewundern konnten, die sie am meisten schätzten an sich.

JOLIET UND MARQUETTE .

„ Der Frieden hat seine Siege nicht weniger berühmt als der Krieg. “

In Louis Joliet [1] fand Talon, der Intendant, [2] den Mann, den er wollte. Joliet versprach, die Mündung des Mississippi zu sehen, bevor er zurückkäme, um über sich selbst zu berichten, und da er bereits ein erfahrener Entdecker war, wurde von ihm nicht weniger erwartet, als dass er sein Wort halten würde.

Wir erinnern uns, dass Erkundung und Bekehrung immer Hand in Hand gehen mussten. Einer der jesuitischen Missionare an den Seen wurde daher von seinem Vorgesetzten als Nachfolger von Joliet benannt. Das war Pater James Marquette. Pater Marquette leitete damals die Mission in Michilimackinac, wo Joliet ihn ungeduldig auf sein Kommen wartete, denn seit Marquette die Indianer über den großen Fluss reden hörte, lag ihm der Wunsch am Herzen, dorthin zu pilgern. Er bat die Jungfrau, ihm diesen Segen zu erwirken, und sein Gebet wurde schließlich erhört. Marquette hatte auch vom Missouri und den Eingeborenen gehört, die in ungeheurer Zahl an seinen Ufern lebten. All dies wollte er unbedingt mit eigenen Augen sehen, um zu wissen, inwieweit die Wahrheit mit dem übereinstimmte, was ihm gesagt worden war. Er konnte es kaum erwarten, das Evangelium unter all diesen verlorenen Stämmen zu verbreiten , zu denen er sich durch eine besondere Ernennung des Himmels berufen fühlte.

Die Entdecker brachen im Mai 1673 in zwei Kanus von Mackinac [3] auf. Insgesamt waren es sieben Männer. Sie entlang des Michigansees [4] , bis sie Green Bay erreichten, gelangten in den Fox River, überquerten den Lake Winnebago und erreichten am 7. Juni das Dorf Mascoutin , wo zu

Marquettes großer Freude ein Kreuz [5] unversehrt zwischen den Wigwams
stand bedeuten, dass dort bereits Christen gewesen waren.

Sie hatten nun die äußerste Grenze der bisherigen Erkundung erreicht.
Soweit bekannt, war noch kein Reisender über diesen Ort hinausgekommen.

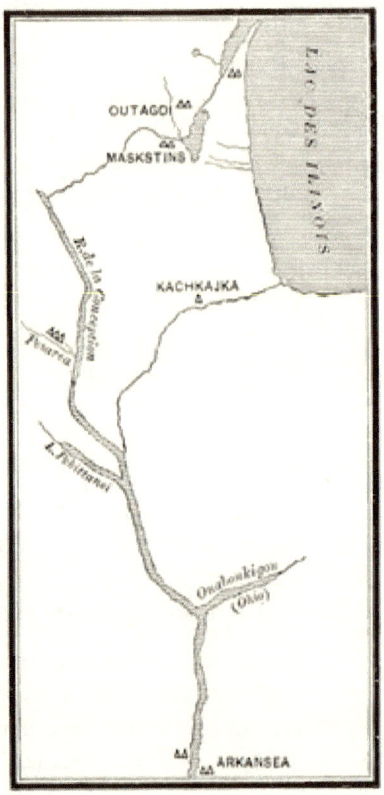

MARQUETTES KARTE.

An diesem Ort nahmen die Entdecker indianische Führer mit. Am 10.
machten sie sich wieder auf den Weg und trieben die Kanus langsam durch
seichtes Wasser, das mit Wildreis übersät war, der so hoch um sie herum
wuchs, dass er ihnen fast über den Kopf reichte, bis sie nicht mehr
weiterfahren konnten. Dann hoben die Entdecker die Kanus aus dem Wasser
und trugen sie auf ihren Schultern über die Prärie zum Wisconsin, wo sie sie
erneut zu Wasser ließen.

„Sie glitten ruhig den ruhigen Bach hinunter, vorbei an Inseln, die von
Bäumen übersät und mit verschlungenen Weinreben übersät waren, an
Wäldern, Hainen und Prärien, den Parks und Vergnügungsstätten einer
verschwenderischen Natur; an Dickichten und Sümpfen und breiten, kahlen

Sandbänken vorbei die schattenspendenden Bäume, zwischen deren Wipfeln aus der Ferne die kühne Kuppe einer bewaldeten Klippe herabblickte. Nachts das Biwak – die Kanus, die umgekehrt am Ufer lagen, das flackernde Feuer, die Mahlzeit aus Bisonfleisch oder Wildbret, die abendlichen Pfeifen und der Schlaf darunter die Sterne; und als sie sich am Morgen wieder einschifften, hing der Nebel wie ein Brautschleier über dem Fluss und schmolz dann vor der Sonne, bis das glasige Wasser und die trägen Wälder atemlos in der schwülen Glut sonnten."

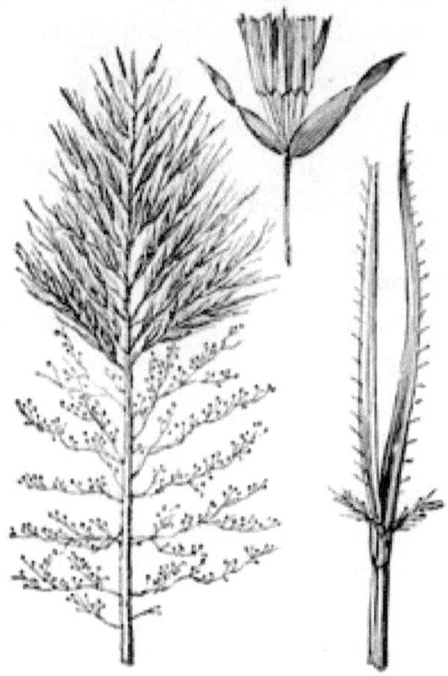

WILDER REIS.

Am 17. Juni erreichten Marquette und Joliet die Stätte Prairie du Chien. Hier wurde der Wisconsin von der breiten Strömung eines mächtigeren Stroms verschlungen, dessen dunkles Wasser unaufhörlich vorbeiströmte, als wäre er sich seiner Macht bewusst. Kaum hatten sie nachgeschaut, erkannten die eifrigen Entdecker, dass es sich um den Gegenstand ihrer Hoffnungen und Gebete handelte. Ein paar kräftige Paddelschläge, und sie trieben auf der majestätischen Flut, versunken in Staunen und Lob, denn die Hälfte war ihnen nicht gesagt worden. Da konnte es keinen Fehler geben. Der lang gesuchte Mississippi war wiedergefunden worden.

Mit vorsichtigen Bewegungen und wachsamen Augen wurden die Kanus nach Süden gesteuert. Manchmal segelten die begeisterten Entdecker in den dunklen Schatten überhängender Wälder, wo unsichtbare Gefahren lauern könnten, und dann glitten sie durch sonnige Prärien weiter und eröffneten

Ausblicke von stiller Schönheit. Sie setzten ihren abenteuerlichen Kurs fort. Es war eine Reise, die den Charme überaus lieblicher Schönheit umgab.

Hin und wieder ging die Gruppe an Land, um ein eiliges Essen zuzubereiten, aber da sie nicht wussten, mit was für Leuten sie sich treffen würden, wagten sie es nicht, an Land zu schlafen. Deshalb ankerten die Kanus bei Einbruch der Dunkelheit im Bach. Eine ganze Woche lang schwebten sie in urzeitlicher Einsamkeit. Von Menschenhand war um sie herum nichts zu sehen. Keine menschliche Stimme erhob sich zur Begrüßung oder Warnung. Alles war still wie bei der Schöpfung. Bisonherden, die an den Ufern grasten, hoben ihre zottigen Köpfe, um die vorbeiziehenden Reisenden staunend zu betrachten , aber in all dieser Zeit schien nichts in menschlicher Gestalt sie zu belästigen.

Eines Tages sahen die Entdecker Fußspuren am Ufer. Sie berieten sich und beschlossen, ihnen zu folgen. Joliet und Marquette überließen den Kanus die Verantwortung für ihre Männer und machten sich auf den Weg. Der Weg führte zu einem Dorf, dessen Bewohner sich zum Hallo der seltsamen weißen Männer versammelten und erstaunt waren, sie dort zu sehen. Die Anführer boten die Friedenspfeife an. Marquette fragte sie, was für Leute sie seien.

„Wir sind Illinois", lautete die klare Antwort. Dann wussten die beiden Franzosen, dass sie sich unter Freunden befanden [6] , die ihnen sagen würden, was sie über den Fluss unten wissen wollten – mit welchen Menschen sie wahrscheinlich zusammentreffen würden und ob sie freundlich wären oder nicht. Die Illinois bewirteten die Fremden und breiteten Büffelroben zum Schlafen für sie aus, forderten sie jedoch auf, wegen des Dämons, der den Durchgang bewachte, nicht daran zu denken, den Fluss noch weiter hinabzusteigen.

Die Entdecker kehrten zu ihren Kameraden zurück und setzten mit dem ganzen Dorf als Eskorte ihre Reise fort. Zuerst passierten sie den Illinois mit seinen bemerkenswerten Felsen. Als nächstes ergoss sich der Missouri, [7] Kind der Berge, seine trübe Flut mit solcher ungestümen Kraft in die klaren Wasser des Mississippi, dass er sich bis zum gegenüberliegenden Ufer durchschlug und so dem ganzen Strom seine eigene trübe Farbe verlieh.

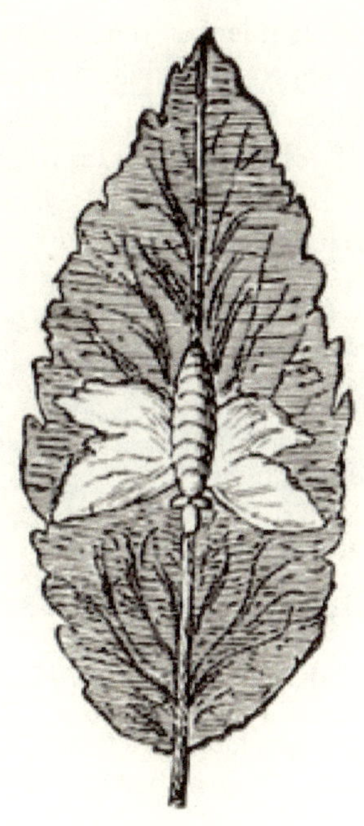

ILLINOIS.

Nachdem sie allen Gefahren entkommen waren, passierten die abenteuerlustigen Reisenden als nächstes die Mündung des Ohio oder Beautiful River. Tag für Tag trieben sie zwischen Zypressenwäldern weiter und trafen übrigens nur einmal auf Indianer, bis sie bis zur Mündung des Arkansas hinabgestiegen waren, als plötzlich eine Flotte von Kriegskanus gesehen wurde, die vom Ufer abfuhren, um sie abzuschneiden aus. Vergebens schwenkte Marquette das Calumet, das ihm die Illinois zu seinem Schutz geschenkt hatten und das unter den Wilden das Symbol des Friedens ist. Die jungen Krieger richteten ihre Pfeile ein und spannten ihre Bögen. Zu einem anderen Zeitpunkt wären die Entdecker von Pfeilen durchlöchert worden, wenn nicht die Ältesten rechtzeitig eingetroffen wären und den jungen Männern zuriefen, sie sollten ihre Hände zurückhalten. Mit diesen unterhielten sich die Franzosen nun, und nachdem sie ihre friedlichen Absichten bekannt gegeben hatten, durften sie landen und wurden freundlich behandelt.

Mit der Hilfe eines von ihnen, der ein wenig der Illinois-Sprache verstand, gelang es Marquette, sein Ziel, das Meer zu erreichen, verständlich zu machen. Er erfuhr nun, dass dies nicht die Hauptstadt der Arkansas-Nation war. Das war acht oder zehn Meilen weiter flussabwärts. So zogen die Franzosen am nächsten Tag weiter in die größere Stadt, [9] wo sie hofften, alles zu erfahren, was sie wissen wollten.

Seltsamerweise hatten die Entdecker nun genau den Punkt erreicht, der durch die Ankunft von De Soto anderthalb Jahrhunderte zuvor denkwürdig geworden war. Und als hätte sein Schicksal die Stelle, an der sie standen und mit ihren Augen dem Lauf des großen Flusses folgten, bis er sich in der Ferne verlor, mit einem Zauber belegt, war es weder Joliet noch Marquette bestimmt, darüber hinauszugehen.

KRIEGSKANU, AUS LA HONTAN.

Hier bereiteten die Indianer den Entdeckern ein Festmahl, während sie einen Rat über die Frage abhielten, ob sie sicher fortfahren könnten oder nicht. Im Gegenzug verteilten die Weißen Geschenke unter den Indianern. Diese Indianer hatten kaum Nahrung außer Mais, von dem sie jedes Jahr drei Ernten anbauten. Darüber hinaus gaben sie ihren Besuchern als Zeichen ihrer ehrenvollen Behandlung Hundefleisch zu essen. Obwohl sie über Messer und Beile europäischer Herstellung verfügten und einfache Tontöpfe und Krüge zum Kochen ihrer Speisen formen konnten , waren diese Menschen in einem schlechteren Zustand als diejenigen, die weiter oben am Fluss lebten, obwohl sie wegen der Symmetrie ihrer Form als „die „" bezeichnet wurden. gutaussehende Männer." Die Männer waren völlig nackt; Die Frauen trugen Felle um ihre Lenden.

Sie sagten Marquette, dass die Leute weiter unten ihn niemals durch ihr Land passieren lassen würden; dass sie ein Volk waren, das Feuerwaffen besaß und wusste, wie man sie benutzt. Dies machte sie für ihre Nachbarn so furchterregend, dass diese Arkansas es nicht wagten, in diesem Land Büffel zu jagen, obwohl die Ebenen dort voller Büffel waren.

DAS CALUMET.

Solche schlechten Berichte, die den weiteren Fortschritt behinderten, veranlassten die Entdecker, umzukehren, obwohl die Indianer sagten, das Meer sei nur zehn Reisen entfernt. Sie waren zu wenige, um zu kämpfen.

Ihre Gefangennahme würde mit Sicherheit den gesamten Zweck der Expedition zunichte machen. Alle waren der Meinung, dass diese Chance nicht riskiert werden sollte. Sie waren zumindest weit genug gegangen, um die heikle Frage nach dem Zugang zum Meer zu klären. Alle Anzeichen deuteten auf den Golf von Mexiko hin.

Es ist offensichtlich, dass die Entdecker bei ihrer Entscheidung zur Rückkehr ihre eigenen Wünsche, vielleicht auch ihre eigenen Ängste berücksichtigten. Wie dem auch sei, Joliet hatte sein Versprechen gegenüber Talon nicht gehalten.

Am 17. Juli traten die Entdecker ihre lange Heimreise an. Es dauerte Wochen, bis sie nach Illinois zurückkehrten, wo sie ihre Kanus umbauten, wohl wissend, dass dies die Reise verkürzen würde. Als sie diesen Fluss bis zur Indianerstadt Kaskaskia hinaufstiegen, besorgte sich die Gruppe Führer, die sie zum Michigansee führten.

FUSSNOTEN

[1] LOUIS JOLIET hatte für das Priestertum studiert, worauf er verzichtete, um Händler zu werden. Talon schickte ihn zum Lake Superior, um nach den Kupferminen zu suchen, von denen die Franzosen so viel hörten. Obwohl dies erfolglos blieb, sammelte Joliet viele Informationen, die sich später als nützlich für seine Arbeitgeber erwiesen. Er fertigte zusammen mit Marquette eine Karte an, die seine Entdeckungen während seiner Reise zeigte, und Marquette fertigte auch die in den Text eingefügte Karte an, auf der der Mississippi „Fluss der Empfängnis" genannt wird, obwohl Joliet ihn auf seiner Karte „Colbert River" nennt der berühmte Minister Ludwigs XIV.

[2] TALON , der Intendant, war einer der scharfsinnigsten Verfechter der französischen Bewegung in den Fernen Westen. Er wollte an der Mündung des Mississippi einen französischen Hafen errichten, um den Spaniern Einhalt zu gebieten.

[3] MACKINAC ist die Verkürzung des ursprünglichen langen Wortes, das wie Mackinaw ausgesprochen wird.

[4] DER MICHIGANSEE wurde ursprünglich Lake of the Illinois genannt. Dieser Name erscheint häufig auf Karten des letzten Jahrhunderts, obwohl er mit der Zeit durch den heutigen ersetzt wurde. Es ist nicht notwendig, alle verschiedenen Titel anzugeben, die von verschiedenen Entdeckern vergeben wurden. Ihr Name ist Legion.

[5] ÜBER. Zweifellos eines, das von den Patres Dablon und Allouez errichtet wurde; siehe <u>vorheriges Kapitel</u>.

[6] UNTER FREUNDEN , weil sie Gegenstände aus französischer Herstellung besaßen, die zeigten, dass sie Verkehr mit französischen Händlern hatten. Das erwähnte Dorf soll an der Mündung des Des Moines gelegen haben.

[7] DER MISSOURI WIRD ERSTMALS VON MARQUETTE IDENTIFIZIERT, DER IHN AUF SEINER KARTE Pekitanoüi nennt . Die Indianer sagten ihm, dass er, wenn er ihm folgte, ans Meer gelangen könnte, womit sie wahrscheinlich die Platte- und Colorado-Route zum Golf von Kalifornien meinten.

[8] DIE CALUMET oder Friedenspfeife. „Männer erweisen den Kronen und Zeptern von Königen nicht die Ehre, die Inder dem Calumet erweisen; es scheint der Gott des Friedens und des Krieges zu sein, der Schiedsrichter über Leben und Tod. Tragen Sie es bei sich und zeigen Sie es, und Sie können marschieren." furchtlos. Es gibt ein Calumet für den Frieden und eines für den Krieg, die sich nur durch die Farbe der Federn unterscheiden, mit denen sie geschmückt sind, wobei Rot das Zeichen des Krieges ist. Sie verwenden sie auch, um Streitigkeiten beizulegen, Bündnisse zu stärken und mit Fremden zu sprechen. „ -*Marquette.*

[9] DIE GROßSTADT lag laut Marquettes Karte damals am Ostufer.

DER MANN LA SALLE.

„ Adler fliegen oben, aber Schafe scharen sich zusammen. " – *Spanisch.*

Der Mississippi war nun an zwei Stellen getroffen worden. Sein Verlauf war sechshundert Meilen lang erforscht worden, man hatte flüchtige Einblicke in seine Größe erhascht, seine Geheimnisse waren teilweise gelöst. Ein Mann von größerem Ansehen bemühte sich nun um die Vollendung dessen, was Marquette und Joliet unvollendet gelassen hatten.

Robert Cavelier de la Salle [1] war kein einfacher Entdecker mit geringer Bildung wie Joliet oder ein frommer Missionar, dessen einziges Ziel darin bestand, Proselyten zu gewinnen, wie Marquette.

La Salle war ein Mann ganz anderer Art . In ihm war der Mann mit Verstand, Ideen, Ressourcen und unbeugsamem Willen vereint. Er war ein ernsthafter Mann – ein Mann von heldenhafter Geduld, dessen höchste Qualitäten in Momenten höchster Prüfung am hellsten hervortraten. Katastrophe, Verleumdung, Verrat, Krankheit wurden abwechselnd angegriffen, konnten aber niemals seinen unbezwingbaren Geist zerstören. Ganz gleich, ob er inmitten des Scheiterns seiner Projekte allein stand oder mit unvorhergesehenen Gefahren konfrontiert war, seine Standhaftigkeit ließ ihn nie im Stich. Obwohl er seinen Männern gegenüber eher streng als nachsichtig war, hatte er etwas in sich, das ihm Respekt und Gehorsam abverlangte; mehr wollte La Salle nicht. Er war der Meistergeist seiner eigenen Unternehmungen – der Urheber und Vollstrecker derselben – und nicht der einfache Agent der Pläne anderer Männer. Aus einer Untersuchung des Mannes und im Lichte dessen, was er erreichen wollte und was er tatsächlich erreichte, sollten wir sagen: „Wo ein Wille ist, ist auch ein Weg", war die Inspiration für La Salles Bemühungen und seine einzigartige Maxime Karriere.

CAVELIER DE LA SALLE.

Aber La Salle hatte auch seine Nachteile. Von Natur aus rücksichtsvoll und zurückhaltend, lebte er in sich selbst zu sehr isoliert, um ein guter Begleiter in der wandernden Republik zu sein, deren Oberhaupt er war, obwohl seine Anhänger lernten, zu ihm aufzuschauen, wenn sie ihn nicht lieben konnten.

Er konnte sich seinen Untergebenen gegenüber nicht öffnen , noch konnten sie die Mischung aus Stolz und Zurückhaltung verstehen, die ihn wie ein Gewand umhüllte. Was sie für Strenge des Verhaltens hielten, war die Vertiefung des Menschen in sich selbst. Diejenigen, die ihn am besten kannten, wären ihm bis ans Ende der Welt gefolgt, aber La Salle war so beschaffen, dass ihn nur wenige kennen konnten. La Salle selbst war sich all dessen nicht bewusst. Seine Verantwortung war zu groß, seine Sorgen zu groß, um sich trivialen Dingen hinzugeben. Bei Geistern wie Ludwig XIV., Colbert oder Frontenac war die Sache anders. La Salle beeindruckte sie wie kein gewöhnlicher Mann. Als sich ihm also die Möglichkeit vorstellte, die Kontrolle über unseren Kontinent zu erlangen, indem er eine Kette französischer Posten von Quebec bis zum Sankt-Lorenz-Strom ausdehnte, sah der König in ihrer Großartigkeit sofort in La Salle den geeignetsten Mann für diese Aufgabe. Und La Salle kannte kein Wort wie Scheitern.

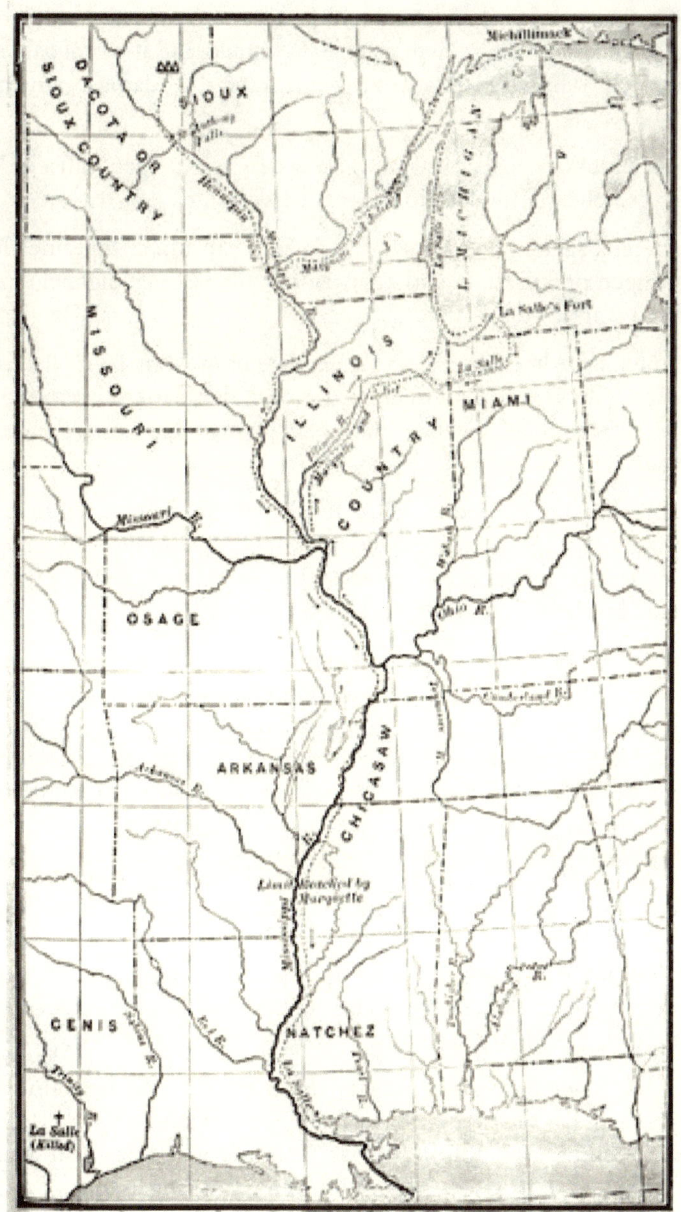

KARTE MIT DEN ERKUNDUNGEN VON LA SALLE

La Salle war einer derjenigen, die anfangs glaubten, der Mississippi münde in das Zinnobermeer. Wenn wir dem Schein vertrauen dürfen, bestand seine ursprüngliche Idee nicht so sehr darin, den großen Fluss bis zu seiner Mündung hinabzufahren, sondern vielmehr über den Kontinent zum großen

Südmeer zu gelangen und so China und Japan zu erreichen . Und der Name La Chine [2], den La Salle seinem eigenen Wohnsitz in Montreal gab, scheint tatsächlich ein Hinweis darauf zu sein, was ihn damals am meisten beschäftigte.

Dies ist aufschlussreich, da es zeigt, wie langsam sich das geografische Wissen über die westliche Hälfte des Kontinents entwickelte.

Wie wir bereits sagten, war Cavelier de la Salle ein Mann mit einer Idee, in einigen Dingen praktisch, in anderen visionär, aber er verfolgte ein Ziel, das so standhaft war wie das Schicksal.

Im Jahr 1666, im Alter von 23 Jahren, landete er in Kanada. Er ließ sich am oberen Ende der Insel Montreal nieder, wo der Sankt-Lorenz-Strom in Stromschnellen zerfällt, die bis heute den Namen La Salles Residenz, La Chine, tragen.

Hier verbrachte La Salle drei Jahre in aller Stille und hörte sich in der Zwischenzeit von den Indianern, die nach La Chine kamen, alle möglichen seltsamen Geschichten über die weite Region in Richtung der untergehenden Sonne und die Menschen, die darin lebten, an.

Wir haben gesehen, dass die Missionen an den Großen Seen bereits fest verankert sind. Joliet und Marquette hatten den Mississippi auf einem Weg erreicht und waren auf einem anderen, anderen Weg zurückgekehrt, der sie durch das Herz der großen Nation Illinois führte, zu der Marquette sich besonders berufen glaubte. Seine Arbeit unter diesem Volk hatte einen äußerst positiven Eindruck auf diejenigen hinterlassen, die nach ihm kommen könnten.

Durch die Irokesen, die ihn in La Chine besuchten , hörte La Salle zum ersten Mal vom Ohio. Die Leidenschaft für Entdeckungen scheint sich bei ihm schnell und intensiv entwickelt zu haben. Er war jung, ehrgeizig und abenteuerlustig. La Salle war erst sechsundzwanzig, als er beschloss, sich auf die Suche nach dem Ohio zu machen.

Sofort verkaufte er La Chine, um sich ein Outfit zu besorgen. Im Sommer 1669 brach er in das Land der Irokesen auf, wo wir ihn völlig aus den Augen verlieren. Doch obwohl kein Reiseplan überliefert ist, wird sein Anspruch, Ohio entdeckt zu haben, von seinem Rivalen Joliet eingeräumt.

Unterdessen war Frontenac, dieser Mann der Tat, nicht untätig. Er war entschlossen, die direkte Straße zu den westlichen Seen zu öffnen, friedlich, wenn er konnte, mit Gewalt, wenn er musste, aber auf jeden Fall, um sie zu öffnen. Zu diesem Zweck zeigte er den Irokesen nun, dass er keine Angst vor ihnen hatte, indem er in Kingston eine Festung errichtete, [3] die ihm zu Ehren Fort Frontenac genannt wurde. Dieser Posten gab den Franzosen das

Kommando über den Ontariosee. Für die Irokesen war es zugleich eine Bedrohung und eine Bedrohung, denn sie sahen, wie ihnen die Herrschaft über die Seen entglitt, konnten dies aber nicht verhindern. Durch seine Gunst bei Frontenac sicherte sich La Salle vom König die Schenkung von Fort Frontenac, das in seinen Händen nicht nur zu einem wichtigen Handelsposten, sondern auch zur Basis künftiger geplanter Entdeckungen wurde. Hier brütete La Salle über den Projekten, die ihn nicht nur für einen Tag, sondern für alle Zeiten berühmt machen sollten.

Zehn weitere Jahre lang ist La Salle damit beschäftigt, sein Schicksal zu reparieren, seine Pläne auszuarbeiten, Informationen zu beschaffen oder indische Dialekte zu studieren. Der Golf von Mexiko sollte erreicht werden und dort ein französischer Hafen und eine Kolonie gegründet werden, in die der gesamte Handel des Flusses fließen sollte. Somit sollte der Mississippi in französischer Hand ein Keil sein, der die Spanier in Florida von den Spaniern in New Mexico trennte. Frankreich besaß die beiden großen Wasserstraßen des Kontinents – den Sankt-Lorenz-Strom und den Mississippi – und sollte in Amerika den ersten Platz einnehmen. Als alles fertig war, legte La Salle dem König seine Pläne vor.

In seinem Denkmal kontrastiert La Salle eindringlich den kargen Boden, die dichten Wälder und das raue Klima Kanadas mit dem fruchtbaren Boden, den sonnigen Prärien und dem angenehmen Klima des Westens. Er beschreibt es als ein Land, das über alles verfügt , was für die Gründung blühender Kolonien erforderlich ist. und als jemand, der damit bestens vertraut ist. Seine einheimischen Produkte, sein Fisch- und Wildreichtum, seine angenehmen Bäche – all das wird ohne die Übertreibung besprochen, mit der Entdecker ihre Berichte normalerweise ausschmücken. Nach Ansicht von La Salle reichten die Fakten für seine Zwecke vollkommen aus.

Mit seinem Streben nach einer Vergrößerung des französischen Imperiums auf Kosten Spaniens hatte La Salle ein für seine Talente geeignetes Feld gefunden – ein Ziel, das ihn über den Rang eines bloßen Entdeckers oder Händlers erhebt. Zwar erwartete er, Reichtümer und Ehre für sich zu finden, doch diese Dinge hingen zwangsläufig vom Erfolg des Plans als Ganzes ab, nicht von einem Teil davon.

Ludwig war von La Salles Darstellungen beeindruckt und erteilte ihm ein Patent für die Gebiete, die er entdecken wollte, mit der Befugnis, für die Dauer von fünf Jahren Festungen zu errichten und dort zu regieren. La Salle sollte dies alles auf eigene Kosten tun und auf sein Handelsmonopol hoffen, um sich die Kosten zu erstatten. Also machte er sich daran, überall Geld zu leihen. Der König war nie großzügig und beschränkte sich darauf, La Salle die Gelegenheit zu geben, die er sich gewünscht hatte.

Als La Salle wegen des Patents in Paris war, lernte er einen italienischen Offizier namens Tonty kennen, der ihm später bei seinen verschiedenen Expeditionen mit seltener Treue diente. Nach La Salles Rückkehr nach Quebec beantragte und erhielt Pater Louis Hennepin, ein Franziskanermönch, die Erlaubnis, sich ihm anzuschließen. Und so standen die Dinge im September 1678.

FUSSNOTEN

[1] DE LA SALLE : wörtlich „Aus der Halle". Geboren 1643 in Rouen, Frankreich: Cavelier ist der Familienname.

[2] LA CHINE (China). Name des Dorfes und der Stromschnellen an der Spitze der Insel Montreal.

[3] KINGSTON , am Nordufer des Ontariosees, in der Nähe seiner Mündung.

LA SALLE, PRINZ DER ENTDECKER.

Die Pläne von La Salle enthielten die folgenden Details. In Frontenac wurde ein Schiff für die Schifffahrt auf dem Ontariosee gebaut, wodurch die mühsamen Kanufahrten der Vergangenheit überflüssig wurden. Dies brachte die westlichen Missionen Montreal einen Schritt näher. Als nächstes sollte der Niagara River erobert und wie Frontenac durch den Bau einer Festung an seiner Mündung gehalten werden. Der nächste Schritt wäre der Bau eines Schiffes oberhalb der Wasserfälle, um die westlichen Seen zu befahren. Wenn dies geschehen wäre, würde der eigentliche Ausgangspunkt für den Mississippi zum Michigansee verlegt und die Verzögerungen und Strapazen früherer Expeditionen auf die jetzige gerettet werden. Dies waren die wesentlichen Merkmale von La Salles Plan.

Dementsprechend begann La Salle im Winter 1679 mit dem Bau der Festung in Niagara [1] und des Schiffes über den Wasserfällen. Kurz gesagt, er perfektionierte im Laufe der Zeit seine Kommunikation.

Im August ging La Salle an Bord seines neuen Schiffes und hisste die Segel. Es war das erste, das jemals das Wasser des Eriesees gepflügt hatte. Zu gegebener Zeit erreichte er Michilimackinac, von wo aus er nach einigem

Aufenthalt wieder nach Green Bay segelte. Hier landete La Salle seine Leute und Güter. Der Griffin wurde nach Niagara zurückgeschickt, um die von La Salle benötigten Vorräte zu holen, mit der Anweisung, unverzüglich zum Treffpunkt zurückzukehren. Mit vierzehn Männern trat La Salle dann in Kanus seine Reise zum Mississippi an.

Verschiedene Abenteuer kündigten den Fortschritt der Entdecker entlang der Ufer des Michigansees bis zur Mündung des St. Joseph an, die als letzter Ausgangspunkt ausgewählt worden war. Die Herbstsaison war weit fortgeschritten. Der Nordwind wehte bereits scharf und kalt über den See. Die Kanus wurden auf einer stürmischen See hin und her geschleudert, die mit Gewalt an der unwirtlichen Küste brach und bei Annäherung Schiffbruch drohte. Oft wurden die Kanus in der Brandung überschwemmt, wenn das steigende Meer es gefährlich machte, den See zu behalten. Oft warfen sich die Entdecker nachts bis auf die Haut durchnässt und vor Hunger ausgehungert auf den gefrorenen Boden.

Als er St. Joseph erreichte, ließ La Salle seine Männer mit dem Bau einer Festung beginnen, während er gespannt auf die Ankunft von Tonty wartete , dem befohlen worden war, sich ihm an diesem Ort anzuschließen. Endlich kam Tonty. Mittlerweile war es Winter geworden. In den ersten Dezembertagen paddelte die vereinte Gruppe den St. Joseph hinauf, überquerte die Portage zum Kankakee, stieg dort hinab nach Illinois und erreichte schließlich die große ^{Stadt} Illinois Tatsächliche Zahl: vierhundertsechzig Logen.

Zu ihrer großen Enttäuschung war die Stadt verlassen, da alle Illinois auf die Büffeljagd gegangen waren, wie es zu dieser Jahreszeit üblich war. Es war ein schwerer Schlag für La Salle, der erwartet hatte, hier Führer und Lebensmittelvorräte zu finden und seine Männer zu rekrutieren. Die Entdecker verschafften sich jedoch einen Vorrat, indem sie die *Verstecke* öffneten [3], in denen die Illinois ihre Wintervorräte aufbewahrten.

Irgendwo unterhalb des Peoria-Sees verbündete sich La Salle mit den Illinois, die ihm alle Fabeln erzählten, die sie sich ausdenken konnten, um ihn am Weitergehen zu hindern, denn offenbar ahnten sie, dass sein Handeln ihnen in Zukunft schaden würde.

Sie sagten, der Mississippi sei von Männern mit wildem Aussehen heimgesucht worden, die sie alle töten würden. Sein Wasser sei von Schlangen, Alligatoren und ähnlichen Monstern heimgesucht worden, die auf der Lauer lagen, um sie zu verschlingen, während der Fluss selbst schließlich in einen tosenden Strudel gestürzt sei, in dem sie und sie alle getötet hätten Ihre Kanus würden verschluckt werden.

Obwohl La Salle diese albernen Geschichten mit der gebührenden Verachtung behandelte, zeigten sie bei seinen Männern Wirkung, von denen sechs auf der Stelle desertierten. Die Entdecker überwinterten unter diesen Illinois in einer Festung, die La Salle bezeichnenderweise Crèvecœur nannte . [4]

Der Name erzählt seine eigene Geschichte. Auf den Seen wären sie fast ertrunken. Auf dem Marsch waren sie oft hungrig gewesen, ebenso wie La Salle. Verrat lauerte in seinem eigenen Lager, Gefahr in dem der Illinois. Seine eigenen Männer hatten versucht, ihn zu vergiften. Und nun, um den Höhepunkt des Unglücks noch zu krönen, war noch kein Wort über den Greif [5] gekommen — den Greif, an dem alle Hoffnung hing, ihre Suche erfolgreich fortzusetzen.

Aber nichts konnte die Entschlossenheit von La Salle erschüttern. Der Häuptling schickte Pater Hennepin, um den Unterlauf des Illinois zu erkunden, und überließ Tonty die Leitung von Fort Crèvecœur , während er selbst nach Frontenac aufbrach, um zu erfahren, was aus dem Griffin geworden war, und um die Dinge zurückzubringen, die er vor ihm haben musste wäre es wieder möglich, sich von Fort Crèvecœur aus zu bewegen .

Wir müssen ihm nicht auf dieser bemerkenswerten Reise folgen, die an sich keine leichte Aufgabe ist.

La Salle hatte den Mississippi noch nicht erreicht. Im August 1680 verließ er Montreal erneut mit diesem Ziel. Wieder machte er sich auf den Weg zum Dorf Illinois. Diesmal trafen seine Augen auf Haufen verkohlten und geschwärzten Mülls, übersät mit verstümmelten Körpern. Während seiner Abwesenheit hatten die Irokesen ihre Rache an den Illinois geübt, wie sie es bereits an den Huronen getan hatten.

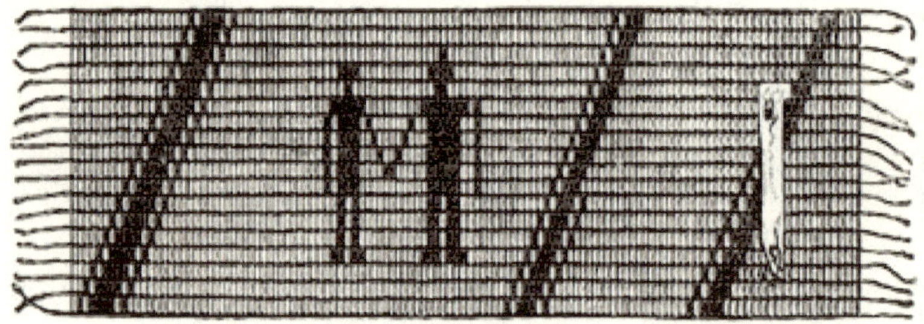

INDISCHER WAMPUM-GÜRTEL.

Wo war der treue Tonty? Was war aus ihm geworden? Nach dem Abzug von La Salle erhoben sich seine Männer gegen Tonty, plünderten das Fort, was es wert war, eingenommen zu werden, zerstörten es und zogen in einer Schar davon, sodass Tonty sich selbst überlassen blieb.

Aber wo war er? La Salle fand Crèvecœur in Trümmern vor und der Ort war einsam.

In seiner Verzweiflung suchte La Salle den Fluss bis zu seiner Mündung ab und erreichte schließlich den Mississippi, ohne jedoch die geringste Spur seines Leutnants zu finden. Auf allen Seiten schien das Schicksal eine Verschwörung zu seiner Niederlage herbeizuführen.

Immer noch unerschrocken brach La Salle im Herbst 1681 zum dritten Mal auf. Auf wunderbare Weise war Tonty den Irokesen entkommen und zu seinem Häuptling auf den Seen zurückgekehrt. Diesmal führte die Expedition über den Chicago River nach Illinois und von dort hinunter zum Mississippi, den sie am 6. Februar erreichte.

Nach einem kurzen Aufenthalt hier nahm die kleine Kanuflotte die vor ihr liegende lange Reise wieder auf. Am 24. landeten die Entdecker in der Nähe des Third Chickasaw Bluff, um zu jagen. Hier errichteten sie eine Palisadenanlage, die Fort Prudhomme genannt wurde. [6]

Auf der Reise der Entdecker durch die Länder Arkansas, Tensas [7] und Natchez gab es nur wenige Zwischenfälle, bis die Franzosen die Nähe der Quinipissas erreichten, wo sie aus den Schilfrohren an den Ufern beschossen wurden, allerdings ohne Schaden zu nehmen .

Da La Salle wusste, dass er sich inmitten einer Vielzahl von Feinden befand, verzichtete er klugerweise darauf, das Feuer zu erwidern.

Am 6. April stellten die Entdecker fest, dass sich der Fluss vor ihnen in drei Bäche verzweigte. Was sie nehmen sollten, wussten sie nicht. Um keinen Zweifel daran zu haben, nahm La Salle selbst den westlichsten Zweig, Tonty den mittleren und ein anderer den östlichen Zweig. Plötzlich schenkte jemand eine Tasse Wasser zum Trinken ein. Der Geschmack erwies sich als brackig. La Salle wusste jetzt, dass er seinem Ziel nahe kam.

Schließlich glitten die Kanus über den äußersten Punkt des niedrigen, schilfbedeckten Landes hinaus auf die weite Küste des Golfs.

La Salle landete nicht weit über der Mündung des Flusses und ließ an dieser Stelle die Waffen Frankreichs aufstellen, und dann und dort, am neunten Tag des Aprils 1682, nahm er das vom Mississippi bewässerte Land offiziell in Besitz . Es war im Namen Ludwigs XIV. dass er dies tat, zu dessen Ehren La Salle den Namen dieser riesigen Akquisition zu Louisiana erklärte.

Doch schon bald finden wir, dass Louis mit seinen eigenen Händen Worte wie diese schreibt: „Wie Sie" – er wendet sich an Herrn de La Barre, [8] – „Ich bin überzeugt, dass die Entdeckung des Sieur de La Salle ..." sehr nutzlos; und es ist von nun an notwendig, ähnliche Unternehmungen zu verhindern, die kein anderes Ergebnis haben können, als das Volk in der

Hoffnung auf Gewinn zu verderben und die Einnahmen aus dem Biber zu verringern."

FUSSNOTEN

[1] FORT IN NIAGARA , auf der Ostseite des Niagara River, „etwas unterhalb des Bergrückens von Lewiston"; kam 1796 in den Besitz der Vereinigten Staaten.

[2] TOLLE STADT IN ILLINOIS . Den Weißen zunächst als Kaskaskia bekannt (siehe Kapitel „ Joliet und Marquette "); Sein Standort entspricht dem Dorf Utica an der Chicago and RI Railway, fünf Meilen östlich von La Salle.

[3] CACHES , französisch für Verstecke. Das Wort hat sich im Westen eingebürgert. Eine Grube oder Indianerscheune, in der Getreide usw. gelagert wurde. Der unter den Indianern verbreitete Brauch wurde von weißen Jägern und Händlern auf ihren Expeditionen übernommen.

[4] CRÈVECŒUR , französisch, gebrochenen Herzens.

[5] DIE GRIFFIN hätte Kabel, Anker, Segel usw. mitbringen sollen, um auf der Illinois ein Schiff zu bauen, mit dem La Salle zum Golf hinabsegeln wollte. Obwohl das Schiff gebaut wurde, wurde der Zweck aus den im Text genannten Gründen zunichte gemacht.

[6] FORT PRUDHOMME ist auf frühen Karten zu finden. So benannt nach einem von La Salles Männern, der wegging und sich im Wald verirrte. La Salle ließ einige Männer hier zurück, um auf seine Rückkehr zu warten.

[7] TENSAS . Die Bräuche dieser Menschen waren identisch mit denen, die unter der Überschrift „ Florida-Indianer " beschrieben wurden, wie sie von De Sotos Männern gesehen wurden, die sehen. Sie ließen ein heiliges Feuer brennen. (Eine Analogie zu diesbezüglichen Bräuchen finden Sie in der Legende der Pecos, New-Mexico-Indianer.) Tensas County, Louisiana, war die Heimat dieser Indianer. La Salle besuchte auch die Stadt Natchez, in der Nähe der heutigen Stadt Natchez, wo er die gleichen religiösen Riten wie bei den Tensas sah.

[8] DE LA BARRE war Nachfolger von Frontenac als Gouverneur von Kanada. Er war La Salles Feind.

ENTDECKUNG DES OBEREN MISSISSIPPI.

Man wird sich daran erinnern, dass, als La Salle sich unglücklicherweise in Illinois aufgehalten sah, sein aktiver Geist sofort nach etwas suchte, das er woanders erreichen konnte. Dieses Objekt fand er im Oberen Mississippi, das er in seiner Abwesenheit erforschen sollte, und verknüpfte so seine eigenen Entdeckungen mit denen von Joliet und Marquette. Dementsprechend wurden zwei seiner Leute ausgesandt, um diese Aufgabe zu erfüllen, zusammen mit Pater Hennepin [1] , dem zuvor erwähnten franziskanischen Missionar.

Die Gruppe brach am letzten Februartag 1680 von Fort Crèvecœur auf, während La Salle gleichzeitig nach Norden zum Ontariosee aufbrach.

im gleichen Atemzug La Salle vorwirft, ihn loswerden zu wollen [2] . Aus La Salle wissen wir jedoch, dass beides nicht wahr ist. La Salle war ein viel zu guter Menschenkenner, um den Mönch nach so langer Prüfung nicht zu durchschauen, doch da er wusste, dass er fähig war, gab er ihm die Chance, nützlich zu sein. Es ist sicher, dass La Salle die Expedition selbst sehr am Herzen lag. La Salle geht auf Hennepins Erzählung ein und sagt trocken, dass der Mönch „mehr nach seinen Wünschen sprach als nach dem, was er wusste" oder, um es mit einem bekannten Ausdruck zu sagen, die Angewohnheit hatte, sich für seine Fakten auf seine Fantasie zu stützen.

Hennepin selbst scheint diese einzigartige Anomalie gewesen zu sein, die man im wirklichen Leben selten findet, ein mutiger Angeber, dessen Selbstgefälligkeit und arrogante Selbstbehauptung in starkem Kontrast zu der Bescheidenheit und Geduld stehen, die La Salle immer an den Tag legt, wenn er spricht seine eigenen Leistungen. Und es ist noch charakteristisch für die beiden Männer, dass der eine der Meinung war, er könne es sich leisten, auf die Zeit zu warten, bis ihm Gerechtigkeit widerfahren würde, während der andere nach billigem Ruhm suchte, indem er sein eigenes Lob im Ausland verkündete, selbst wenn die Enthüllung mit Sicherheit folgte . Daher kann nichts, was Hennepin geschrieben hat, als wahr akzeptiert werden, ohne dass es andere Beweise gibt, die es untermauern. Umso mehr ist das Mitleid! Aber die Übertreibungen aller unserer frühen Chroniken zeigen, dass sie von Männern verfasst wurden, die von den Leidenschaften oder Rivalitäten der Zeit beeinflusst waren, und oft die Wahrheit so verzerrten, dass sie dem besonderen Ziel entsprachen, das sie möglicherweise verfolgt hatten. Auf diesen beklagenswerten Mangel an Integrität kann die Tatsache zurückgeführt werden, dass die Geschichte so oft neu geschrieben werden muss.

Sechs Wochen lang paddelten die Entdecker unbehelligt gegen die Strömung des Mississippi. Eines Tages, als sie ihr Kanu an Land gezogen hatten, um es zu reparieren, wurden die Franzosen plötzlich von einer Kriegspartei der Sioux [3] umzingelt – genau jenen Menschen, denen sie am meisten aus dem Weg gehen wollten.

Einen Augenblick später wurden die Weißen zu Gefangenen gemacht. Die finsteren Blicke und drohenden Gesten ihrer Entführer verhießen ihnen nichts Gutes. Hennepin reichte ihm die Friedenspfeife. Es wurde ihm aus der Hand gerissen. Als er anfing, Gebete laut zu murmeln, bedeuteten ihm die Indianer wütend, zu schweigen, weil sie dachten, er würde einen Zauber vorbereiten, mit dem er sie überwältigen könnte, aber sie ließen ihn dieselben Gebete singen, sagt er, weil sie dachten, in den Liedern könne weder Zauberei noch Medizin stecken . Jetzt traten die Sioux ihre Heimreise an und machten den Franzosen damit klar, dass sie ihre zukünftigen Entdeckungen als Gefangene machen mussten.

Innerhalb von neunzehn Tagen landete die Gruppe in der Nähe von St. Paul. [4] Von hier aus wurde der Weg zu den Sioux-Dörfern gelegt, die nach fünf Tagen harten Marschs und härterer Beanspruchung durch die Sioux-Krieger erreicht wurden.

Hier wurden die Gefangenen getrennt, Hennepin ging zu einem alten Häuptling, der ihn als seinen eigenen Sohn adoptierte. So verbrachten sie den Winter bei den Sioux.

Als die Sioux im folgenden Sommer auf ihre jährliche Büffeljagd gingen, nahmen sie die drei Franzosen mit. Dies war die Gelegenheit für die Gefangenen, ihre Freiheit wiederzugewinnen, und sie beeilten sich, sie zu nutzen. La Salle hatte versprochen, ihnen an der Mündung des Wisconsin eine Nachricht von sich zu schicken, und sie wussten, dass er sie nicht im Stich lassen würde. Indem sie den Sioux erzählten, dass ihre Freunde mit Geschenken beladen kämen, ließen sich die gierigen Sioux leicht dazu bewegen, Hennepin und einen anderen den Fluss hinuntergehen zu lassen, um sie allein und unbewacht zu treffen. Ein Franzose blieb bei den Sioux als Geisel für die anderen zurück.

Die beiden Weißen begannen ihren Abstieg auf dem Fluss und trugen ihr Kanu um die Wasserfälle von St. Anthony herum, [5] denen Pater Hennepin diesen Namen gab, bis sie nach vielen Abenteuern den Lake Pepin [6] erreichten.

SIOUX-CHEF.

Zu ihrer Bestürzung wurden die Reisenden an dieser Stelle von einer Gruppe Sioux eingeholt, die ihren Gefangenen so dicht gefolgt war, dass sie sie kaum aus den Augen verlieren konnten, und nun weiter bis zum Wisconsin vordrangen. Da die Sioux dort, wie erwartet, weder Händler [7] noch Waren vorfanden, paddelten sie schlecht gelaunt wieder zurück zu dem Ort, an dem die Weißen zurückgeblieben waren.

Nachdem die unglücklichen Weißen für den Betrug , den sie geübt hatten , gründlich bewertet worden waren, waren sie gezwungen, umzudrehen und wieder zurückzugehen, wie sie gekommen waren.

Nach einem längeren Aufenthalt bei den Sioux wurden die Gefangenen von einigen französischen Händlern gefunden, die sich auf den Weg vom Lake Superior durch das Sioux-Land zum Mississippi gemacht hatten. Als diese Händler unterwegs von den drei weißen Männern hörten, waren sie von Dorf zu Dorf weitergegangen, bis sie das Dorf erreichten, in dem Hennepin und seine Gefährten festgehalten wurden, und sie aus den Händen der Wilden freikauften.

SIOUX-TOTEM.

An der Spitze der rettenden Gruppe stand ein gewisser Du Lhut oder Duluth, nach dem die Stadt Duluth benannt ist, da auch der Lake Pepin nach einem anderen Mitglied dieser Gruppe benannt worden sein soll. So haben wir in St. Anthony's Falls, Lake Pepin und Duluth eine Gruppe von Namen, die an die Männer der Erkundungsgruppe von La Salle sowie an die Erkundung selbst erinnern.

Alle Franzosen kehrten nun gemeinsam in die Sioux-Dörfer am Mille Lac zurück.

Sie kehrten schließlich über die Wisconsin- und Green-Bay-Route zu den französischen Siedlungen zurück, wie es Marquette vor ihnen getan hatte, und die Sioux [8] waren ebenfalls über viele Generationen hinweg zum großen See gereist.

FUSSNOTEN

[1] PATER LOUIS HENNEPIN , ein Récollet oder Franziskanermönch, veröffentlichte 1683 seine *Beschreibung von Louisiana* mit späteren Ausgaben unter verschiedenen Titeln, 1697, 1698 usw. Seine Übertreibungen machen es zwar noch schwierig, das Wahre vom Falschen zu unterscheiden Seine Schriften sind ein unverzichtbarer Teil der Geschichte des Großen Westens.

[2] WERDEN SIE IHN LOS , indem Sie ihn der Skalpierung unter feindlichen Indianern aussetzen.

[3] SIOUX , eigentlich Dacotahs , können nominell durch den Mississippi in zwei große Gruppen geteilt werden. Diejenigen, die auf der Ostseite lebten, waren Eastern Sioux, diejenigen auf der Westseite, Western Sioux. Ihr Land reichte von den westlichsten Nebenflüssen des Mississippi bis zum Lake Superior. An der Macht waren sie im Westen das, was die Irokesen im Osten waren – die Geißel schwächerer Nationen. Die Sioux gaben ihr Land östlich des Mississippi 1837 an die Vereinigten Staaten ab und lebten am St. Peter's, bis die Massaker von 1862–63 sie von dort vertrieben.

[4] ST. PAUL , neun Meilen unterhalb der Wasserfälle von St. Anthony, die Hauptstadt von Minnesota, wurde um 1840 besiedelt; Benjamin Gervais, der erste Siedler.

[5] WASSERFÄLLE VON ST. ANTHONY. Der heilige Antonius von Padua war Hennepins Schutzpatron. Die Sioux hatten die Angewohnheit, Büffelgewänder als Opfergaben für den Geist des Wassers an die Bäume zu hängen. Minneapolis ist das Wachstum der Wasserkraft dieser Wasserfälle, die von 2.564 im Jahr 1860 auf 46.000 im Jahr 1880 angestiegen ist.

[6] LAKE PEPIN , eine Erweiterung des Mississippi, etwa 25 Meilen lang. Es gibt eine hübsche indianische Legende, die mit Maiden's Rock im See verbunden ist und in Mrs. Eastmans Legends of the Sioux erzählt wird.

[7] LA SALLE behauptet, die Jesuiten hätten den Männern, die er damit beauftragt hatte, mitgeteilt, dass der Mönch getötet worden sei, und sie so daran gehindert, zu gehen.

[8] AUCH DIE SIOUX. Erinnern Sie sich an die zuvor erwähnte Tatsache, dass Marquette in oder um Green Bay mit den Sioux zusammenfiel.

DIE VERLORENE KOLONIE: ST. LOUIS VON TEXAS.

So hatte La Salle 1682 ein Imperium für Frankreich gesichert und endlich ein legitimes Feld für seine eigenen Ambitionen gefunden. Sein Louisiana umfasste alles zwischen den Alleghanies und dem Rio Grande, dem Golf von Mexiko und der Hudson's Bay. Wenn wir die Karten der damaligen Zeit öffnen, sehen wir, dass die Engländer in den vergleichsweise engen Grenzen, die sich von den Osthängen der Appalachen bis zum Meer erstrecken, zusammengedrängt waren, während die Spanier die Gebiete zwischen dem Rio Grande und dem Golf von Kalifornien besetzten, während das gesamte große Herz der Der Kontinent, der Teile von Carolina und Florida mit seinem herrlichen Wasserstraßensystem umfasst, wird unter den Namen Neu-Frankreich und Louisiana zusammengefasst.

Aber La Salle selbst, der Mann mit großen und leuchtenden Ansichten, hatte nun den Höhepunkt seiner Leistungen erreicht. Die Welle, die ihren Anstoß seinem aktiven Gehirn verdankte, verbrauchte ihre Kraft mit seinem Leben.

Auf seiner Rückreise den Mississippi hinauf wurde der Entdecker krank. Er wurde nach Fort Prudhomme gebracht, das auf seinem Befehl auf dem Weg nach unten erbaut wurde, wo er monatelang als hilfloser Invalide lag und unter der ihm dadurch aufgezwungenen Untätigkeit litt. Sobald er sich stark genug fühlte, die Reise zu ertragen, ging La Salle weiter nach Michilimackinac, wo er kaum angekommen war, als er mit der Arbeit begann, den Handelsposten am Illinois wieder aufzubauen, in dem Raum, den seine verräterischen Anhänger besaßen in seiner Abwesenheit zerstört.

Dies sollte sein Haus auf halbem Weg zum Mississippi sein. Hier baute er eine Kolonie auf, die gleichermaßen in der Lage war, den gesamten Handel einer riesigen Nebenflussregion an sich zu ziehen und sich und seine Verbündeten, die Illinois, gegen die Einfälle der Irokesen zu verteidigen.

Aber La Salles größeres Projekt, die Ergebnisse seiner Entdeckungen zu sichern, nämlich die Gründung einer Kolonie an der Mündung des Mississippi, zielte fortan darauf ab, diesen Punkt auf dem Seeweg und nicht auf dem Landweg zu erreichen. Alles über Land von Quebec an den Golf zu transportieren , war natürlich undurchführbar. Niemand wusste das besser als La Salle selbst, doch er erkannte auch, wie wichtig es für das Gedeihen der Kolonie am Golf ist, den Weg nach Kanada offen zu halten. Zu diesem Zweck waren das Fort am Illinois und das am Chickasaw Bluff nur Zwischenfälle.

Nachdem er sich in Illinois stark etabliert hatte, ging La Salle nach Frankreich, um dem König seine Projekte vorzulegen.

Infolge eines Bruchs mit Spanien fand er, dass das Gericht bereit war , seine Vorschläge anzuhören. Diese erwogen den Bau eines Forts, sechzig Meilen über der Mündung des Mississippi, von dem La Salle annahm, dass es alle Nachbarstämme um sich herum wie zu einem gemeinsamen Zentrum zusammenziehen würde . Geschenke und guter Umgang hatten diese Stämme bereits positiv gegenüber den Franzosen eingestellt, während die Spanier sie bereits durch harte Behandlung entfremdet hatten. Mit ihrer Hilfe behauptete La Salle, dass die Eroberung von Neu-Biskaya [1] mit seinen reichen Silberminen eine leichte Angelegenheit sein würde, da es in dieser gesamten Provinz nicht mehr als vierhundert Spanier gab.

Der Plan fand sofort Anklang. Um La Salle die Durchführung zu ermöglichen, wurden ihm statt der zwei, die er verlangt hatte, vier Schiffe gegeben. Ein Marineoffizier namens Beaujeu wurde beauftragt, sie auf See zu befehligen. La Salle machte sich mit gewohnter Energie an die Arbeit. Soldaten, Priester und Kolonisten, Waffen, Munition und Vorräte wurden in ausreichender Anzahl oder Menge bereitgestellt, um die Kolonie sofort auf die Beine zu stellen.

Lange bevor die Schiffe von Rochefort aus abfahren konnten, hatten sich La Salle und Beaujeu gestritten . Beaujeu überschätzte sich selbst und unterschätzte La Salle. La Salle wurde oft von denen verraten, denen er am meisten vertraute, und sein natürliches Misstrauen führte dazu, dass er jedem misstraute, vor allem Beaujeu , der ihn und seine Pläne seinen Freunden gegenüber ständig lächerlich machte. Die Zurückhaltung von La Salle ärgerte Beaujeu , der schmollend wurde und sich keine Mühe gab, seine Abneigung gegen die ganze Angelegenheit zu verbergen. Hier wurde also von Anfang an die Saat des Unheils gesät. Unter solch aussichtslosen Bedingungen stach die Flotte im Juli 1684 in Richtung Golf von Mexiko in See.

Drei der Schiffe erreichten St. Domingo innerhalb von zwei Monaten, mit einer großen Anzahl von Kranken an Bord, darunter La Salle selbst. Die vierte war von spanischen Freibeutern auf See erbeutet worden, wodurch den Kolonisten die Werkzeuge und Vorräte entzogen wurden, mit denen sie beladen war.

Nachdem sich La Salle von einer fast tödlichen Krankheit erholt hatte, stach die Flotte erneut in See, obwohl es inzwischen November war und viel wertvolle Zeit verloren gegangen war.

Als sie nach Westen in den Golf steuerten, landeten sie am Neujahrstag, doch als La Salle an Land ging, um sich umzusehen, konnte er keine Spur des großen Flusses entdecken, nach dem er suchte. Die Kolonisten befanden sich an einer niedrigen, flachen Küste, ohne natürliche Orientierungspunkte, ohne Kenntnis der Länge des gesuchten Ortes oder der Strömungen, die der Golf in Bewegung setzt. Kein Wunder also, dass La Salle keinen Teil der unwirtlichen Küste vor ihm erkannte.

Da er keine Spur des Mississippi fand und da dies nicht jeden Tag zu Streitigkeiten zwischen ihm und Beaujeu führte, beschloss La Salle, dort zu landen, wo er war, obwohl er glaubte, zu weit nach Westen gegangen zu sein. Tatsächlich befand er sich zum Zeitpunkt der Fassung dieses Beschlusses an der Küste von Texas, mehr als vierhundert Meilen vom Mississippi entfernt.

Fast im Moment der Landung lief La Salles Lagerschiff, das den größten Teil seiner Vorräte enthielt, auf Grund und wurde zum Wrack; es heißt, durch die Nachlässigkeit oder den Verrat ihres Herrn, der ebenfalls schlechte

Beziehungen zu La Salle hatte. Tatsächlich scheinen sich die Feinde von La Salle von Anfang bis Ende mit einem Eifer bemüht zu haben, ihn zu ruinieren, der, wenn er ehrlich eingesetzt worden wäre, leicht den Erfolg all seiner Pläne sichergestellt hätte.

Diese Katastrophe und die Tatsache, dass er nicht wusste, wo er war, hätten jeden außer La Salle in Erstaunen versetzt. Sein entmutigtes Volk drängte sich im Sand zusammen, zwischen den Ballen und Kisten, die aus dem Wrack gerettet worden waren, und baute sich daraus eine vorübergehende Verschanzung und einen Unterschlupf, denn wie Geier, die ihre Beute aus der Ferne riechen, schwebten feindselige Indianer um das Lager herum und beobachteten Ihre Chance, jeden abzuschneiden, der sich seinem Schutz entziehen sollte.

Doch die Sorge um den Erfolg eines so katastrophal begonnenen Unternehmens verwandelte sich in Angst, als die Kolonisten erfuhren, dass sie noch lange nicht an ihrem eigentlichen Ziel waren. La Salle versuchte zwar, ihnen Mut zu machen, indem er vorgab, etwas anderes zu glauben, doch nach kurzer Zeit konnte dieser Trugschluss bald widerlegt werden. Er nutzte jedoch das beste Mittel, um die Unzufriedenheit zu besänftigen, indem er jeden einzelnen an die Arbeit schickte. Beaujeu war davongesegelt, nachdem er viel versprochen, aber sonst wenig getan hatte. Die Kolonisten hatten nun viel mehr von den Spaniern zu befürchten als die Spanier von ihnen. Doch La Salle blieb nichts anderes übrig, als das Beste aus der Situation zu machen, bis er Zeit hatte, der Sache gerecht zu werden.

In der Zwischenzeit bestand das Wesentliche darin, seinen Leuten eine Unterkunft zu verschaffen, die ihnen ein angenehmes und sicheres Leben ermöglichte, da es an dem Ort, an dem sie zuerst landeten, weder an Holz noch an Wasser noch an bequemen Unterkünften mangelte.

Er wählte daher einen Standort am Lavaca-Fluss, [2] zwei Meilen oberhalb seiner Mündung in die Matagorda-Bucht. An diesen Ort zogen die Kolonisten mit ihren Besitztümern, und unter der energischen Leitung von La Salle, dessen frühere Ausbildung ihm nun zugute kam, machten sie sich daran, sich in diesem abgelegenen Winkel der Welt ein Zuhause zu bauen . Als es aus dem Boden aufstieg, nannte es der stets treue La Salle St. Louis, [3] zu Ehren seines Herrschers.

Der Sommer war heiß und krank. Bald herrschte unter den Kolonisten der Tod, und diejenigen, die unvorsichtigerweise wilde Früchte aßen, litten zuerst. Hin und wieder töteten die Indianer einen verstreuten Jäger. So lauerte in der einen oder anderen Form der Tod um sie herum. Und unter diesen offensichtlichen Gefahren, die alle gleichermaßen teilten, schwelte die Glut grundloser Unzufriedenheit, die einige von La Salles Anhängern immer wieder zu Flammen entfachten.

Nachdem der unermüdliche La Salle gesehen hatte, dass sein Volk bequem untergebracht und in der Verfassung war, sich zu verteidigen, wandte er sich nun dem Hauptzweck seiner Expedition zu, mit der Gewissheit, dass die Nadel bis zum Anschlag steckt, denn alles, was er bisher getan hatte, war nur ein Schritt in diese Richtung. Es gab keine Zeit zu verlieren.

Obwohl nicht klar ist, warum La Salle sich entschließen sollte, über Land zu marschieren, anstatt entlang der Küste zu suchen, bietet der Charakter der Golfküste einen möglichen Hinweis. Dies wird von Herrn Cable wie folgt beschrieben: „Am südlichen Ende des Staates" – er spricht jetzt von Louisiana – „vom Sabine Lake bis zur Chandeleur Bay, mit einer Nord- und Südbreite von zehn bis dreißig Meilen, und durchschnittlich etwa fünfzehn, erstrecken sich die Golfsümpfe, der wilde Aufenthaltsort unzähliger Vögel und Wasservögel, Schlangen und Echsen , Hasen, Waschbären und Wildkatzen, tief brüllender Frösche und Insektenschwärme sowie einiger Jäger Einsame und selten besuchte Hütten säumen in entlegenen Abständen den weiten grünen Horizont.

Es war jetzt Oktober 1685. Mit fünfzig Mann machte sich La Salle auf den Weg zu dem Fluss, den er entdeckt hatte, nur um erneut zu verlieren. Diejenigen, die zurückblieben , ernährten sich von Büffelfleisch, [3] Schildkröten, Austern, Fisch und Wildgeflügel, die die Prärien oder Lagunen um sie herum zu ihrer Jahreszeit reichlich lieferten.

Im März kam die Erkundungsgruppe erfolglos und in Lumpen zurück. Sie waren weit gewandert, hatten aber den Mississippi nicht gefunden. Eine krönende Katastrophe ereignete sich nun über diese Verbannten. Bis zu diesem Zeitpunkt hatten sie ein kleines Schiff ihrer Flotte bei sich behalten, das sie nach dem Mississippi bringen sollte, sobald die genaue Lage bekannt war. Dieses Schiff, von dem sie allein abhängig waren, war nun verloren.

In verzweifelten Situationen sind nur verzweifelte Maßnahmen hilfreich. La Salles Entschluss war heroisch. Er beschloss, einen letzten Versuch zu unternehmen, um den Mississippi und die Seen zu erreichen. Tatsächlich bestand jetzt keine Hoffnung mehr, näher als in Kanada Hilfe zu erhalten, daher musste er nach Kanada gehen und die Kolonisten auf seine Rückkehr warten lassen.

Zu diesem Zweck wählte La Salle zwanzig Männer aus, mit denen er am 22. April 1686 erneut aus der Festung aufbrach. Jeder Mann trug seinen eigenen Rucksack und seine eigenen Waffen, und als die kleine Truppe in die Prärie hinauszog, wurden die Hoffnungen der Die verlorene Kolonie begleitete sie bei ihrem verzweifelten Unterfangen.

Doch diese Hoffnungen sanken, als La Salle mit nur acht der zwanzig, die mit ihm gegangen waren, zurückkam. Die Entdecker waren bis in das Land der Cenis-Indianer vorgedrungen, [4] als Krankheit und Desertion ihre Kräfte so geschwächt hatten, dass ein weiteres Vorankommen für die Zeit aussichtslos war. Sie beschafften jedoch einige Pferde von den Indianern, die zur Festung zurückgebracht wurden.

Da keine andere Ressource zur Verfügung stand, beschäftigte sich La Salle noch einmal mit der vor ihm liegenden Aufgabe. In der schwierigen Lage, in der er und sein Volk steckten, leuchten seine hervorragenden Führungsqualitäten wie ein Leitstern aus der Düsternis. Die Ressourcen der Kolonie waren für die Ausrüstung früherer Gruppen fast erschöpft, aber die spärlichen Vorräte wurden erneut durchsucht, um diejenigen auszurüsten, die die Retter der übrigen sein sollten. Die Pferde, die La Salle mitgebracht hatte, waren mit Gepäck und Munition beladen. Alles war bereit. Eine Mitternachtsmesse wurde feierlich abgehalten. La Salle richtete ein paar hoffnungsvolle Worte an diejenigen, die eine Spannung ertragen mussten, die vielleicht noch größer war als seine eigene, und dann, seine eigenen Gefühle unter Kontrolle bringend, wandte er sich ab, um sich seinen Anhängern anzuschließen – der verlorenen Hoffnung der untergehenden Kolonie.

Am 15. März 1687 erlegten die Jäger, die unterwegs waren, einen Büffel. Die Gruppe blieb daher stehen, bis das Fleisch ins Lager gebracht werden konnte. Hier offenbarte sich der lange im Verborgenen gehegte Hass offen im Mord. Elend führt immer zu Streit, aber in diesem Fall war Rache der einzige Anstifter. La Salle hatte die unglückliche Fähigkeit, sich Feinde zu machen, von denen seine schlimmsten damals in unmittelbarer Nähe waren, und Pläne für sein Leben zu schmieden. Ein Streit um das Fleisch beschleunigte die Arbeit. Diejenigen, die La Salle treu blieben, wurden die ersten Opfer der Verschwörer. Drei von ihnen, die La Salle ins Jägerlager geschickt hatte, wurden im Schlaf abgeschlachtet.

La Salle selbst lagerte sechs Meilen von dem Ort entfernt, an dem diese Morde begangen wurden. Die lange Abwesenheit der Männer, die er weggeschickt hatte, bereitete ihm zunehmend Unbehagen und er machte sich mit einem indianischen Führer auf den Weg zu ihrem Lager. Ein Mönch namens Douay begleitete ihn ebenfalls. Dieser Mönch bemerkte in La Salles Rede und Verhalten die Vorahnung des kommenden Bösen. Als La Salle einen Punkt erreichte, der sich seiner Meinung nach in der Nähe des Jägerlagers befand, feuerte er als Signal seine Muskete ab. Einer der Verschwörer zeigte sich, während die anderen unbemerkt im langen Präriegras versteckt lagen. La Salle geriet in die Falle, die ihm so bereitet wurde. Während er auf den Lockvogel zuging, dessen unverschämte Antworten ihn verärgerten, näherte sich La Salle ständig dem Hinterhalt. Plötzlich fiel ein Schuss. Als sich der Rauch verzog, lag La Salle leblos in der Prärie. Er war ziemlich tot. [5] Die Kugel war durch sein Gehirn gegangen.

Cavelier de La Salle in der Blüte seines Lebens , und so muss die Geschichte erneut ihren empörten Protest gegen den Tod eines Mannes von höchster intellektueller Kraft verzeichnen, dessen Wert für die Welt im Vergleich zu dem des vulgären Attentäters monumental war der ihn getötet hat.

NOTIZ. – DIE KOLONISTEN IN ST. LOUIS wurden alle von den Indianern massakriert, mit Ausnahme von drei oder vier, die in die Gefangenschaft gebracht wurden. Eine spanische Expedition im Jahr 1689 fand den Ort einsam vor. Die Geflüchteten erzählten anschließend, was geschehen war. Obwohl dies die erste weiße Kolonie war, die in Texas gegründet wurde, [6] war es an sich ein Zufall, der nicht weniger fruchtbringend war, denn er führte dazu, dass die Spanier das Land besetzten, um Eindringlinge wie La Salle fernzuhalten. Auch die geografischen Kenntnisse wurden erheblich erweitert.

FUSSNOTEN

[1] NEUE BISKAYA. Siehe Kapitel „ New Mexico “.

[2] FLUSS LAVACA , VON DEN FRANZOSEN AUCH LA Vache (die Kuh) genannt .

[3] ST. LOUIS. Dieser Name blieb einige Zeit im Zusammenhang mit St. Bernard oder MATAGORDA BAY ERHALTEN . Nicht zu verwechseln mit St. Louis of the Illinois.

[4] CENIS-INDIANER besetzten das Ostufer der Dreifaltigkeit in Richtung Red River.

[5] DER MORD befindet sich auf einer Karte im Besitz des Autors an einem Punkt fast auf halber Strecke zwischen den Flüssen Brazos und Trinity und nicht weit vom alten spanischen Pfad zwischen Nacodoches und dem Presidio del Norte. Nach dem Mord zogen die Überlebenden weiter in die Cenis-Dörfer. Bei einem Streit um die Plünderung wurden zwei der Rädelsführer, Duhant und Liotot , von ihren Verbündeten getötet. Dies machte Joutel , den beiden Priestern Cavelier (La Salles Bruder) und Douay sowie drei anderen den Weg frei, ihren Versuch, den Mississippi zu erreichen, fortzusetzen. Diejenigen, die in den Mord an La Salle verwickelt waren, wagten es nicht, in die Siedlungen zurückzukehren. Mit indianischen Führern wurde der Fluss bis zu den Dörfern in Arkansas durchquert, wo die Flüchtlinge zwei von Tontys Männern trafen, die ihnen auf ihrem Weg halfen. Tonty war auf einer erfolglosen Suche flussabwärts nach La Salle gewesen.

[6] TEXAS . Der Name kommt in seiner heutigen Rechtschreibung zu dieser Zeit im Zusammenhang mit der Kolonie von La Salle vor, findet sich aber erstmals in „Eine kurze Beziehung zweier bemerkenswerter Reisen" (Hakluyt iii. 464), das erstmals 1581 vom Mönch Augustin Ruiz verfasst wurde , an die Tiguas- Indianer, und als nächstes von Antonio de Espejo im Jahr 1583. Der Name wurde zu Tejas (Tahas) abgekürzt und ließ sich leicht in Texas umwandeln, die heutige Wiedergabe.

IBERVILLE GRÜNDET LOUISIANA.

Wo La Salle gesät hatte, sollten andere ernten, doch seine Pläne waren so umfassend, so ausgereift und dabei so durchaus machbar, dass das, was folgte, nur das natürliche Ergebnis seiner Bemühungen war. La Salle war wie der General, der im Augenblick des Sieges fällt. Alle Ehre also seinem Namen! [1]

also dokumentieren, dass es ihm im Einzelnen nicht gelungen ist, bei dieser letzten Expedition alles zu erreichen, was er sich vorgenommen hatte, war der Erfolg, der sich später einstellte, dem genialen Kopf von La Salle zu verdanken. Wir werden bei keinem Forscher seiner Zeit einen so originellen Geist finden, der mit so seltenen Gaben für die Arbeit verbunden war, der er sich widmete.

Eine Zeit lang schlief das Projekt der Kolonisierung Louisianas [2] still. Es wurde dann von einem Marineoffizier namens Iberville [3] wiederbelebt , der so gewissermaßen zum Erben von La Salles Projekten wurde.

Iberville versprach, die Mündung des Mississippi wiederzuentdecken und sie anschließend durch den Bau einer Festung an der Mündung zu halten, so wie La Salle es getan hätte, wenn er seine Pläne noch überlebt hätte.

Obwohl es lange geschlafen hatte, erkannte jeder intelligente Franzose in dem Moment, als das Projekt von einem so fähigen Mann wie Iberville erneuert wurde, seine Bedeutung. Der Minister Ponchartrain stimmte dem Vorhaben sofort zu, als es ihm zur Sprache gebracht wurde, zumal er wusste, dass Iberville es schaffen würde, wenn irgendjemand mit dem, was er unternahm, Erfolg haben würde.

Iberville hatte viele Einsätze in Kanada, der Hudson's Bay und Neufundland erlebt. Da er selbst ein hochrangiger Marineoffizier war, befehligte er seine eigenen Schiffe und ließ sich weder durch ein geteiltes Kommando noch durch die Eifersucht eines Rivalen behindern, die für La Salle ein so gewaltiger Stein des Anstoßes gewesen war.

Da der Krieg nun vorbei war, wollte Iberville sich durch eine würdige Tat im Interesse einer friedlichen Eroberung auszeichnen.

Daher wurden zwei Schiffe vorbereitet, die im Oktober 1698 von Rochefort aus ausliefen und im Dezember in St. Domingo [4] ankerten. Als sie von dort aus segelten, stießen sie am 27. Januar auf die Küste Floridas. Vor ihnen öffnete sich eine Bucht. Iberville wollte in diesen Hafen einlaufen, aber als er dies versuchte, fand er ihn im Besitz von dreihundert Spaniern aus Vera Cruz, deren Kommandant ihm die Landung dort verbot. Dieser Ort hieß Pensacola. [5]

fürchtete, die Spanier hätten dasselbe mit ihm zu tun, segelte er sofort nach Westen und hielt sich dabei so eng wie möglich an die Küste, um den Fluss inmitten der Nebel, die normalerweise über ihm hängen und ihn vor den Blicken verbergen, nicht zu verpassen · Als Iberville in der Mobile Bay einen Hafen fand, in dem seine Schiffe sicher fahren konnten, während er selbst die Suche entlang der Küste in Booten fortsetzte, ging Iberville dort vor Anker.

Sehr bald erreichten seine Erkundungstrupps den Pascagoula River, wo sie viele lebende Wilde fanden. Von diesem Fluss aus drangen sie durch die dazwischen liegenden Lagunen vor, die dieses flache Ufer überall kreuzen, bis sie am 2. März durch einen seiner zahlreichen Pässe in den Mississippi selbst gelangten.

Während er den Fluss hinauf segelte, kam Iberville zunächst an einer bevölkerungsreichen Stadt und dann an einer anderen vorbei und wurde überall von den Wilden herzlich willkommen geheißen. Dennoch zweifelte er innerlich, ob er sich auf dem wahren Mississippi befand, bis ihm eines Tages ein Häuptling einen Brief überbrachte [7], der ... Tonty war vor dreizehn Jahren nach La Salle aufgebrochen, als dieser treue Kamerad, nachdem er vergeblich nach seinem Häuptling gesucht hatte, nach Illinois zurückgekehrt war.

Nachdem er erwähnt hat, dass er das Kreuz von La Salle umgeworfen gefunden und ein anderes an einem besseren Ort aufgestellt hatte, endet der Brief mit den Worten: „Es ist für mich ein großes Leidwesen, dass wir zurückgehen, ohne Sie zu finden, nachdem wir den Mexikaner überholt haben." (Louisiana) Küste für dreißig Meilen und die Floridas für fünfundzwanzig.

ZUCKERPFLANZE.

Nachdem dieser Brief alle Zweifel Ibervilles ausgeräumt hatte, stürzte er sich wieder flussabwärts, und da er im Umkreis von sechzig Meilen vom Golf nirgends einen geeigneten Ort für den Beginn einer Siedlung gefunden hatte, wandte er sich wieder der Bucht von Biloxi zu, wo ein Ort ausgewählt wurde und der Boden war für einen bestimmt.

Nachdem Iberville gesehen hatte, dass die Gründung in Biloxi in vollem Gange war, begab er sich nach Frankreich. Anfang Januar 1701 war er wieder zurück. Während seiner Abwesenheit war eine englische Korvette fünfundzwanzig Meilen den Mississippi hinauf bis zu einem Punkt gesegelt, wo der Fluss sich prächtig nach Osten wendet. An dieser Stelle wurde ihr Kapitän von den Franzosen zurückgewarnt, weshalb die Kurve den Namen „English Turn" erhielt, den sie seitdem trägt.

Iberville erfuhr auch, dass englische Händler aus Carolina [8] in das über ihm liegende Chickasaw-Land eingedrungen waren. Iberville sah sich sowohl vom Meer als auch vom Land aus bedroht und eine Verzögerung war gefährlich und verschloss den Zugang zum Meer, indem er in der Nähe der Flussmündung einige Kanonen aufstellte.

Das Jahrhundert drehte sich geräuschlos um, und in diesem großen Gebiet von Louisiana gab es keine anderen Niederlassungen außer der von La Salle am Illinois River und der in Biloxi gegründeten.

Im Jahr 1701 begann Iberville eine Siedlung in Mobile. Im nächsten Jahr errichtete er auf Dauphine Island [9] Lagerhäuser und Kasernen zur dauerhaften Nutzung. In wenigen Jahren wurde diese Insel zum Hauptquartier der Kolonie Louisiana. Vor 1708 existierte jedoch nichts, was diesen Namen verdiente. Bis zu diesem Zeitpunkt lebten die wenigen Kolonisten von dem, was ihnen aus Frankreich geschickt oder durch den Handel mit französischen Waren mit den Wilden beschafft wurde. Sie säten Weizen, fanden aber, dass das Klima zu feucht war, um ihn erfolgreich anzubauen. Sie begannen auch mit dem Tabakanbau, der so gut lief, dass der Tabakanbau bald zu einer tragenden Säule der Kolonie wurde.

MÜNDUNGEN DES MISSISSIPPI UND ANGRENZENDE KÜSTEN.

Aber während Iberville auf diese Weise Fuß gefasst hatte, und zwar in einer, wie man sagen könnte, guten strategischen Position für die Annäherung an den Mississippi, entweder vom Meer oder über den Ponchartrain- See , war er in Wirklichkeit nur wenig näher als die Spanier in Pensacola, die alle seine Truppen im Auge behielten Bewegungen. Niemals schien die Natur die Pläne der Menschen beharrlicher zu vereiteln als bei dem Versuch dieser Franzosen, sich das anzueignen, was sie als ihr rechtmäßiges Erbe betrachteten.

FUSSNOTEN

[1] DER NAME LA SALLE wird an vielen Orten in den Vereinigten Staaten verewigt, insbesondere in einer Stadt und einem Landkreis in Illinois.

[2] DIE KOLONISIERUNG VON LOUISIANA schlief teilweise, aber nicht vollständig, infolge des Krieges zwischen England und Frankreich.

[3] IBERVILLE, LE MOYNE DE , war einer von acht Brüdern, die alle in den Annalen Kanadas eine herausragende Rolle spielten. Er galt als einer der größten Seeleute, die Frankreich hervorgebracht hat. 1685 half er bei der Vertreibung der Engländer aus Hudson's Bay. Danach beteiligte er sich an der Verteidigung Quebecs durch Frontenac; zerstörtes Pemaquid ; und nahm St. John's, Neufundland. Als Kommandeur war er fast durchweg erfolgreich. Der Name Iberville wird in einer Stadt und Gemeinde in Louisiana verewigt.

[4] ST. DOMINGO oder Hayti war 1630 von französischen Freibeutern erobert worden. Die französische Regierung nahm 1677 die Insel in Besitz und richtete so ein *Depot* für ihre Operationen im Golf von Mexiko ein.

[5] PENSACOLA (Indisch). Ein Ort von großem historischen Interesse. Nach Angaben der Spanier wurde es zuerst von Narvaez entdeckt, dann von Maldonado, einem der Kapitäne von De Soto. Es erhielt mehrere spanische Namen, insbesondere den von Santa Maria de Galve , behielt aber schließlich den des benachbarten Stammes der Wilden bei.

[6] IM SELBEN AUFTRAG. Dass die Spanier vom Mississippi wussten, geht daraus hervor, dass sie ihm den Namen gaben, den Iberville später bei seiner Besteigung so treffend fand : „ Rio de los" . Palissades – ein Titel, der von den riesigen Flößen entwurzelter Bäume nahegelegt wird, die der Fluss umstürzte und an seiner Mündung strandete.

[7] TONTYS BRIEF wurde in den Zweigen eines Baumes zurückgelassen, wo die Indianer ihn fanden. Es ist vollständig in Charlevoix, ii, zu sehen. 259.

[8] ENGLISCHE HÄNDLER aus Carolina drängten über die Appalachen. Viele französische Protestanten, die nach der Aufhebung des Edikts von Nantes aus ihrem Land geflohen waren , ließen sich in South Carolina nieder, und man befürchtete, die Engländer würden versuchen, eine Kolonie von ihnen in Louisiana anzusiedeln.

[9] DAUPHINE , ursprünglich Massacre Island.

FRANKREICH GEWINNT DEN PREIS.

Iberville starb 1706 in Havanna und hinterließ sein unvollendetes Werk seinem jüngeren Bruder Bienville [1], der sich energisch daran machte.

Viele glaubten, dass Natchez der beste Ort am Fluss sei, um eine Siedlung zu gründen. Natchez legte daher großen Wert auf die französischen Zukunftspläne. Aber Natchez war der Hauptsitz einer mächtigen Nation, deren Feindschaft es unpolitisch wäre, durch gewaltsames Eindringen in ihr Land zu erregen. Bald bot sich jedoch eine Gelegenheit, die Bienville schnell nutzte.

BIENVILLE.
GRÜNDER VON NEW ORLEANS, 1718.

Erstens gaben einige von den Natchez an vorbeiziehenden Händlern begangene Verbrechen Bienville den Vorwand, den er für den Bau einer Festung in ihrem Dorf suchte, was umgehend geschah (1714).

Da diese Menschen eingeschüchtert waren, wurde als nächster Schritt der Bau eines befestigten Hauses in Natchitoches [2] am Roten Fluss unternommen, um den Spaniern Einhalt zu gebieten, die bereits auf dem Weg vom Rio Grande nach Osten in Richtung Mississippi waren , teils, um die lästigen Comanchen einzuschüchtern, und teils, um den Indianerhandel dieser Region für sich zu beanspruchen. So wurden der Mississippi und sein Handel schon früh in seiner Geschichte zu einem Zankapfel zwischen Engländern, Spaniern und Franzosen.

Auch hier in Louisiana wiederholte sich die Torheit, den Handel eines ganzen Landes einer einzelnen Person zu überlassen, was in Kanada mit so schlimmen Folgen versucht worden war. Dieses Monopol wurde Anthony Crozat (1712) für 25 Jahre gewährt . Wie alle Spekulanten wollte Crozat in kürzester Zeit das Beste herausholen und die Zukunft der Kolonie sich selbst überlassen. Er hatte die absolute Kontrolle über alles, was in die Kolonie kam oder sie verließ. Die Landwirtschaft wurde vernachlässigt und der Handel nur gefördert. Und der gesamte Handel wurde von Anthony Crozat monopolisiert . Dabei handelte es sich um das auf Pennys und Pfunde basierende Kolonialsystem Frankreichs, das mit dem Ziel eingeführt wurde, ein wenig Geld in die königliche Schatzkammer zu stecken, um diesem nominell bestimmte Beträge zu ersparen, die für die Aufrechterhaltung seiner Autorität in der Kolonie erforderlich sind. Diese Politik machte die Kolonie zu einem Handelsposten und die Menschen selbst zu Angehörigen von Crozat .

Als Crozat seine ausschließlichen Privilegien in Anspruch nahm, gab es in der gesamten Provinz nur achtundzwanzig Familien, von denen nicht mehr als die Hälfte echte Siedler waren, der Rest waren entweder Händler, Gastwirte oder Arbeiter, die keinen festen Wohnsitz hatten.

Die umherziehenden Händler oder *Coureurs de Bois* [3] tauschten französische Waren mit den Indianern gegen Pelzwaren und Sklaven, die in den Siedlungen verkauft wurden . Es wurde festgestellt, dass Tabak, Indigo, Baumwolle und Reis gewinnbringend angebaut werden konnten, aber niemand außer Sklaven wurde mit der Bearbeitung des Bodens beschäftigt, der in der Nachbarschaft, in der sich die Kolonisten zuerst niederließen, tatsächlich vergleichsweise wertlos ist. Folglich wurde überhaupt nur das angebaut, was zum Lebensunterhalt beitrug, etwa Mais, Gemüse und Geflügel. Mit einem Wort, die Kolonie lebte buchstäblich von der Hand in den Mund. Anstatt durch sein eigenes robustes Wachstum stärker und reicher zu werden, wurde es, wenn möglich, schwächer und ärmer aufgrund einer Politik oder eines Systems, unter dem noch keine Kolonie gediehen ist.

Dem Kolonisten wurde kaum ein Anreiz gegeben, sich mit dem Land zu identifizieren oder das Gefühl zu haben, dass er und es gemeinsam aufwachsen müssten. Er war ein Reisender in einem fremden Land. Er konnte niemals hoffen, durch Handel reich zu werden, da alles zu einem von ihnen festgelegten Preis durch die Hände von Crozats Agenten gehen musste .

Dies war keineswegs die ganze Schwäche Louisianas in seinen Anfängen. Vielleicht lag das Hauptübel darin, dass die Franzosen bisher weder den Zugang zum Mississippi an dem Ort, an dem sie sich befanden, kontrollierten noch einen festen Plan zur Sicherung dieses festen Halts an seinen Ufern ausgearbeitet hatten, der ihnen allein die Kontrolle über die Situation verschaffen konnte .

Crozats Scheitern war in der Natur der Sache vorherbestimmt. Sein Plan erwies sich tatsächlich als Stolperstein für die Kolonie und als Verlust für ihn. Fünf Jahre später (1717) war er froh, sein Monopol an die Krone abzugeben.

FRANZÖSISCHE SOLDATEN.

Aus seiner Asche entsprang das gigantische Mississippi-Programm von John Law, [4] dem ganz Louisiana, jetzt einschließlich des Landes Illinois, für eine

Amtszeit von mehreren Jahren zugesprochen wurde. Im Vergleich zu dieser Verschwendung war Crozats Zugeständnis nur ein Spielzeug. Es gab Law's Company nicht nur Eigentumsrechte an dem Boden, sondern es wurde auch die Macht übertragen, Recht zu sprechen, Frieden oder Krieg mit den Eingeborenen zu schließen, Festungen zu bauen, Truppen auszuheben und mit Zustimmung der Krone solche Militärgouverneure zu ernennen, wie sie es für angemessen hielten. Diese außergewöhnlichen Privilegien wurden durch ein königliches Edikt vom September 1717 in Kraft gesetzt.

Die neue Gesellschaft vergab Ländereien entlang des Flusses an Einzelpersonen oder verbundene Personen, bei denen es sich manchmal um echte Auswanderer handelte, manchmal um große Persönlichkeiten, die auf eigene Kosten Kolonisten aussandten, oder die Gesellschaft selbst übernahm die Errichtung von Plantagen oder von ihr reserviertem Land Zweck. Eine Elsässerkolonie wurde per Gesetz ausgesandt, um eine Plantage in Arkansas zu beginnen. [5] Andere, mehr oder weniger blühende, befanden sich an der Mündung des Yazoo, Natchez und Baton Rouge. Bei allen handelte es sich um landwirtschaftliche Plantagen, obwohl die Plantagen selbst in den meisten Fällen aus ein paar ärmlichen Hütten bestanden, die mit einem Strohdach aus Palmblättern gedeckt waren. Die frühesten Festungen bestanden in der Regel aus quadratischen Erdwällen, die mit Palisaden um die Brüstung verstärkt waren.

Das Agrarsystem des Unternehmens basierte auf afrikanischer Sklavenarbeit. [6] Sklaven wurden von St. Domingo oder anderen westindischen Inseln gebracht. Einige betrachteten ihren Einsatz mit Besorgnis, weil man glaubte, die Schwarzen würden den Weißen bald zahlenmäßig überlegen sein und eines Tages aufstehen und sie überwältigen; aber wir finden in allen Aufzeichnungen dieser Zeit nur den schwächsten Protest gegen das moralische Unrecht der Sklaverei. Neger konnten auf den Feldern unter der brennenden Sonne arbeiten, während die Weißen dies nicht konnten. Ihre Arbeit kostete nicht mehr als ihr Unterhalt. Die Pflanzer übernahmen problemlos, was bei ihren Nachbarn tatsächlich bereits existierte. Eigennutz unterdrückte das Gewissen.

Das neue Unternehmen ernannte klugerweise den Gouverneur von Bienville. Drei Schiffe brachten Munition, Truppen und Vorräte aller Art aus Frankreich, um der untergehenden Kolonie neues Leben einzuhauchen.

Zu dieser Zeit (Februar 1718) begann Bienville mit der Gründung der geplanten Metropole Louisiana. Der von ihm gewählte Ort war offensichtlich nur ein Fragment des Deltas, das der Fluss seit Jahrhunderten stillschweigend aus seinem eigenen Schlamm und Treibholz gebildet hatte. Es war buchstäblich aus dem Meer gestiegen. Da es nur wenige Meter über dem Meeresspiegel liegt, von häufigen Überschwemmungen bedroht ist und in seiner ursprünglichen Form ein Zypressensumpf ist, schien es für den Aufenthalt von Menschen wenig geeignet zu sein, doch die Zeit hat die Weisheit dieser Wahl bestätigt.

Hier also, hundert Meilen vom Golf entfernt, an den Schwemmufern des großen Flusses, waren 25 Sträflinge und ebenso viele Zimmerleute damit beschäftigt, das Land freizumachen und die bescheidenen Blockhütten zu bauen, die die Hauptstadt bilden sollten es steckt noch in den Kinderschuhen.

Die Siedlung erhielt den Namen New Orleans [7] zu Ehren des Regenten von Orleans, der während der Minderheit Ludwigs XV. über Frankreich herrschte.

Bis zu diesem Zeitpunkt ging man davon aus, dass große Schiffe die Flussmündung nicht überqueren konnten, aber als man den Kanal sondierte, wurde genug Wasser gefunden, um eines der Schiffe der Gesellschaft schwimmen zu lassen, das dann nach New Orleans fuhr. Von diesem Tag an war der Fluss einigermaßen offen für den Handel mit der Außenwelt. Was die Überfahrt auf und ab betrifft, so war sie für die kanadischen Voyageure, die zusammen mit den Indianern so lange die schwimmende Bevölkerung gebildet hatten, praktisch zu einem alltäglichen Ausflug geworden . Diese Abenteurer zogen nun ihre Kanus am Ufer entlang in New Orleans an, wo sie sich der promiskuitiven Schar von Indianern, Einwohnern, Sträflingen, Soldaten und Priestern anschlossen.

Pater Charlevoix, der Historiker von Neu-Frankreich, beschreibt New Orleans so, wie er es 1721 sah :

„Die zutreffendste Idee, die ich Ihnen geben kann, ist, sich zweihundert Personen vorzustellen, die ausgesandt wurden, um eine Stadt zu bauen, und die an ihren Ufern ihr Lager aufgeschlagen haben. Diese Stadt ist die erste, an der einer der größten Flüsse der Welt entstanden ist." Seine Grenzen. Es besteht aus hundert Baracken, die ohne viel Ordnung errichtet wurden, einem großen Lagerhaus aus Holz, zwei oder drei Häusern, die kein armes Dorf in Frankreich schmücken würden, und einem Teil einer elenden Baracke, die sie bereit waren, zu leihen Herr, für seinen Dienst, und kaum hatte er ihn in Besitz genommen, wurde er hinausgeworfen und gezwungen, unter einem Zelt Zuflucht zu suchen."

NEW ORLEANS, 1719.

In der Gruppe der französischen Namen – Louisiana, New Orleans, Ponchartrain , Iberville und Maurepas – werden die großen Persönlichkeiten, die eine herausragende Rolle bei der Gründung Louisianas spielten, passend verewigt.

Von Quebec bis New Orleans, vom Sankt-Lorenz- Strom bis zum Golf war in La Salles Fußstapfen eine Reihe halbmilitärischer, halbreligiöser Posten entstanden. Frankreich hatte den Preis gewonnen.

FUSSNOTEN

[1] BIENVILLE wurde aufgrund seiner langen und nützlichen Verbindung mit der Provinz als „Vater von Louisiana" bezeichnet.

[2] NATCHITOCHES wurde zu einem wichtigen strategischen Punkt im Hinblick auf die Spanier in Texas, die Missionen in San Antonio und einen Posten in Nacodoches gegründet hatten .

[3] „ COUREURS DE BOIS oder Wood Rangers sind Franzosen oder Kanadier , die so genannt werden, weil sie ihr ganzes Leben mit der groben Aufgabe verbracht haben, Waren zu den Seen Kanadas und in alle anderen Länder dieses Kontinents zu transportieren, um dort Handel zu treiben mit den Wilden. Und wenn man bedenkt, dass sie in Kanus tausend Meilen das Land hinauf rennen, ungeachtet der Gefahr des Meeres und der Feinde, denke ich, dass man sie eher „Läufer des Risikos" als „Läufer des Waldes" nennen sollte." – Baron *la Hontan* .

[4] JOHN LAW aus Edinburgh wurde zum Generalkontrolleur der Finanzen Frankreichs ernannt, und zwar aufgrund eines Plans zur Gründung einer

Bank und einer Ostindien- und Mississippi-Kompanie, mit deren Gewinnen die Staatsschulden Frankreichs beglichen werden sollten. Im Jahr 1716 eröffnete er seine Bank, und Verblendete aller Ränge zeichneten Anteile sowohl an der Bank als auch am Unternehmen. A. de Pontmartin nennt es den „Götzendienst des goldenen Kalbes". Voltaire erzählt, er habe gesehen, wie Law mit Herzögen, Marschällen und Bischöfen in seinem Gefolge an den Hof kam. Die imaginären Reichtümer Louisianas bildeten die Grundlage für den Plan. Zunächst ging es mit den Aktien nach oben. Im Jahr 1720 explodierte die aufgeblasene Blase und verbreitete überall Ruinen. Law selbst starb in Armut. Es löste in Louisiana einen Aufschwung des Wohlstands aus, dem bald eine Reaktion folgte, die alles zum Stillstand brachte. Konsultieren Sie eine gute Enzyklopädie .

[5] AUF DEM ARKANSAS , aber sehr bald weiter flussabwärts entfernt. Diese Deutschen waren Pioniere der freien Arbeit in Louisiana. Sie wurden die Gemüsegärtner für New Orleans.

[6] SKLAVEREI. Anschließend wurde in den spanisch- und englisch-amerikanischen Kolonien die Negersklaverei eingeführt.

[7] NEW ORLEANS wurde 1720 regelmäßig angelegt. Es wurde durch einen Damm namens Deich vor Überschwemmungen geschützt.

LUDWIG XIV.

Ludwig XIV. war nicht nur wie Richelieu mächtig, sondern auch majestätisch; nicht nur, wie Cromwell, großartig, sondern in ihm herrschte auch Gelassenheit. Ludwig XIV. Es war vielleicht kein Genie im Meister, aber das Genie umgab ihn. Das mag in den Augen mancher einen König herabwürdigen, aber es trägt zum Ruhm seiner Herrschaft bei. Wie Sie bereits wissen, liebe ich das Absolute, das Perfekte; und haben daher immer einen tiefen Respekt vor diesem ernsten und würdigen Prinzen, der so wohlgeboren, so sehr geliebt und so wohlumgeben ist; ein König in seiner Wiege, ein König im Grab; wahrer Souverän in jeder Annahme des Wortes; zentraler Monarch der Zivilisation; Dreh- und Angelpunkt ganz Europas, der sozusagen von Tour zu Tour acht Päpste, fünf Sultane, drei Kaiser, zwei Könige in Spanien, drei Könige von Portugal, vier Könige und eine Königin von England, drei Könige von Dänemark, eine Königin sieht und zwei Könige von Schweden, vier Könige von Polen und vier Zaren von Moskau erscheinen, leuchten auf und verschwinden um seinen Thron herum; Polarstern eines ganzen Zeitalters, der zweiundsiebzig Jahre lang sah, wie alle

Sternbilder majestätisch ihre Entwicklung um ihn herum vollzogen. – V. HUGO. *Der Rhein.*

III.
DAS ENGLISCH.

Die kahle Nordwestküste.

„ Krieg mit der Welt und Frieden mit England. “ – Spanisch.

Wir sollten damit rechnen, eine Rasse von Seeleuten vorzufinden, die Entdeckungen in ihrem eigenen Element vorantreiben.

Bei den englischen Seefahrern des 17. Jahrhunderts war der Glaube an eine Nordwestpassage nach Indien ein vererbter Glaube. Cabot führte die Entdeckung in diese Richtung. Es wurde fast ausschließlich zu einem Feld für die Tapferen und Abenteuerlustigen dieser Nation, die sich von Jahr zu Jahr, ihre zerfetzten Segel vor den gefrorenen Winden des Polarmeeres ausbreitend, in einem verzweifelten Wagnis grimmig vom Kap zur Landzunge kämpften. angelockt von der vergeblichen Hoffnung, direkt hinter ihnen das offene Wasser ihrer Träume zu finden. Es ist eine Geschichte von Wagemut und Gefahr, die ihresgleichen sucht. Viele edle Schiffe und tapfere Besatzungsmitglieder sind bei dem Versuch, jene Geheimnisse zu lösen, die die Hand Gottes für immer vor dem Wissen der Menschen verschlossen zu haben schien, untergegangen.

Unter anderem segelte der tapfere und unglückselige Henry Hudson [1] im Jahr 1610 durch die Meerenge, die in die Bucht führte, die heute seinen Namen trägt, wo ihn seine meuternde Mannschaft rücksichtslos zurückließ, um an Kälte oder Hunger oder beidem zu sterben.

Danach wurde die Hudson's Bay wiederholt von englischen Seefahrern besucht, deren Entdeckungen allesamt den vorherrschenden Glauben an ein offenes Polarmeer bestätigten. Einer von ihnen nahm sogar einen Brief seines eigenen Königs für den Kaiser von Japan entgegen. Angesichts des Leids, dem alle gleichermaßen ausgesetzt waren, könnte man sagen, dass diese „eiskalten Reisen" mehr Heldentum als vernünftige praktische Weisheit zeugten, obwohl ihnen die Reichtümer Indiens vor Augen geführt wurden und ganz England ihnen applaudierte Taten waren die besten Seeleute Englands immer bereit, Leib und Leben für den Preis aufs Spiel zu setzen. Alle, die zurückkamen, erzählten die gleiche Geschichte: von Meeren, die mit Eis bedeckt waren, Sonnen, die nie untergingen, Ländern, in denen nichts wuchs, und der Kälte, die so extrem war, dass die ganze Natur nur ein Hohn auf den allweisen Plan des Schöpfers selbst zu sein schien.

VERLASSENE HÜTTE, NORDWESTKÜSTE.

Sir Thomas Button verfolgte Hudsons Entdeckungen im Jahr 1612. Er überwinterte an der von ihm so benannten Mündung des Nelson's River, nachdem er durch die Küste versperrt einen weiteren Weg nach Westen gefunden hatte, wo er gehofft hatte, die Mündung vor sich zu finden.

Es stellte sich bald heraus, dass die trostlose und trostlose Gegend um die Hudson's Bay reich an Pelztieren war, deren Felle in Europa einen hohen Preis hatten, und die Berichte, die aus diesem fernen Land mitgebracht wurden, brachten einen gewissen Franzosen namens Grosselier auf die Idee Er gründete dort eine Pelzhandelskolonie. Er ging sofort mit seinem Plan zum Minister. Der Minister wollte jedoch nicht auf ihn hören. Grosselier ging dann zu Prinz Rupert [2] , der sich in Paris aufhielt, um um die von ihm gewünschte Hilfe zu bitten. Der Prinz war von dem Plan beeindruckt und wurde dessen Schirmherr. 1668 wurde mit Grosselier ein Schiff ausgesandt , das die Spitze der James Bay erreichte, [3] wo Fort Charles gebaut wurde. Im nächsten Jahr wurden Prinz Rupert und siebzehn andere in eine Gesellschaft eingegliedert und erhielten die Befugnis, in der Hudson's Bay Siedlungen zu errichten und Handel zu treiben .

Auf diese Weise erlangte die inzwischen berühmte Hudson's Bay Company ein Monopol auf den Pelzhandel in der gesamten Region, was sich später als so wertvoll für sie erwies. Seine Kräfte waren äußerst groß. Es konnte Land halten und transportieren, Schiffe ausrüsten, Festungen errichten oder Krieg mit den Völkern dieses Landes führen, aber all dies musste in seinem Charakter als Handelsgesellschaft geschehen; und obwohl es einen ansässigen Gouverneur gab, blieb die zentrale Autorität bei der Gesellschaft in London, die weiterhin ihre Angelegenheiten leitete.

In den ersten Jahren ihres Bestehens kämpfte die Hudson's Bay Company hart ums Überleben. Wir wissen, dass französische Händler früher mit den Eingeborenen dieses trostlosen Binnenmeeres Geschäfte machten. Aus Eifersucht versuchten sie nun, die Engländer mit Gewalt zu vertreiben und so ihre Rivalität zu beenden. Zu diesem Zweck kam es wiederholt zu Angriffen auf die englischen Fabriken [4], die zunächst von einem und dann von einem anderen Angreifer immer wieder eingenommen wurden. Selbst in Friedenszeiten hatten die Franzosen keine Skrupel, diese abgelegenen Posten anzugreifen, und die Kanadier waren so unwillig, dass die Engländer in diesem Viertel Fuß fassen würden.

Diese Invasionen wurden schließlich durch den Vertrag von Utrecht (1713) zum Schweigen gebracht, der den Engländern den Besitz dessen überließ, was sie mit Feinden aller Art bekämpft hatten, um es sich zu sichern.

HUDSON'S BAY COMPANY'S HOUSE, LONDON.

Durch die Kommunikation mit den Eingeborenen, die Nomaden waren, lernten die Engländer, weite Reisen zu unternehmen und mit ihrer Hilfe nach und nach immer weiter in das Landesinnere vorzudringen. Aber um überhaupt auf dem Land leben zu können, mussten sie sich in hohem Maße an die Lebensweise der Eingeborenen anpassen, und um Reisen zu unternehmen, mussten sie die unhöflichen Transportmittel nutzen, die unter ihnen üblich waren.

FUSSNOTEN

[1] HENRY HUDSON. Derselbe, der den Hudson River in New York entdeckte und benannte.

[2] PRINZ RUPERT von Bayern befehligte während des Bürgerkriegs (1642) die Kavallerie Karls I.: Nach der Restauration widmete er sich wissenschaftlichen Beschäftigungen.

[3] JAMES' BAY. Wie Davis, Baffin, Hudson usw. ist der Name der eines arktischen Seefahrers. Es öffnet sich am Grund der Hudson's Bay.

[4] DIE ENGLISCHEN FABRIKEN waren zu dieser Zeit Forts Nelson, Albany, Hayes und Rupert.

HUDSONS BAY ZUR SÜDSEE.

„ Manche Untiefen markieren diese Achterküste. "

Der Zuschuss der Hudson's Bay Company sollte die Entdeckung einer Nordwestpassage nach Indien fördern. Daher erwarteten die Menschen in England, dass sie so große Privilegien verschenkten, dass dies ohne Verzögerung geschehen würde.

Doch das Unternehmen unternahm zunächst kaum oder gar keine Anstrengungen in diese Richtung. Es ging hauptsächlich darum, Geld zu verdienen, und zwar von Anfang an. Daher wurde alles darauf ausgelegt, zu diesem Zweck zu funktionieren.

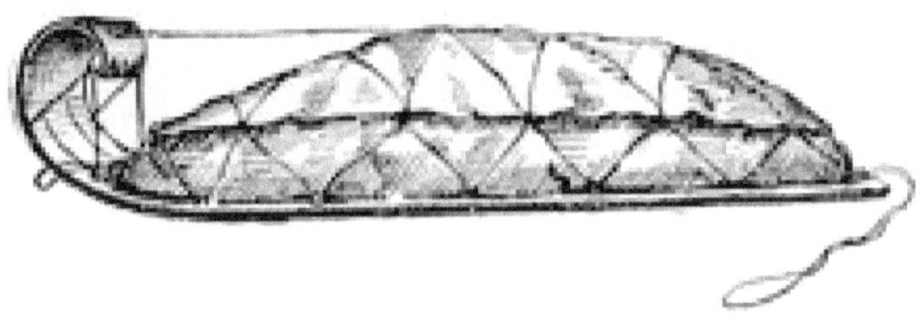

HUDSON'S BAY SCHLITTEN, BELADEN.

England wusste nicht, was es tat, als es dieses Monopol schuf. Unwissenheit führte zur Täuschung, und die Täuschung führte zur rücksichtslosen Verschenkung eines Imperiums. Man ging davon aus, dass das Unternehmen seinen Zuschuss prüfen und begleichen würde und England so von den Vorteilen profitieren würde, ohne einen Cent auszugeben. Das Unternehmen hingegen beabsichtigte, nichts dergleichen zu tun, es sei denn, es wurde durch den Aufschrei der Bevölkerung dazu getrieben. Dann würde es so wenig wie möglich tun. Die Kolonisierung war für den Pelzhandel tödlich, und das Unternehmen war eine Vereinigung von Pelzhändlern, sonst nichts. Angesichts eines Lagerhauses in London, eines Schiffes für den Hin- und Rücktransport von Waren, eines Hafens und einer Fabrik in Hudson's Bay und einer Vielzahl von Handelsposten, die hier und da über ein riesiges Gebiet verstreut waren und die von den Jägern angeflogen werden konnten Pelze und Waren zum Firmenpreis erhalten, und wir haben, kurz gesagt, die gesamte Maschinerie dieses riesigen Monopols erzählt. Im Umgang mit der Außenwelt verfolgte es eine Politik der spanischen Ausgrenzung und des Schweigens. Es ging nicht darum, Geschichte zu schreiben, sondern um Geld.

Doch das Unternehmen baute immer besser auf, als es wusste, denn selbst das Kommen und Gehen seiner eigenen Händler erweiterte nach und nach die geografische Kenntnis des Landes und ebnete so den Weg für die Zukunft.

Von Zeit zu Zeit zeigten die Eingeborenen, die in die Fabriken kamen, Exemplare von Kupfererz, von dem sie sagten, es stamme aus dem Far Off Metal River im Norden. Die englischen Händler nannten es daher Coppermine. Ihr Ziel war es, die Mine oder Minen zu finden, aus denen diese Exemplare entnommen worden waren. Daraufhin schickte der Gouverneur (1769) einen seiner treuesten Männer in die unbekannte Wildnis, um sie zu suchen.

Samuel Hearne nahm einige indianische Führer mit und lebte so, wie sie lebten, d. h. an einem Tag fastete er und am nächsten schmauste er, je nachdem, ob es reichlich oder nur wenig Wild gab. Erst nach drei Versuchen gelang es Samuel Hearne, zur Coppermine zu gelangen. Seine Geschichte ist ein wunderbarer Bericht beharrlicher Ausdauer. Er fand, dass der heilige Charakter des Calumet überall anerkannt wurde, selbst von den am meisten erniedrigten Stämmen. Als sie einmal zusammen geraucht hatten, war der Fremde so sicher vor Verletzungen oder Beleidigungen wie in seinem eigenen Haus, obwohl nichts die Neugier übertreffen konnte, die seine weiße Haut, seine blauen Augen und sein helles Haar, die sich alle so sehr von ihren eigenen unterschieden, bei den Indianern erregten traf sich auf seiner Reise.

Es stellte sich heraus, dass die Kupfermine in den Arktischen Ozean mündete und nicht in die Hudson Bay, wie Hearne bei seiner ersten Abreise vermutete, aber es konnte kein Kupfer entdeckt werden, nach dem sich die Suche nach einer solchen Reise lohnte wie nach seinem. Hearne kam nach anderthalb Jahren zurück (1772) , nachdem er die Küstenlinie des Nordozeans an einem Punkt festgelegt hatte, an dem eigentlich nur Land sein sollte. Dies galt als große geografische Entdeckung. So wurde Jahr für Jahr hier und dort ein wenig hinzugefügt, um eine genaue Karte der Nordküstenlinie zu vervollständigen.

Im Jahr 1789 lebte ein schottischer Händler namens Alexander Mackenzie seit acht Jahren in Fort Chipewyan. [1] Dies war eine Station fast zentral zwischen Hudson's Bay und dem Pazifik. Mackenzie war ein Entdecker aus Instinkt. Er beschloss, den Kontinent zu durchqueren. Sobald er sich entschieden hatte , konnte ihn kein Gedanke an Schwierigkeiten mehr davon abhalten. Sein Weg durch den Slave River und die Seen führte ihn zu dem Fluss, der jetzt seinen eigenen Namen trägt, dem Mackenzie River. Den Bach hinunter trieb der unerschrockene Reisende in seinem gebrechlichen Kanu bis zu seiner Mündung in das gefrorene Arktische Meer.

Während seiner Reise befragte Mackenzie die Indianer dieses Flusses über das unbekannte Land, das jenseits der großen Westwand der Berge lag, stellte jedoch fest, dass sie ihm wenig sagen konnten, außer dass die Menschen dieses Landes so außerordentlich wild waren, dass kein Fremder es wagte, unter sie zu gehen. Aber Mackenzie wusste, dass der Pazifik da war und wollte ihn erreichen.

Er zog zunächst von Fort Chipewyan zum Ostfuß der Berge hinauf, um einen besseren Start zu haben. Er überwinterte hier. Im Frühjahr (1793) war er bereit, wieder aufzubrechen. Ein großes, starkes Kanu, das alle Vorräte enthielt und das zwei Männer problemlos tragen konnten, ermöglichte es den Reisenden , sich langsam und mühsam die anschwellenden Gebirgsbäche hinauf in die höchsten Schluchten zu arbeiten, aus denen sie entsprangen. Als die Entdecker vorankamen, wurde der Bach, den sie hinaufstiegen, immer mehr mit Steinen oder umgestürzten Bäumen verstopft und immer mehr durch Kaskaden und Stromschnellen unterbrochen. Oftmals war es notwendig, das Kanu herumzutragen oder über diese Hindernisse zu ziehen, allerdings mit einer solchen Mühe, dass die Männer entmutigt wurden und umkehren wollten, da sie die Aufgabe für aussichtslos hielten. Ohne sich selbst zu schonen, gab Mackenzie den Niedergeschlagenen Mut, und nach einer kurzen Ruhepause waren alle bereit, weiterzumachen.

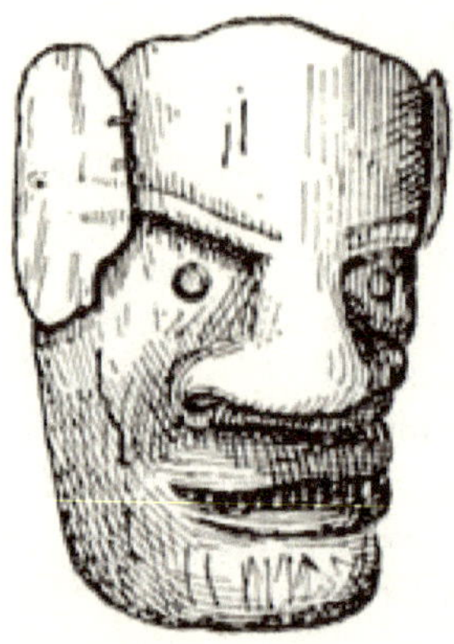

INDISCHE MASKE, WESTKÜSTE.

Als Mackenzie schließlich zwischen den Indianern landete, die in den Bergen lebten, stellte er fest, dass der Rest der Reise erheblich verkürzt werden würde, wenn er seine Kanus zurücklassen und auf dem Landweg weiterreisen würde. Daher setzte er seinen Weg auf dem Landweg fort und traf dabei ständig auf Einheimische, die sich üppig von den Lachsen ernährten, die die Bäche überall in großer Fülle und Perfektion hervorbrachten. Mackenzie stellte bald fest, dass er von diesen Leuten nichts zu befürchten hatte. Sie versorgten und beherbergten seine Männer in ihren Dörfern und halfen ihm bereitwillig auf seinem Weg. Die Strapazen und Ängste der Reise waren fast vorüber, denn am 23. Juli 1793 erreichte die Gruppe weißer Männer die Küste des Pazifischen Ozeans in der Nähe der Straße von Fuca.

Obwohl wir bei der Erzählung der Abenteuer von Mackenzie unserer Geschichte etwas vorausgegangen sind, ist dies für den Aufbau der Geschichte von entscheidender Bedeutung, wie die folgenden Kapitel zeigen werden.

FUSSNOTE

[1] FORT CHIPEWYAN lag am Fuße des ATHABASCA LAKE , auf halbem Weg zwischen den Bergen und der Hudson's Bay.

DIE RUSSEN IN ALASKA.

„ Der Himmel ist hoch und der Zar fern. "

Wenn wir uns auf das beziehen, was Drake für England und De Fuca für Spanien getan hat, der eine hier, der andere dort, um der Küste einen Namen zu geben, finden wir über mehr als ein Jahrhundert hinweg kaum Anzeichen dafür, dass die Europäer die Entdeckungen beider für lohnenswert hielten, weiterverfolgt zu werden .

Was sehen wir dann? Nicht Spanien, nicht England, das eine ruhige Hand ausstreckt, um den Preis zu ergreifen, den jeder bereits für sich beansprucht hat, sondern eine neue Macht, die nicht aus dem Osten, sondern aus dem Westen kommt. Es handelt sich um eine in Europa kaum bekannte Macht. Es ist Russland.

DICHTUNGEN, ST. PAULUS-INSEL.

Der Zar Peter, in der Geschichte Peter der Große, wollte wissen, ob die beiden großen Kontinente Asien und Amerika miteinander verbunden oder durch einen nördlichen Ozean getrennt waren. Peter starb, bevor die zu diesem Zweck erteilten Befehle ausgeführt werden konnten, aber Katharina, seine Kaiserin und Nachfolgerin, sandte Kapitän Behring [1] von der königlichen Marine, um sie auszuführen.

Kamschatka aus segelte , folgte er der Küste Asiens rund um den Nordwesten, fand überall offenes Wasser und bestimmte so die Trennung der Kontinente. Auf einer zweiten Reise (1741) stach er in See, dieses Mal traf er auf die amerikanische Küste und entdeckte den Berg St. Elias und den Aleuten-Archipel.

Kamschatka zurückzukehren und die Pelze von Behring mitzubringen die Seeotter und Füchse, die sie getötet und gefressen hatten, als sie auf der einsamen Insel lebten.

RUSSISCHE KIRCHE, ALASKA.

Von der Zeit dieser Entdeckungen an überquerten russische Abenteurer, die kaum mehr waren als mutige Freibeuter, die Meerenge zu den Aleuten, um die Seeotter wegen ihres Fells zu töten, und öffneten so den Weg zwischen ihnen und Ochotsk sowie zwischen Ochotsk und den Aleuten Chinesische Grenze, dann Sibirien, mittels Karawanen, Handel mit den wertvollen Pelzen, für die diese Inseln so berühmt sind.

Kamschatka herübergeholt wurden, um bei der Errichtung dauerhafter Handelsposten [2] an geeigneten Punkten zu helfen. Aber das Land verfügte außer dem Pelzhandel über keine anderen Ressourcen. Die frühen Händler hatten die Eingeborenen grausam unterdrückt , daher wurden die ersten Kolonisten als Feinde angesehen und von ihnen als solche behandelt. Auch einige Missionare der griechischen Kirche wurden entsandt, um sich um die Seelen dieser armen Menschen zu kümmern, die zuvor keine Kenntnis vom Christentum hatten.

In dieser Kolonie gab es keine Elemente der Sparsamkeit, daher konnte sie nie einen gesunden Fortschritt erzielen. Bestenfalls waren die Menschen kaum mehr als Vasallen, während die Indianer kaum mehr als Sklaven waren. Für die Landwirtschaft ist das Land zu kalt. Die Menschen haben nur eine Beschäftigung: die Robbenjagd.

Der Pelzhandel wurde zunächst von Privatpersonen betrieben, doch schließlich ging die Kontrolle auf ein großes Unternehmen über, das von der Krone unter der Bezeichnung „ The Russian American Company" genehmigt wurde und seinen Hauptsitz zunächst in Kodiak und dann in Sitka hatte. [3]

Dieses Unternehmen beanspruchte die gesamte Küste Amerikas im Pazifik mit den angrenzenden Inseln, von der Behringstraße im Süden bis zur Mündung des Columbia River und darüber hinaus.

FUSSNOTEN

[1] DIE BEHRING-STRAßE und das Meer haben ihren Namen von diesem Seefahrer: Vitus Behring oder Bering. Laut einer von der Kaiserlichen Akademie von St. Petersburg veröffentlichten Karte berührte Behring seinen südlichsten Punkt an unserer Küste knapp unter dem sechzigsten Breitengrad, an dem Ort, der auf manchen Karten Admiralitäts- oder Behring-Bucht genannt wird. Die Spur seiner Gemahlin Tchirikow wird auf 55° 36' erweitert. An der engsten Stelle der Behring- Straße sind es von Asien nach Amerika nur 36 Meilen, was zeigt, wie gering die Hindernisse für die Kommunikation im Vergleich zu den 3000 Meilen waren, die Amerika von Europa trennten.

[2] PERMANENTE HANDELSPOSTEN wurden auf Oonalaska um 1773 und auf Kodiak 1783 eröffnet. Im Jahr 1789 gab es acht dieser Posten mit zweihundertfünfzig Russen. Ein russischer Posten wurde auch in St. Michael's, Norton Sound, eingerichtet.

[3] SITKA wurde gegründet, um den Übergriffen der Hudson's Bay Company Einhalt zu gebieten. Alaska wurde 1867 während der Präsidentschaft von Andrew Johnson von den Vereinigten Staaten gekauft.

ENGLAND AM PAZIFIK.

„ Ihr Seeleute Englands!" – Campbell .

Die Eroberung Kanadas durch England [1] (1763) verlieh der Lage in Amerika ein völlig neues Gesicht. Sie war nun unbestritten die führende Macht dieses Kontinents.

Kaum waren die Echos dieses Konflikts verklungen, als eine neue Macht entstand, die mit England um das kämpfte, was es gerade dem Griff Frankreichs entrissen hatte. Dies waren ihre eigenen amerikanischen Kolonien, deren Bevölkerung nun gezwungen war, zur Verteidigung ihrer wichtigsten politischen Rechte zu den Waffen gegen das Mutterland zu greifen (1775) . So gewann England Kanada, verlor aber seine eigenen Kolonien. Sie entriss Frankreich die Macht, nur um zu sehen, wie sie ihr im Augenblick des Sieges entrissen wurde, obwohl es sich schließlich nicht weniger um einen Sieg der englischsprachigen Rasse über alle ihre lateinsprachigen Rivalen handelte. Es muss klar sein, dass Ereignisse wie diese weitreichende Auswirkungen auf die Gestaltung unserer Geschichte haben würden.

Doch während der Konflikt mit seinen Kolonien andauerte und beide Parteien mitten in die eigentlichen Kämpfe verwickelt waren, unternahm England Anstrengungen, den Handel an der Nordwestküste zu kontrollieren.

Zu diesem Zweck wäre es wichtig, genaue Vermessungen aller wichtigen Häfen und Meere zu haben, um Standorte für künftige Siedlungen auszuwählen, und vor allem aller schiffbaren Flüsse, die von Osten an die Küste fließen und eine praktikable Route dorthin bieten könnten ins Landesinnere und verbinden so diese Küste mit den Siedlungen der Hudson's Bay Company.

[2] ausgesandt mit dem Auftrag, die Küste von New Albion nach schiffbaren Flüssen nördlich des fünfundvierzigsten Breitengrads abzusuchen. England wollte eindeutig seinen Souveränitätsanspruch [3] erneut geltend machen, den Sir Francis Drake vor so langer Zeit in seinem Namen geltend gemacht hatte.

An Bord von Cooks Schiff befanden sich zwei Personen, mit denen sich unsere Geschichte befassen muss. Der eine war Midshipman Vancouver, der andere Corporal Ledyard der Marines.

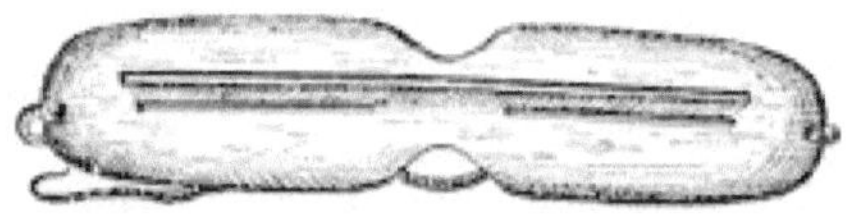

SCHNEESpektakel, ALASKA.

Cook entdeckte und benannte als Erster die Sandwichinseln. [4] Als er von dort aus seinen Kurs zur amerikanischen Küste bestimmte, schloss er sich (1778) an und gab ihm den Namen Cape Flattery. [5] Cook steuerte nun nach Norden, die Küste immer im Blick, und fand schließlich ein breites Becken, das die Indianer Nootka nannten und das seitdem als Nootka Sound bekannt ist. [6] Die Schiffe lagen hier den ganzen Monat April, um sich umzurüsten und sich auf die bevorstehende Kreuzfahrt in den arktischen Meeren vorzubereiten, die Cook mit der Erkundung der gewünschten Passage in die Hudson's Bay beauftragen sollte.

INDISCHE SCHNITZEREI.

Abgesehen von ihrer Neigung zum Stehlen, die durch nichts zu kontrollieren war, empfand Cook die Eingeborenen von Nootka als freundliches Volk, obwohl sie sich nicht mehr vor der Gegenwart weißer Männer schämten oder sich vor ihren laut dröhnenden Kanonen fürchteten, wie zu Drakes Zeiten . Viele trugen Schmuck aus Messing oder Silber. Die meisten von ihnen besaßen Werkzeuge aus Eisen, die sie selbst angefertigt hatten und die sie geschickt verwenden konnten. Vorbeifahrende Schiffe scheinen diese Stämme daher selten in Kontakt mit Europäern gebracht zu haben , so dass Cooks Kommen sie weder überraschte noch einschüchtern ließ; während die in ihrem Besitz befindlichen Artikel ihn darüber informierten, dass andere Seefahrer vor ihm diesen Weg passiert hatten, vielleicht mit ähnlichen Ansichten wie er.

Als Cook erneut die Segel setzte, wurde er von Gegenwinden von der Küste weggeblasen. Als er es wieder sah, befand er sich weit nördlich von Nootka. Während seiner Fahrt sah er Mt. Edgecumbe und gab ihm seinen Namen; Dann erhob sich der Mt. St. Elias in einsamer Pracht vor ihnen und machte Cook klar, dass er nun die Spur der russischen Entdecker kreuzte.

INDISCHES GRAB, NORDWESTKÜSTE.

Die Schiffe fuhren weiter an der Küste entlang, bis deren Westtrend sie dazu zwang, entlang der Küste der Halbinsel Alaska herumzufahren und nach Südwesten zu steuern. Cook hatte sowohl den Columbia River als auch die Straße von Fuca verpasst und damit seine einzige Chance verpasst, der Welt die großen Wassersysteme des Nordpazifiks bekannt zu machen.

Cook verließ Alaska und kam nach Oonalaska , der Aleuten-Gruppe, die er verdoppelte. Als er dann feststellte, dass sich die Küste hinter ihm in die gewünschte Richtung krümmte, segelte er erneut durch die Behring-Straße in den Arktischen Ozean bis zum Icy Cape (70° 29'), wo seine Schiffe durch Eis aufgehalten wurden. Da er feststellte, dass es nicht weitergehen konnte, machte er sich auf den Weg und kehrte nach Oonalaska zurück , wo er im Oktober ankerte.

Von diesem Ankerplatz aus wurde Korporal Ledyard an Land geschickt, um nach den damals auf der Insel lebenden russischen Händlern zu suchen, die er fand und zu den Schiffen zurückbrachte. Aus Mangel an Dolmetschern bekam Cook wenig von diesen Leuten und segelte zurück zu den Sandwichinseln, wo ihn die Eingeborenen von Owyhee auf verräterische Weise töteten, während er an Land war.

Die Pelze, die Cooks Seeleute von den Eingeborenen von Nootka im Tausch gegen Messer, Knöpfe und andere Kleinigkeiten erhielten, wurden in Canton, China, für mehr als zehntausend Dollar verkauft. Dies war der Beginn eines Handels zwischen Nootka und Canton, der im Laufe des nächsten Jahrzehnts dazu diente, viele britische Schiffe an die Nordwestküste zu bringen.

Es ist aufschlussreich, sich daran zu erinnern, dass Cook genau zu der Zeit, als die amerikanischen Kolonien ihre Treue aufgaben, in aller Stille die Nordwestküste erkundete, im Interesse einer friedlichen Expansion, die sich letztendlich als vorteilhaft erweisen sollte dieser Kolonien.

FUSSNOTEN

[1] DIE EROBERUNG KANADAS war das Ergebnis des Siebenjährigen Krieges in Europa. Fast alle Mächte waren daran beteiligt. Als der Frieden geschlossen wurde, wurde alles, was Frankreich östlich des Mississippi unter den Namen Louisiana oder Kanada besaß, mit Ausnahme von New Orleans, an England übergeben. New Orleans mit allem, was Frankreich westlich des Mississippi beanspruchte, war bereits (1762) von Frankreich privat an Spanien abgetreten worden.

[2] JAMES COOK trat als Schiffsjunge in die Marine ein. Er stand seit Drake an der Spitze der englischen Seefahrer. Die Regierung hielt seine Entdeckungen bis nach Kriegsende geheim. Zu ihren Ehren gaben alle Kriegführenden den Befehl, dass er nicht von ihren Streitkräften belästigt werden dürfe.

[3] IHR ANSPRUCH AUF SOUVERÄNITÄT. In England war bereits vor Cooks Abreise bekannt, dass spanische Seefahrer erneut die Küste hinauf vordrangen. (Siehe Reisen von Juan Perez 1774, Bruno Hector und Bodega 1775 in Bancroft.) Die Spanier wussten um den Wert der Pelzrobbe im Handel.

[4] SANDWICHINSELN, benannt nach dem Earl of Sandwich, dem damaligen ersten Lord der Admiralität.

[5] CAPE FLATTERY, auf dem Festland, am südlichen Eingang zur Straße von Fuca und Wahrzeichen dieser Meerenge.

[6] NOOTKA SOUND , Vancouver Island. 1789 von Spanien in Besitz genommen. Da die englischen Seefahrer Cook, Meares und Vancouver keinen weiteren guten Hafen zwischen Kap Mendocino und Kap Flattery finden konnten, kamen sie zu dem Schluss, dass Nootka die Anforderungen an einen Hafen für ihre Nation erfüllte. Daraufhin kam es zu einem Streit mit Spanien, das Nootka aufgrund einer vorherigen Entdeckung beanspruchte. Am Ende musste Spanien Nootka an England abtreten. VANCOUVER , der der großen Insel, zu der der Nootka Sound gehört, seinen Namen gab, erreichte die Küste im April 1792 in der Nähe von Cape Mendocino, verfehlte jedoch seltsamerweise den Columbia River, suchte jedoch sorgfältig nach einer Öffnung in der Küstenlinie, die er erklärte von Mendocino bis Cape Flattery ununterbrochen sein. Vancouvers Vermessungen sollten die Lücke füllen, die Cook hinterlassen hatte, als er vor der Küste verweht wurde. Seine Durchfahrt durch die Straße von Fuca war 1790 von Kapitän Kendrick von der amerikanischen Schaluppe „Washington" vorhergesehen worden und bestätigte damit erstmals die seit langem umstrittene Tatsache der Existenz dieser Meerengen.

QUEEN ELIZABETH.

Obwohl Elizabeth so gut darauf vorbereitet war, mit Können zu regieren, und sogar mit jenem Ruhm und Vorteil für ihr Volk, den England unter keinem seiner früheren Herrscher erlebt hatte – obwohl ihre Verwaltung so energisch und gerecht ausgeübt wurde und alle ihre Pläne und Verhandlungen so energisch und gerecht ausgeübt wurden so geschickt und erfolgreich geführt – obwohl sie, kurz gesagt, als Herrscherin im Inland gleichermaßen verehrt und gehorcht wurde und im Ausland gefürchtet und respektiert wurde – war Elisabeth dennoch eine sehr schwache und dumme Frau in unbedeutenden Angelegenheiten. Sie schien eine Goliath zu sein, wenn es um die Führung der mächtigen Angelegenheiten der Reiche ging; aber sie schrumpfte zu einer echten Frau zusammen, als die Farbe, der Geschmack oder die Mode eines Kleides zum Thema wurden. Sie war auch nicht frei von den kleinen kleinen Ärgernissen, Eifersüchteleien und Schönheitswettbewerben , die ihrem Geschlecht so natürlich sind. Tatsächlich scheint es, dass sie ihre Cousine, die schöne Maria von Schottland, weniger wegen ihres Anspruchs auf die Krone als vielmehr wegen ihres überragenden Charmes hasste und beneidete. Als Mary Sir James

Melville nach London schickte, um sich um eine gute Verständigung mit Elizabeth zu bemühen, wurde er von Mary angewiesen, ihre Cousine über Themen zu befragen, die sie eher als Frau als als Königin interessieren würden. „Deshalb gelang ihm das so gut", sagt Hume, „dass er diese kunstvolle Prinzessin völlig aus der Fassung brachte und sie den Grund ihres Herzens entdecken ließ, der voller Eitelkeiten, Torheiten und Rivalitätsvorstellungen war , die die Jüngsten beherrschen." und die frivolste ihres Geschlechts. Er erzählte ihr von seinen Reisen und vergaß nicht, die unterschiedliche Kleidung der Damen in den verschiedenen Ländern zu erwähnen; und sie achtete fortan darauf, den Botschafter jeden Tag in einem anderen Gewand zu treffen; manchmal war sie es auch Sie trug die englische Tracht, manchmal die französische, manchmal die italienische; und sie fragte ihn, was ihr am besten gefiel? Er antwortete: die Italienerin – eine Antwort, von der er wusste, dass sie ihr gefallen würde, weil diese Art sich als vorteilhaft für sie erwies Sie hatte ihr wallendes Haar, das, wie er bemerkte, eher rot als gelb war, für das Schönste auf der Welt gehalten. Sie wollte von ihm wissen, welche Haarfarbe angeblich die beste sei; sie fragte, ob seine Königin oder sie die Schönste habe Sie fragte sogar, welche von ihnen er für die schönste Person halte – eine sehr heikle Frage, der er klugerweise auswich, indem er sagte, dass Ihre Majestät die schönste Person in England und seine Geliebte in Schottland sei. Als nächstes fragte sie, wer von ihnen der Größte sei. Er antwortete, seine Königin. „Dann ist sie zu groß", sagte Elisabeth, „denn ich selbst bin von gerechter Statur."

QUEEN ELIZABETH.

Es gibt ein Sprichwort, dass die größten Helden nach Meinung ihrer Diener nicht so sind; und man kann mit der gleichen Wahrheit von dieser berühmten Prinzessin sagen, dass sie, so sehr sie der Welt auch als große Heldin erscheinen mochte, in den Augen derjenigen, die ihre privaten und unverhohlenen Gedanken und Gefühle am besten kannten, immer noch nichts weiter als eine gebrechliche Frau war und Aktionen. – *Anon.*

ZWISCHENSPIEL. – WAS JONATHAN CARVER 1766 TUN WOLLTE.

So kam es, dass nach der Eroberung Kanadas ein Amerikaner und Kriegsveteran namens Jonathan Carver auf die Idee kam, den Kontinent über die Großen Seen und die Nebenflüsse des Mississippi zu durchqueren.

Nachdem er die französischen Karten aufmerksam studiert und die Berichte von Hennepin und Lahontan gelesen hatte, glaubte er, dass dies möglich sei.

Carvers erklärtes Ziel bestand zunächst darin, die Breite des Kontinents zu ermitteln. Sollte es ihm gelingen, den Pazifik zu erreichen, hätte er der englischen Regierung die Errichtung eines dauerhaften Hafens an dieser Küste vorschlagen wollen. Er war überzeugt, dass dies der wahre Weg zur Entdeckung der Nordwestpassage war, die Drake vor so langer Zeit versucht hatte, und argumentierte zu Recht, dass es einfacher sein würde, vom Westen aus zu segeln als vom Osten, und dass dadurch Zeit verloren ging Die langen Reisen von England aus mit den Verzögerungen und Gefahren, die die Schifffahrt in der Arktis mit sich bringt, würden durch die Einrichtung eines solchen Depots , wie er es vorschlug, erheblich verringert werden. Und es würde auch die Kommunikation zwischen der Hudson's Bay und dem Pazifik erheblich erleichtern.

Carver dachte weiter, dass eine Siedlung auf dieser Seite des Kontinents nicht nur neue Handelsquellen erschließen und, um seine eigenen Worte zu verwenden, auch „viele nützliche Entdeckungen fördern, sondern auch einen Weg für die Übermittlung von Informationen nach China und den USA eröffnen würde." Englische Siedlungen in Ostindien mit größerer Expedition als eine langwierige Reise über das Kap der Guten Hoffnung oder die Magellanstraße würden es ermöglichen .

Ob es nun in seinem eigenen Gehirn entstand oder nicht, soweit bekannt, war Carver der Erste, der dem englischen Volk mutig die Idee vorlegte, über den amerikanischen Kontinent nach Indien zu reisen – die Idee, die schließlich das ganze Problem gelöst hat .

Überzeugt, dass sein Unterfangen machbar war, brach Carver im September 1766 in Michilimackinac auf, zusammen mit einigen Händlern, die auf der alten Route durch Green Bay, Fox River und Wisconsin zu den Sioux gingen. Was er über die oberen Nebenflüsse des Mississippi erfahren konnte, scheint Carver dazu veranlasst zu haben, seinen endgültigen Ausgangspunkt irgendwo bei den Wasserfällen von St. Anthony festzulegen.

Diese Fälle wurden am 17. November erreicht. Als Carver den Punkt erreichte, von dem aus man sie überblicken konnte, überraschte ihn sein indianischer Führer, indem er begann, laut eine Anrufung an den Geist des Wassers zu singen. Während er dies tat, streifte er erst einen, dann einen anderen seiner Schmuckstücke ab und warf sie von sich in den Bach. Zuerst warf er seine Pfeife hinein, dann seinen Tabak, dann die Armbänder, die er an Armen und Handgelenken trug, und zuletzt seine Halskette und Ohrringe. Als er sich auf diese Weise aller Wertgegenstände entledigt hatte, die er besaß, beendete der Inder sein Anbetungsgebet, mit dem seine Sühneopfer so großzügig verbunden waren. Carvers Reise in diese Richtung endete am Fluss

St. Francis. Als er nach Süden zurückkehrte, stieg er nach eigenen Angaben den St. Peter oder Minnesota River über eine Strecke von zweihundert Meilen hinauf, bis zu den Dörfern der Sioux, mit denen er den Winter verbrachte.

FÄLLE VON ST. ANTHONY.

Doch nachdem Carver auf diese Weise weit in den heutigen Bundesstaat Minnesota vorgedrungen war, war er nicht mehr in der Lage, weiterzumachen. Die Geschenke, die ihm nachgesandt werden sollten und die für die Sicherstellung eines sicheren Geleits unter den indianischen Nationen auf seiner Route unerlässlich waren, kamen nicht. Daher blieb keine andere Wahl, als nach Prairie du Chien zurückzukehren, dem großen indischen Handelsplatz dieser Region, wo der Entdecker zu diesem Zeitpunkt schließlich den Versuch, nach Westen zu gehen, aufgab. Anschließend kehrte er über St. Croix und den Lake Superior nach Kanada zurück und brachte die Informationen mit, die er während eines siebenmonatigen Aufenthalts bei den Sioux gewonnen hatte.

Carvers Reisen wurden 1778, zehn Jahre nach seiner Rückkehr, in England veröffentlicht, obwohl seine Notizen und Karten seit einigen Jahren im

Besitz der Regierung waren und ihm die Erlaubnis zur Veröffentlichung verweigert wurde.

INDISCHES GRABGERÜST.

Hier finden wir zum ersten Mal den Namen Oregon [1], der dem großen Fluss am Pazifikhang gegeben wurde. Carver bezeichnet ihn wiederholt als „den Fluss des Westens, der in den Pazifischen Ozean mündet".

Dieser Entdecker beschloss später (1774), seine Bemühungen zur Durchquerung Amerikas zu erneuern, wobei seine vorgeschlagene Route den St. Peter hinauf bis zu seinem Kopf, von dort hinüber zum Missouri, diesen Strom hinauf bis zu seiner Quelle und, nachdem er die Quelle des „Stroms" entdeckt hatte, verlief. Oregon oder Fluss des Westens, auf der anderen Seite der Gipfel des trennenden Hochlandes, um ihn zum Meer hinabzuleiten. Sein Vorhaben wurde durch den Krieg zwischen England und den Kolonien zunichte gemacht. Er hat jedoch seine Meinung zur Zukunft des großen Mississippi-Tals zu Protokoll gegeben. Das ist seine Prophezeiung:

„Von welcher Macht oder Autorität diese neue Welt abhängig werden wird, nachdem sie sich aus ihrem gegenwärtigen unkultivierten Zustand erhoben hat, kann allein die Zeit herausfinden. Aber da der Sitz des Imperiums seit undenklichen Zeiten allmählich nach Westen vorgedrungen ist, gibt es

keine Es besteht kein Zweifel daran, dass irgendwann in der Zukunft
mächtige Königreiche aus diesen Wildnissen hervorgehen werden und
stattliche Paläste und feierliche Tempel mit vergoldeten Türmen, die bis in
den Himmel reichen, die Indianerhütten ersetzen werden, deren einziger
Schmuck die barbarischen Trophäen ihrer besiegten Feinde sind."

FUSSNOTE

[1] OREGON. Welche Informationsquellen nutzte Carver über diesen Fluss?
Die Sioux erzählten Pater Charlevoix vor etwa vierzig Jahren (1721), dass
man, wenn man den Missouri so hoch wie möglich hinaufsteige, einen
großen Fluss finden würde, der nach Westen ins Meer fließt. Wir wissen,
dass Carver Charlevoix' Werk gelesen hatte. Doch möglicherweise haben
ihm die Sioux dieselbe Geschichte erzählt, die er in seiner eigenen
Erzählung so ständig wiederholt, und wir wissen, dass es sich um eine
wahre Geschichte handelt. Im Wesentlichen folgte Carver dem gleichen
Weg wie Marquette, Hennepin und andere vor ihm. Dies könnte Zweifel an
der Gültigkeit aller seiner Angaben nach seinem eigenen Wissen
aufkommen lassen. Aber die Hauptfakten waren so vielen Personen
bekannt, die sie als falsch hätten abstempeln können, was aber nicht der
Fall war, dass wir meinen, ihre Gültigkeit müsse anerkannt werden.

Aber woher stammt der Name OREGON, den Carver erstmals verwendete?
Hier sind wir alle auf See. Bonneville sagt, das Wort stamme von Oregano,
das seiner Meinung nach der frühe spanische Name für das Columbia
River-Land war – abgeleitet von Oreganum , dem botanischen Namen für
die wilde Salbeipflanze oder Artemisia. Dies scheint kaum schlüssig zu sein.
Auch hier wissen wir, dass die Spanier einem Gebirgszug der Sierra Madre
den Namen „Los Organos" (Orgelberge) gaben, daher ist es möglich, dass
sie ihn auf unbestimmte Zeit für die gesamte Gebirgskette nördlich von
New Mexico verwendet haben. Aber die Sioux konnten kaum von einer der
beiden Ableitungen wissen, sonst hätte Carver den Namen erfunden.

JOHN LEDYARDS IDEE.

VON KORPORAL JOHN LEDYARD [1] war von den Taten Kapitän Cooks
gefesselt worden, die die Begeisterung, die Drakes kühner Vorstoß in die

ferne Südsee schon so lange zuvor ausgelöst hatte, eine Zeit lang regelrecht erneuerten.

Ledyard war ein geborener Entdecker. Alles, was er unter Cooks Kommando sah, notierte er Tag für Tag in seinem Tagebuch. Er war schlagfertig, ruhelos und hatte den Ehrgeiz, seinen Weg in die Welt zu finden, und er erkannte auch nicht lange, welchen Vorteil die Nordwestküste jedem bot, der als Erster auf dem Feld sein sollte. Aber Ledyard hatte die Uniform von König George getragen, obwohl er selbst Amerikaner war, den der Drang nach neuen Szenen dazu veranlasst hatte, sich unter einer feindlichen Flagge zu engagieren. Als Ledyard jedoch nach seiner Rückkehr nach England nach Amerika geschickt wurde, verließ er das Land, anstatt gegen sein Land zu kämpfen.

Sein Kopf war voller grober Pläne zur Sicherung des Handels an der Nordwestküste, nicht für England, sondern für Amerika, und Amerika war nun eine freie Republik. Er hatte sich also zumindest den Geist dessen zu eigen gemacht, was heute als Monroe-Doktrin bekannt ist.

Ledyard versuchte zunächst, amerikanische Kaufleute dazu zu bringen, ein Schiff für ihn auszurüsten. Da ihm dies nicht gelang, ging er nach Frankreich, in der Hoffnung, dort die Hilfe zu erhalten, die er brauchte.

Während Ledyard versuchte, eine Firma zu gründen, um seine Pläne weiterzuführen, geschah es, dass Ludwig XVI. rüstete La Peyrouse aus , um Cooks Spur im Pazifik zu verfolgen und so wiedergutzumachen, was dieser bedeutende Seefahrer nicht zu vollenden vermochte.

Ledyard bedrängte jeden. Der Möchtegern-Entdecker verfolgte diejenigen, die ihm zuhörten, indem er sich erst von dem einen und dann von dem anderen Geld borgte, um zu leben, manchmal ohne eine Krone in der Tasche, immer abgestoßen, aber niemals verzweifelt, und schlief auf seinem einzigen allgegenwärtigen Wesen ein Idee.

„Ich sterbe vor Angst", sagt er zu einem Freund, „auf dem Rücken der amerikanischen Staaten zu stehen, nachdem ich bis zum Pazifischen Ozean vorgedrungen bin. Es gibt ein weites Feld für die Erlangung ehrlichen Ruhms. Die amerikanische Revolution lädt dazu ein gründliche Entdeckung des Kontinents. Es war notwendig, dass ein Europäer Amerika entdeckte, aber im Namen der Liebe zum Land sollte ein Eingeborener seine Ressourcen und Grenzen erkunden. Es ist mein Wunsch, dieser Mann zu sein.

Thomas Jefferson war zu dieser Zeit (1785) unser Minister in Frankreich, „in jedem Wort und jeder Tat der Vertreter eines jungen, kraftvollen und entschlossenen Staates". Ledyard suchte oft seinen Rat und seine Hilfe. Beeindruckt von Ledyards ungewöhnlicher Hingabe an seine einzige Idee, sagte Jefferson eines Tages zu ihm: „Warum nicht auf dem Landweg nach Kamschatka fahren, mit einigen der russischen Schiffe zum Nootka Sound übersetzen, in die Breite des Missouri hinabsteigen und dort vordringen?" und dadurch in die Vereinigten Staaten?"

Dieses Gespräch zeigt uns seltsamerweise, dass zum Zeitpunkt der Gründung der Amerikanischen Union mehr über Kamschatka bekannt war als über die Region zwischen Mississippi und dem Pazifischen Ozean. Zumindest durch Sibirien gab es eine befahrbare Route, während es vom Mississippi bis zum Pazifik keine gab. Das Gespräch ist daher ein lehrreicher Ausgangspunkt in die Geschichte unseres Landes.

Obwohl das Unternehmen selbst zu dieser Zeit keine Früchte trug, war das Zusammentreffen dieser beiden Männer, von denen einer zum Apostel der amerikanischen Idee im weitesten Sinne wurde, wie das Zusammenschlagen von Feuerstein und Stahl. Feuer folgte ihm. Ledyard verfügte über die besten Kenntnisse auf diesem Gebiet. Ledyard zeigte den Weg. Ledyard hatte Jefferson etwas zum Nachdenken gegeben, was sich in seinem klugen Kopf bald zu einer Frage von höchster nationaler Bedeutung entwickelte.

Ledyard erklärte sich bereitwillig bereit, den Prozess durchzuführen, vorausgesetzt, die russische Regierung würde ihre Zustimmung geben. Als dies gewährt wurde, machte sich der Entdecker auf den Weg nach Kamschatka ; aber in Irkutsk in Sibirien wurde er angehalten und zurückgeschickt, aus Eifersucht der Russisch-Amerikanischen Kompanie, deren Hauptquartier sich in Irkutsk befand und die fürchtete, ihre Interessen würden gefährdet, wenn diesem kühnen Fremden gestattet würde, in ihr Land zu gelangen Gebiet.

Ab diesem Zeitpunkt ist Ledyards persönliche Geschichte nicht mehr mit der des Großen Westens verbunden. Aber er war der Erste, der, vielleicht undeutlich, das erkannte, was bald, mit zunehmender Verbreitung, zur vorherrschenden Idee amerikanischer Staatsmänner werden sollte.

FUSSNOTE

[1] JOHN LEDYARD stammte aus Groton, Connecticut; (geb. 1751, Bruder von Colonel William, der 1781 bei der Verteidigung von Groton fiel). John ging zunächst auf das Dartmouth College, um dort als indischer Missionar ausgebildet zu werden. In jenen Urzeiten wurden die Schüler durch das Blasen einer Muschelschale zusammengerufen. Obwohl Ledyard schnell und lernwillig war, hasste er das Lernen. Er kletterte lieber auf die Berge

rund um das College. Nach vier Monaten lief er weg. Er kehrte jedoch zurück, fand die strenge Disziplin jedoch nicht weniger lästig als zuvor und floh in einem Kanu, in dem er einhundertvierzig Meilen den Connecticut River hinunter von Hanover nach Hartford trieb. Ledyard war stolz, sensibel, impulsiv und widerspenstig, wenn er korrigiert oder zurückgehalten wurde. Da sein Vorhaben, ins Ministerium einzutreten, vereitelt wurde, segelte er in einem Anfall von Groll als einfacher Seemann vor dem Mast ins Mittelmeer. Diese Reise war Ledyards Vorbereitung auf den Dienst unter Cook. Er war wiederum Theologiestudent, Seemann, Soldat, Entdecker, und in seiner Zusammensetzung waren alle diese Charaktere vereint, um einen gründlichen Entdecker hervorzubringen.

EIN YANKEE-SCHIFF ENTDECKT DEN COLUMBIA RIVER.

Mit dem Ende des Unabhängigkeitskrieges begann sich der Handelsgeist unserer Landsleute in Taten wieder durchzusetzen, die sie für alle Zeiten als würdige Söhne würdiger Väter auszeichnen sollten. Vor langer Zeit, als die Kolonien nur ein paar schwache Siedlungen entlang der Atlantikküste waren, hatten nur wenige Menschen größeres Engagement bei der Suche nach Handelsmöglichkeiten gezeigt als sie.

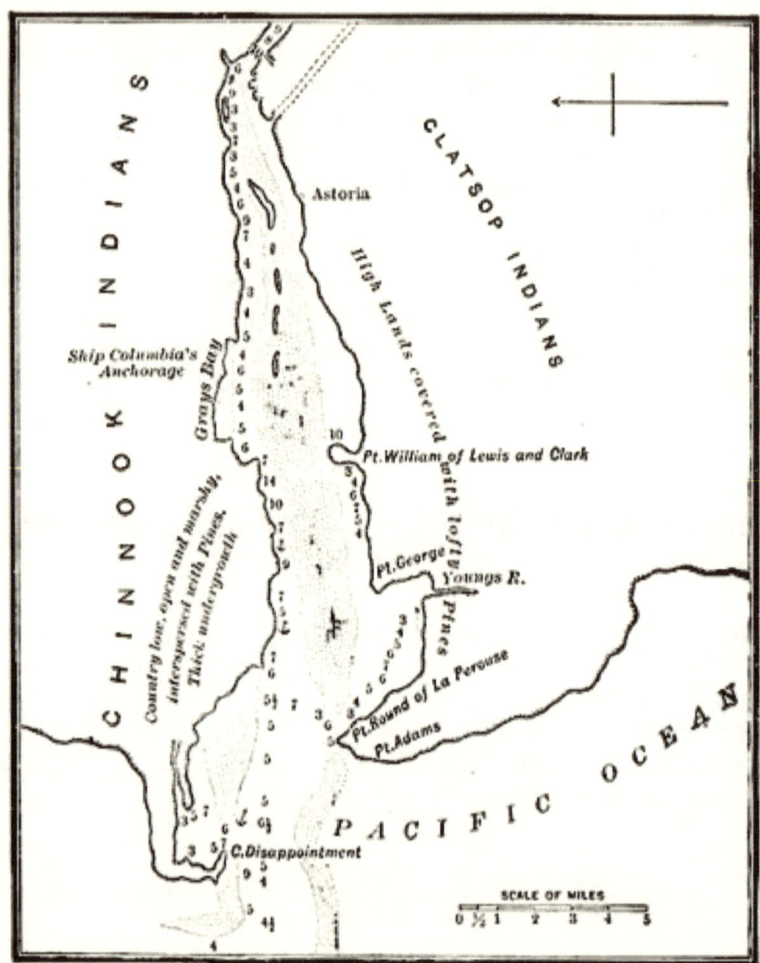

MÜNDUNG DES COLUMBIA RIVER.

Dies war insbesondere bei den Kolonien Neuenglands der Fall. Der Krieg hatte ihren Handel ruiniert, aber mit dem Friedensschluss suchten die klugen neuenglischen Kaufleute nach neuen Absatzmöglichkeiten, da Schiffe nirgends so billig gebaut werden konnten, während die Bevölkerung ihren Lebensunterhalt größtenteils entweder auf oder vom Meer bestritt. Außerdem besaßen sie eine brandneue eigene Flagge, auf die sie zu Recht stolz waren und die sie auf den fernsten Meeren schweben sehen wollten.

Die von England an der Nordwestküste gemachten Entdeckungen waren, obwohl sie bis nach Kriegsende geheim gehalten wurden, unseren Kaufleuten und Seeleuten keineswegs unbekannt, die den lobenswerten Wunsch hegten, auf allen Wegen, die der Ozean ihnen eröffnete, Gewinn zu machen Ehrlicher Unternehmergeist und Geschicklichkeit wurden durch die Bedingung der nationalen Freiheit inspiriert und gestärkt.

Zu dieser Zeit gründeten einige Kaufleute aus Boston (1787) eine Partnerschaft, um einen Handel zwischen der Nordwestküste und China aufzunehmen. Sie rüsteten das zweihundert Tonnen schwere Schiff „Columbia" und die neunzig Tonnen schwere Schaluppe „Washington" mit Handelsgütern aus, die die Kapitäne mit den Indianern gegen Pelze eintauschen, die Pelze in Canton verkaufen sollten und so weiter Mit dem Erlös werden Tees für den heimischen Markt gekauft. Große Gewinne wurden erwartet. Da die Vereinigten Staaten eine neue Seemacht waren und ihre Flagge kaum bekannt war, erhielten die Kapitäne Pässe, um zu bescheinigen, dass sie ehrliche Händler waren, die unter einer ehrlichen Flagge fuhren.

Die Eigner blickten jedoch etwas weiter, als eine bloße Handelsreise vermuten ließe. Sie hatten die Errichtung permanenter Fabriken unter nationaler Autorität im Sinn, die denen der Hudson's Bay Company in gewisser Weise ähnelten. Zu diesem Zweck wurden ihre Herren, John Kendrick und Robert Gray, angewiesen, Land der Eingeborenen zu kaufen, Lagerhäuser oder Festungen zu bauen oder andere Verbesserungen auf diesem Land vorzunehmen, um den Eigentümern ihren dauerhaften Besitz zu sichern. Soweit es um die Besetzung durch Weiße ging, war bekannt, dass das Gebiet zwischen Kap Mendocino und der Straße von Fuca unbewohnt war, obwohl man davon ausging, dass Spanien außerhalb Englands den größten Anspruch darauf hatte. Kendrick und Gray wurden daher angewiesen, Operationen an diesem unerforschten Küstenstreifen aufzunehmen, nicht nur als Händler, sondern auch als Entdecker eines unentdeckten Landes.

Über diese Reisen kann man wegen der Bedeutung, die sie später im Streit zwischen England und den Vereinigten Staaten über ihre jeweiligen Grenzen erlangten, nicht weniger sagen, aber wir lassen diese Frage jetzt in der Geschichte an die richtige Stelle treten und gehen zurück zu den Reisen selbst.

MÜNZE FÜR DIE REISE GEPRÄGT.

Beide Schiffe [1] erreichten Nootka im Frühherbst 1788. Nachdem sie ihre Ladung erledigt hatte, segelte die „Columbia" nach Canton, verkaufte ihre Pelze gegen Tee, mit dem sie im August 1790 nach Boston zurückkehrte und somit erstmals die Flagge trug ziemlich rund um die Welt.

Diesmal warfen die Bostoner den Tee nicht über Bord, wie sie es einst getan hatten, als er mit einer abscheulichen Steuer gewürzt war. Ein ganz anderer Empfang wurde der „Columbia" bereitet, als sie nach fast dreijähriger Abwesenheit mit dem Sternenbanner am Masttop den Hafen hinaufsegelte. Als sie das Schloss passierte, feuerte die „Columbia" einen Nationalgruß ab, den die Festung sofort erwiderte. Die laut dröhnenden Kanonen trieben die Einwohner in Scharen zu den Kais, um zu sehen, welches Schiff so ehrenhaft empfangen wurde. Als die „Columbia" im inneren Hafen anlegte, brüllten die Menschen, die Kanonen schossen, als ob es sich um einen Anlass handelte, der öffentliches Gedenken und Jubel verdiente. Es wurde tatsächlich als Abkehr von alten Despotismen empfunden, die ein kolonialer Zustand so lange aufgezwungen hatte, während die Strecke rund um den Globus noch nicht so weit befahren oder so bekannt war, dass man den Eindruck einer Reise der „Columbia" hätte erwecken können jedenfalls eine tolle Leistung.

Es geschah, dass die „Columbia" in Owyhee, der königlichen Residenz des Königs der Sandwichinseln, angelegt hatte. Kapitän Gray überredete den König, den Kronprinzen mit in die Vereinigten Staaten gehen zu lassen. Der Prinz wurde in Boston königlich willkommen geheißen und kehrte sicher in sein Heimatland zurück, was zu einer Freundschaft zwischen Amerikanern und den Inselbewohnern führte, die für den zukünftigen Handel von großem Nutzen sein wird.

Obwohl die Eigentümer durch das Unternehmen Geld verloren hatten [2] , waren sie gemeinnützig und entschlossen, einen zweiten Versuch zu unternehmen. Die „Columbia" war daher wieder seetüchtig und befand sich im Juni 1791 erneut in den Wellen des Nordpazifiks. Während dieser zweiten Reise sah Kapitän Gray die Mündung eines Flusses, in den er jedoch nicht segelte, weil die Brandung mit Gewalt quer darüber brach. Er notierte jedoch sorgfältig den Breitengrad in seinem Logbuch; Doch als er sich kurz darauf mit Vancouver anfreundete, zweifelte dieser Offizier daran, was Gray ihm über diesen Fluss erzählt hatte. Es konnte nicht dort sein, dachte er, da er selbst sorgfältig gesucht hatte, ohne es zu finden.

Nachdem er sich von Vancouver getrennt hatte, segelte Gray nach Süden, mit der Absicht, mehr über den betreffenden Fluss zu erfahren. Als die Einfahrt gesichtet wurde, wurde die „Columbia" mit gesetzten Segeln beherzt darauf zugesteuert. Sie lief sicher zwischen den Brandungen durch, in ein breites Becken, das noch nie zuvor ein Kiel außer ihrem gepflügt hatte, und hielt ohne Anker ihren Kurs vierzehn Meilen flussaufwärts, umgeben von einem Schwarm Kanus, zwischen denen das stattliche Schiff einen Leviathan bewegte In der Tat.

Als der Anker losgelassen wurde, befand sich Kapitän Gray still auf dem Schoß eines großen Süßwasserflusses treibend, dem er, nachdem er ihn verlassen hatte, den Namen seines Schiffes gab: die Columbia. [3]

EINE OREGON-BELLE.

Durch diese Reisen fiel der direkte Handel zwischen dem Nordpazifik und China fast ausschließlich in die Hände amerikanischer Händler. Britische Kaufleute wurden durch den Widerstand ihrer Ostindien-Kompanie davon abgehalten, sich daran zu beteiligen. Russische Schiffe wurden in chinesischen Häfen nicht zugelassen. Wir finden, dass der britische Entdecker Mackenzie mit viel Unmut über diesen Stand der Dinge spricht, was jedoch nur die Energie und das Können amerikanischer Kaufleute und Schiffskapitäne beweist, die seit den ersten Reisen der „Columbia „„ waren bei den Indianern der Nordwestküste als Bostons bekannt, weil diese Schiffe von diesem Hafen aus kamen.

FUSSNOTEN

[1] BEIDE SCHIFFE. Die „Washington", eine Art Beiboot der „Columbia", segelte um Vancouver Island und die Straße von Fuca herum. Seinen Anweisungen folgend kaufte ihr Herr große Landstriche von einheimischen Häuptlingen, von denen er regelmäßig Grundrechte nahm. Den Eingeborenen wurden auch Kupfermünzen und zu diesem Zweck geprägte

Medaillen geschenkt. Kendrick war der erste, der Sandelholz als Handelsartikel sammelte.

[2] DIE EIGENTÜMER HABEN GELD VERLOREN. „Alle an diesem Unternehmen Beteiligten haben fünfzig Prozent ihres Kapitals geopfert. Das ist eine schwere Enttäuschung für sie, da sie damit gerechnet hatten, dass jeder Eigentümer ein unabhängiges Vermögen machen würde." – Brief an General H. Knox .

[3] DER COLUMBIA RIVER. Der Eingang wurde 1775 von Heceta (Spanier) gesichtet, der das nördliche Vorgebirge St. Roque nannte. Dieser Name wurde auf spanischen Karten bald einem Fluss St. Roque gegeben, der in die Bucht von Heceta mündete , der sagt: „Diese Wasserwirbel ließen mich glauben, dass der Ort die Mündung eines großen Flusses ist." Er versuchte jedoch nicht, einzudringen. Als Kapitän Meares (1788) nach diesem Fluss St. Roque suchte, lief er in die Bucht, sah aber nichts als Brandungen vor sich und verließ sie in der Überzeugung, dass es keinen solchen Fluss gab. Aus diesem Grund nannte er das nördliche Vorgebirge Cape Disappointment. Der südliche Punkt wurde von Gray Point Adams benannt.

DER WESTEN ZUR ERÖFFNUNG DES JAHRHUNDERTS.

„ Amerika erreicht jetzt seine Mehrheit. "

Am Ende des Unabhängigkeitskrieges wusste man in den amerikanischen Kolonien fast nichts über das Land westlich des Mississippi. Die Quellen des Missouri [1] waren selbst französischen Händlern unbekannt. Niemand wusste, dass ein großer Schwesterfluss den Schnee der Rocky Mountains zum Pazifik trug oder dass das Quellwasser dieser beiden edlen Bäche an den Füßen derselben hohen Kette lag.

Wo sollen wir dann den Westen verorten? Möglicherweise zentral am östlichen Fuß der Alleghanies, sicherlich abgelegen bei Pittsburg und möglicherweise irgendwo auf dem Dark and Bloody Ground von Kentucky seinen Fluchtpunkt erreichend. Unter einer Vielzahl von Feinden stand die Zivilisation hier auf Distanz, machte aber keinen Schritt zurück.

Frankreich öffnete den Weg von Ost nach West. Frankreich und England kämpften um die Vorherrschaft auf dem Kontinent, und England gewann. Das besiegte Frankreich gab die Idee auf, sich in Amerika zu behaupten, und überließ Spanien heimlich, was ihm der Krieg westlich des Mississippi hinterlassen hatte, als würde ein Bankrotteur sein Eigentum aus der Reichweite seines dringendsten Gläubigers bringen.

Als die Kolonien revoltierten, sah Frankreich einen Weg, sie wie die Katze in der Fabel dazu zu bringen, ihre Kastanien aus dem Feuer zu holen. Es gehört nicht zum Beruf eines Königs, eine Republik zu gründen. Frankreich spielte sein eigenes Spiel, [2] spielte es klug und bis zum Ende. Als die Kolonien mit ihrer Hilfe ihre Unabhängigkeit erlangten, zeigte sie ihnen zu ihrem großen Erstaunen, denn sie waren mit den Tricks der Diplomatie noch nicht vertraut, dass es in der Politik nicht mehr Freundschaft gibt als im Handel, oder vielmehr, dass Politik ein Spiel ist bei dem der beste Spieler gewinnt.

In Anbetracht dessen, was es gekostet hatte, Louisiana aufzugeben, nicht nur durch den Verlust von Territorium, sondern auch durch nationalen Prestige, ist es vielleicht nicht verwunderlich, dass Frankreich, als unser Verbündeter, seinerseits ein Sieger war, dies tun sollte Sie versucht, Louisiana für sich zurückzugewinnen. Um dies zu erreichen, musste sie mit der Hilfe Spaniens ein doppeltes Spiel spielen, während diese Macht im Hintergrund bereit stand, alles zu nehmen, was ihr in den Weg kam.

Diese beiden Spieler wollten das wiederherstellen, was wir das alte Machtgleichgewicht nennen würden, und so die Vereinigten Staaten nahezu auf die Grenzen beschränken, die sie als Kolonien besetzt hatten. Zu ihrer Ehre hörte England nicht auf ihre verführerischen Bitten. Nicht, dass sie ihre empörten Untertanen mehr liebte, sondern dass sie ihre alten Rivalen weniger liebte. Als John Jay ihre Pläne ans Licht brachte, wurde klar, dass Frankreich nie beabsichtigt hatte, eine Macht unter den Nationen zu sein – nur eine kleine Republik. Am Ende siegte Englands Stolz über den Schmerz verletzter Selbstliebe. Anstatt die Bedingungen des Friedens zu diktieren, wie es beabsichtigt hatte, musste Frankreich sich für immer von Louisiana ausgeschlossen sehen, während Spanien, die Mephistophilen der amerikanischen Angelegenheiten, Florida von England zurückeroberte und so die Vereinigten Staaten davon ausschloss Zugang zum Golf von Mexiko entweder über die Küste oder den Mississippi. Was von Französisch-Louisiana, wie es vor diesem Krieg existierte, noch übrig war, stellte die Anomalie einer Kolonie französischer Menschen dar, die unter spanischer Flagge lebten.

EIN MISSISSIPPI-FLACHBOOT.

Tatsächlich hatte John Jay England darauf hingewiesen, dass Blut dicker als Wasser ist. Franklin sagte: „Lasst uns jetzt vergeben und vergessen." Und so setzte sich der angelsächsische Geist durch.

Mit der Erlangung der Unabhängigkeit erlangten die Vereinigten Staaten, wie wir gesehen haben, das gesamte Territorium mit Ausnahme Kanadas, das England von Frankreich erobert hatte. Mit einem einzigen Schritt hatte ihre Grenze den Mississippi im Westen und die Großen Seen im Norden erreicht.

Vor dem Krieg, dessen große Fortsetzung dies war, hatte ein dünner Strom englischer Einwanderer, hauptsächlich aus Virginia und North Carolina, unter der Führung von Daniel Boone die Berge von North Carolina nach Kentucky überquert. Diese Bewegung war von zentraler Bedeutung in der sogenannten Blue Grass Region, deren Dreh- und Angelpunkt Lexington sein kann.

Nach dem Krieg überquerte eine zweite und größere Auswanderung, hauptsächlich aus Neuengland, die Alleghanies zum Hauptschiff der Ohio, von wo aus sie diesen Fluss hinunter zum Muskingum zog und sich im Zentrum von Marietta befand. Hier haben wir also zwei getrennte Bevölkerungsströme, die derselben starken angelsächsischen Rasse angehören, obwohl sie aus verschiedenen Teilen der jungen Republik stammen und die jeweils die Bräuche und Traditionen ihrer Heimat in ihre neue Heimat im Westen mitnehmen eigene Sektion, und vom Instinkt oder Schicksal geleitet auf Linien, die bald Sklaven von freien Staaten trennen sollten.

Durch ein Gesetz des Kongresses, das in der Geschichte als „Verordnung von 1787" bekannt ist, wurde der gesamte große Teil des Wildnislandes, in den sich diese letzte Auswanderung begab, zu einer politischen Abteilung unter dem Namen Nordwestterritorium. [3] Das Gesetz zur Schaffung dieses Territoriums sah auch vor, daraus drei Staaten zu bilden, und verbot höchst klugerweise, dass innerhalb seiner Grenzen jemals Sklaverei existieren sollte. So wurde Ohio nicht nur zu einer physischen, sondern auch zu einer politischen Trennlinie zwischen den Abschnitten, die nun, da das Gesetz des Landes eine Grenze festgelegt hatte, die die Sklaverei nicht überschreiten sollte, als Nord- und Nordlinie bezeichnet wurde Süden, nicht wie früher nur aufgrund der geographischen Lage, sondern weil die Grenze zwischen freien und Sklaveninstitutionen so scharf gezogen worden war. Jeder stand nun vor der Welt vor Gericht; Jeder sollte nun zeigen, was er mit seinen eigenen Institutionen, mit seinen eigenen Mitteln und auf dem von ihm gewählten Boden für den menschlichen Fortschritt tun konnte.

Es scheint, als hätte dieser großartige Erwerb dieses Nordwestterritoriums, das heute das große Herz und den Sitz der Macht in der Amerikanischen Union darstellt, den patriotischen Wunsch nach territorialer Expansion in vollem Umfang erfüllt. Es sollte jedoch nur die Wiege eines neueren und robusteren Wachstums sein, wie es die ursprünglichen Staaten für das gerade beginnende Zentrum gewesen waren . Es war ein eigenes Reich, das alle Staaten umfasste, die jetzt zwischen Mississippi, Ohio, Pennsylvania und den Großen Seen eingeschlossen waren. Dennoch lebten in diesem gesamten Gebiet im Jahr 1792 nicht mehr als zehntausend Weiße, die sich an weit verstreuten Orten niederließen, unter 65.000 wilden Indianern.

Zu diesen weit verstreuten Orten gehörten die neuen Siedlungen Marietta und Fort Harmar am Muskingum, Cincinnati und Fort Washington am Ohio, Clarksville an den Falls of the Ohio, mit den alten französischen Posten Vincennes am Wabash und Kaskaskia am Fluss Namen, und Fort Chartres und Cahokia am Mississippi. Auf diesem riesigen Gebiet hielten zahlreiche Militärposten die Indianer in Schach und bildeten den Kern zukünftiger Siedlungen. Entlang der Linie der Großen Seen und entgegen den Vertragsbestimmungen mit ihr hielt England immer noch die Schlüsselpunkte Niagara, Miami, Detroit, Michilimackinac und schränkte so die Bewegung unserer Bürger von Ost nach West auf dieser Linie ein Dadurch wurden sie vom lukrativen Indianerhandel im Fernen Westen ausgeschlossen.

Schauen wir uns nun den Abschnitt südlich des Ohio an.

AUF DEM UNTEREN MISSISSIPPI.

Kentucky wurde 1792 zum Bundesstaat erklärt, Tennessee 1796. Der gesamte Süden von Tennessee und der Westen von Georgia wurden 1798 zum Mississippi-Territorium geformt. Am östlichen oder amerikanischen Ufer des Mississippi beschränkte sich die Besiedlung größtenteils auf die Orte, die in „Die Gründung von Louisiana" als Dörfer erwähnt wurden. Keiner war diesem Zustand entwachsen. Die meisten waren einfach Plantagen. Die Bevölkerung war (1785) auf 38.000 Personen angewachsen, hauptsächlich durch die Ankunft von Flüchtlingen aus Nova Scotia und St. Domingo. Und die Zahl der Schwarzen war bereits zahlreich genug, um bei den Pflanzern Unruhe hervorzurufen. Der Anbau von Baumwolle und Zucker gewann an Bedeutung; aber die Spanier in New Orleans wollten das gesamte Wasser für ihre eigene Mühle, wie das Sprichwort sagt, was fast dasselbe bedeutete, als würde man den Fluss ganz für den amerikanischen Handel sperren.

Die Falls of the Ohio hatten bereits begonnen, sowohl als Depot als auch als Verschiffungspunkt an Bedeutung zu gewinnen. Sie waren ein natürlicher Haltepunkt für alle Boote, die den Fluss hinauf oder hinunter fuhren. Daher war Louisville oberhalb der Wasserfälle als Hafen einer bemerkenswert sparsamen Ansammlung von Siedlungen im Landesinneren entstanden, die an die Stelle der primitiven Stationen der ersten Siedler getreten waren.

Auf beiden Seiten des Ohio leisteten die Indianer entschieden Widerstand gegen die Ankunft weißer Siedler. Doch so tapfer sie auch kämpften, ihre Macht wurde in vielen blutigen Konflikten so gebrochen, dass sie schließlich (1794) froh waren, um Frieden zu bitten. Ihrer Macht beraubt, waren sie nun auf engere Grenzen beschränkt. England gab (1795) die Seefestungen auf. Da nun alle Straßen nach Westen offen waren, wurden sie schnell von einer Siedlerarmee überrannt.

FUSSNOTEN

[1] DIE QUELLEN DES MISSOURI. Ungefähr zu der Zeit, als Mackenzie die Berge überquerte (siehe Kapitel „ Hudson's Bay zum Pazifik "), soll ein Angestellter der Nordwestkompanie namens Fidler von Fort Buckingham zum Kopf des Missouri gegangen sein. Zu dieser Zeit stiegen Händler aus St. Louis den Fluss hinauf, aber wie weit ist ungewiss.

[2] FRANKREICH SPIELTE SEIN EIGENES SPIEL. Es ist berüchtigt, dass der französische Minister Vergennes ohne Wissen der US-Kommissare mit dem britischen Minister Shelburne intrigierte. Siehe „Leben von Lord Shelburne".

[3] DAS NORDWESTTERRITORIUM wurde von den Staaten an den Generalgouvernement abgetreten, um die Möglichkeit zur Tilgung der während des Krieges entstandenen Schulden zu schaffen. In dreißig Jahren zählte es eine halbe Million Menschen. Connecticut reservierte einen Streifen entlang des Eriesees für sich.

Gruppe II.
GEBURT DER AMERIKANISCHEN IDEE.

AMERIKA FÜR AMERIKANER.

„*Amerika ist daher das Land der Zukunft.* “ – HEGEL.

I.
AMERIKA FÜR AMERIKANER.

ÜBERNAHME VON LOUISIANA.

„ Ich habe England einen Rivalen gegeben, der seinen Stolz demütigen wird. " –
Napoleon.

Mit dem Teil von Französisch-Louisiana, der östlich des Mississippi liegt, sind wir nun fertig. Jetzt blüht überall die beginnende Zivilisation in Form von Blockhütten, Handelsposten, Kreuzungen, Weilern und Schulhäusern.

Von 1793 bis 1799 versuchte unser alter Verbündeter Frankreich, der nun eine Republik geworden war, uns zunächst zu überreden und dann zu drängen, seinen Streit mit England wieder aufzunehmen. Sie ging sogar so weit, von uns Tributzahlungen als Preis für den Frieden zu verlangen und, als sie sich weigerte, unseren Minister aus ihrem Territorium zu verweisen. Unsere Einwände wurden mit Verachtung behandelt, unsere Schiffe gekapert und unsere Flagge auf See beschossen, ohne dass es auch nur die Formalität einer Kriegserklärung gab. Dieses Verhalten veranlasste uns, Vergeltungsmaßnahmen zu ergreifen. Nachdem eine oder zwei seiner Fregatten im Kampf von unseren geschlagen worden waren, wurde Frankreich uns gegenüber friedlicher und pflegte erneut freundschaftliche Beziehungen zu einer Macht, die es scheinbar verachtet hatte, bis die Antwort kam: „Millionen für die Verteidigung, aber kein Cent für Tribut . " „ [1] warnte sie, dass Amerika niemals seinen Prinzipien gegenüber Drohungen nachgeben würde.

Wenden wir uns nun Spanien zu. Im Jahr 1795 hatte diese Macht einen Vertrag geschlossen, der uns das Recht sicherte, amerikanische Waren bis zur Verschiffung ins Ausland in New Orleans zu lagern und so den Fluss für unseren Handel frei zu machen.

Im Jahr 1800 stand Napoleon an der Spitze der französischen Nation. Sein Ehrgeiz, die alte Souveränität Frankreichs über Louisiana wiederherzustellen, veranlasste ihn, Spanien den Austausch der Toskana dafür vorzuschlagen. Spanien nahm das Angebot an, und 1800–1801 wurden Abtretungsverträge unterzeichnet, aber nicht veröffentlicht, da ein Krieg mit England wahrscheinlich war und Napoleon seinen Titel sofort mit den Bajonetten seiner Soldaten geltend machen wollte, bevor England davon erfahren konnte davon. Daher behielt Spanien vorerst den Besitz Louisianas treuhänderisch für Frankreich.

Gerade hier stellten sich einige schwerwiegende internationale Fragen. Unser schnelles Wachstum im Westen bereitete Spanien Unbehagen. Es brachte sicherlich ihren Besitz in Gefahr. Infolgedessen zeigte sie uns gegenüber eine so unfreundliche Einstellung, dass der Westen in einem Zustand chronischer Verärgerung blieb. [3] Es veranlasste den Westen sogar, den Plänen zur Trennung vom Osten Gehör zu schenken, bei denen Spanien gerne geholfen hätte, und zerstörte so schnell das Gefühl der nationalen Einheit, das so wichtig war, um in der Republik am Leben zu bleiben.

Plötzlich und ohne vorherige Ankündigung widerrief der spanische Intendant in New Orleans das Hinterlegungsrecht. Das Gesetz schloss die einzige Tür, durch die die Menschen in Ohio, Kentucky und Illinois zum Meer gelangen konnten. Das ärgerte sie so sehr, dass sie das Generalgouvernement anflehten, die Spanier endgültig aus dem Mississippi zu vertreiben.

In Thomas Jefferson fanden die Menschen im Westen einen klugeren Fürsprecher. Die Abtretung konnte nicht lange ein Geheimnis bleiben. Es wurde bald in den Vereinigten Staaten bekannt; Doch anstatt die Menschen zu beruhigen, weckte der Herrenwechsel ihre Ängste, denn man hatte das Gefühl, dass Napoleon, dessen Heldentaten Europa in Aufruhr versetzten, schwieriger zu bewältigen sein würde als Spanien, vor dem niemand Angst hatte.

Dies war die Situation, die Herrn Jefferson präsentiert wurde. Zum Glück dieser Lösung gehen Nationalstolz und nationale Politik nicht immer Hand in Hand.

Unser Minister Livingston [4] , ein sehr fähiger Mann, wurde angewiesen, Napoleon auf die Louisiana-Frage aufmerksam zu machen und dies auf eine Weise zu tun, die bei ihm keinen Zweifel daran ließ, dass die Vereinigten Staaten nicht tatenlos zusehen durften -on, während New Orleans gekauft und verkauft wurde. Es stand zu viel auf dem Spiel. Napoleons Armee machte sich bereit, nach Louisiana zu segeln. Es gab keine Zeit zu verlieren.

Herr Livingston ließ sich nicht von dem Vorschlag abhalten, New Orleans an uns zu verkaufen. Er ging noch weiter und schlug die Abtretung ganz Louisianas oberhalb von Arkansas und östlich des Mississippi vor. Er tat es mit wahrer republikanischer Offenheit und zögerte nie, Napoleons Beratern das Dilemma klarzumachen, das der Besitz von Louisiana für ihre Wahl bedeuten musste. „Was werden Sie mit Louisiana machen? Möchten Sie, dass England es Ihnen entreißt? Seine Flotten haben Ihre aus den Meeren vertrieben. Möchten Sie die Vereinigten Staaten dazu zwingen, sich gegen Sie mit England zu verbünden? England würde uns gerne geben, was wir verlangen." , als Preis unserer Hilfe."

Frankreich stand am Vorabend eines Krieges mit England. Ohne diese Möglichkeit hätten wir Louisiana kaum so leicht erreichen können. Es gab keine Gewissheit, dass die für Louisiana bestimmte Flotte Napoleons jemals die Balize erreichen würde . Napoleon wollte Geld. Zwar könnte der Nationalstolz durch das Opfer verletzt werden, aber in dieser Krise war es am wichtigsten, sich die Vereinigten Staaten nicht zum Feind zu machen; und Napoleon sah voraus, dass keine ausländische Macht die Mündung des Mississippi lange halten und Frieden mit diesen Staaten haben könnte. Diese Überzeugung hatte entscheidende Auswirkungen. Er erklärte sich entschieden für den Verkauf Louisianas mit folgenden Worten: „Ich werde keinen Besitz behalten, der in unseren Händen nicht sicher wäre, der unser Volk mit den Amerikanern verwickeln oder eine Kälte zwischen uns hervorrufen würde. Ich werde davon Gebrauch machen." im Gegenteil, sie an mich zu binden und sie mit den Engländern zu verwickeln und gegen diese Feinde aufzustellen, die uns eines Tages rächen werden.

Napoleon wartete nicht einmal auf die Ankunft von Mr. Monroe, nachdem er sich entschieden hatte, sondern schickte sofort nach Mr. Livingston und eröffnete die Angelegenheit sofort mit ihm. So wenig hatten unsere fähigsten Staatsmänner, Mr. Livingston ausgenommen, den Kern der Sache berührt, dass Napoleon ihn damit überraschte, als Mr. Monroe mit der Vollmacht des Kongresses, nur über die Abtretung von New Orleans und den Floridas zu verhandeln, kam und ihn damit überraschte Eine Meisterleistung der Politik, die nicht einmal Mr. Jefferson vorhergesehen hatte. Und so wurde von unserer Seite ohne entsprechende Befugnisse ein Vertrag [5] für ganz Louisiana geschlossen.

Der vereinbarte Preis betrug achtzig Millionen Franken, umgerechnet zwanzig Millionen Dollar. Davon sollten sechzig in Geld gezahlt werden. Die restlichen zwanzig sollten von den Vereinigten Staaten als Entschädigung für Schäden, die unserem Handel auf Anordnung des Direktoriums zugefügt wurden, einbehalten werden. Auf diese Weise wurde die Nation zum Treuhänder des sogenannten französischen Enteignungsfonds. Nun wurde der Grundsatz festgelegt, dass freie Schiffe kostenlose Waren herstellen. Als sie den Vertrag unterzeichnet hatten, standen die Kommissare auf und schüttelten einander die Hände. „Wir haben lange gelebt", sagte Livingston, „aber dies ist das edelste Werk unseres Lebens." Die Bemühungen von Herrn Jefferson, die geografische und politische Einheit der Vereinigten Staaten herbeizuführen, waren bisher völlig erfolgreich.

FUSSNOTEN

[1] „ MILLIONEN FÜR DIE VERTEIDIGUNG . " Dieser gefeierte Satz unseres Ministers Charles Cotesworth Pinckney fand in der gesamten Union Widerhall.

[2] DAS PFANDRECHT erlaubte die Anlandung und Lagerung von Waren auf ausländischen Märkten, bis sie an Bord eines Schiffes gebracht werden konnten. Ohne sie wären Tabak, Mais, Mehl und Bauholz des Westens von den Märkten der Welt ausgeschlossen gewesen.

[3] ZUSTAND CHRONISCHER REIZUNG. Verstärkt durch Spaniens zögerliches Vorgehen bei der Festlegung unserer Südgrenze, seine Weigerung, Natchez usw. aufzugeben, wie im Vertrag von 1795 vorgesehen. Angesichts dieser Haltung konzentrierten die Vereinigten Staaten ihre Truppen am Mississippi mit der Absicht, New zu erobern Orleans. England war bereit, im Falle eines Bruchs mit Spanien das Gleiche zu tun.

[4] LIVINGSTON, ROBERT R. , einer der Unterzeichner der „Erklärung", verdient den Namen des Urhebers des Louisiana-Kaufs.

[5] VERTRAG UNTERZEICHNET am 30. April 1803; am 13. Mai in die Vereinigten Staaten geschickt; Das Gesetz wurde am 21. Oktober ratifiziert, sieben Senatoren stimmten dagegen mit der Begründung, dass die Frage zunächst dem gesamten Volk vorgelegt werden sollte.

EIN BLICK AUF UNSEREN EINKAUF.

Bislang spielte Louisiana in der europäischen Politik eine Fußballrolle. Nun öffnet sich der Vorhang für eine ganz andere Szene.

Für fünfzehn Millionen erhielten die Vereinigten Staaten mehr Territorium, als die ursprünglichen dreizehn ursprünglich hatten.

Wie wir in einem früheren Kapitel gezeigt haben, verfügte unser Volk bereits über mehr als genug Land, und nur wenige Menschen waren damals klug genug, unsere nationale Größe in der Zukunft vorherzusagen. aber schließlich gehörte der Mississippi in seinem gesamten Verlauf uns, und die eine Frage von größter Bedeutung für den Westen wurde zu unseren Gunsten entschieden – endgültig und für immer geklärt.

Mit welchen konkreten Materialien für den Fortschritt beim Staatsaufbau errichteten die Vereinigten Staaten ihre Herrschaft über Louisiana? Die

Antwort wird zeigen, was die Franzosen und Spanier in mehr als zwei Jahrhunderten intermittierender Bemühungen geleistet haben.

EINE ZUCKERPLANTAGE IN LOUISIANA.

Zwei ziemlich große Städte, zwölfhundert Meilen voneinander entfernt, beherbergten etwa ein Drittel der gesamten Bevölkerung und kontrollierten den gesamten Handel. Das erste, New Orleans, war der Handelshafen für das Mississippi-Tal und seine Produkte. Das zweite, St. Louis, war ein Pelzhandelsposten mit Hauptverkaufsstelle in Kanada. Eines hatte eine gemischte Bevölkerung von achttausend bis zehntausend, Franzosen, Spaniern, Amerikanern und Schwarzen; In der anderen lebten insgesamt nicht mehr als zwölfhundert Menschen, von denen viele Schiffer waren, die einen Großteil ihres Lebens auf dem Wasser auf den Flüssen verbrachten oder bei umherziehenden Stämmen domestiziert waren. In beiden Gebieten waren die Franzosen am zahlreichsten, aber in ganz Louisiana zusammengenommen gab es fast, wenn nicht ganz, so viele Sklaven wie Weiße, obwohl es im Vergleich zu den Indianern, die damals dieses riesige Gebiet besetzten, nur eine Handvoll Weiße gab.

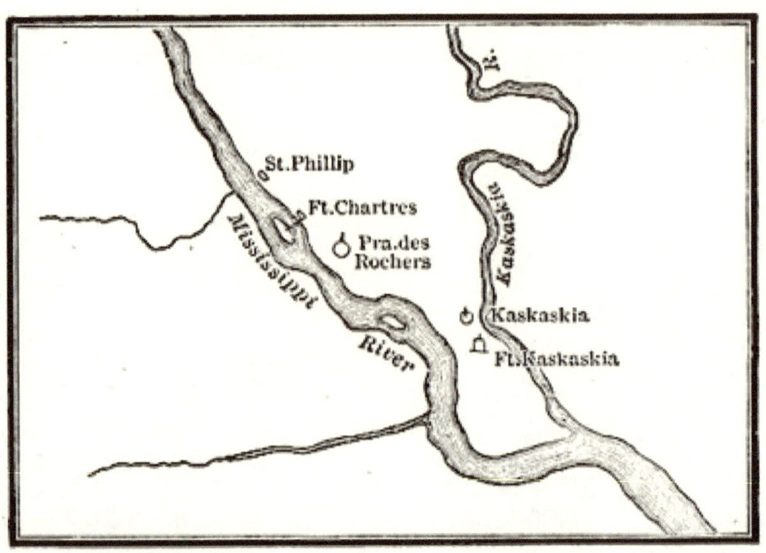

FRANZÖSISCHE SIEDLUNGEN: KEIM VON ST. LOUIS.

Zum Zeitpunkt der Abtretung an die Vereinigten Staaten gab es in New Orleans etwa 1400 Häuser, die größtenteils aus Holz gebaut und durchweg gemütlich waren. Zwei Stunden hätten alles in Schutt und Asche gelegt. Zum größten Teil waren einige Häuser aus Ziegelsteinen gebaut, manche ein- , manche zweistöckig, mit offenen Galerien, die um die Außenseite herumliefen, wie man es in den Tropen zu sehen pflegt; Doch obwohl es erst 1794 niedergebrannt worden war, war New Orleans beim Wiederaufbau kaum besser geworden und wies nach wie vor eine Ansammlung eilig errichteter Kasernen und Wohnhäuser auf, von denen allein das Hotel de Ville und die Parochial Church eine gewisse Rolle spielten verleiht dieser Stadt aus Holz und Schindeln großstädtischen Charakter.

Obwohl die Straßen geräumig waren, waren sie unbefestigt, schmutzig und schlecht gepflegt. Es gab keinen Abfluss und alles wurde auf die Straße geworfen. Sommerhitze entwickelte schnell epidemische Fieber. Daraus folgte, dass New Orleans den Ruf erhielt, die ungesündeste Stadt der Vereinigten Staaten zu sein.

Neben der Kirche und dem Hotel de Ville, dem Rathaus, gab es ein Militärkrankenhaus, ein Wohltätigkeitskrankenhaus und ein Nonnenkloster – allesamt von gleichermaßen unauffälliger architektonischer Gestaltung. Es gab auch ein Theater, in dem eine Gruppe, die durch den Aufstand aus St. Domingo vertrieben worden war, Theaterstücke zur Befriedigung der kreolischen Bevölkerung aufführte.

Wenn man nach Norden geht, können Natchitoches am Red River und Arkansas Post am Arkansas als Außenposten des Landes betrachtet werden, das unmittelbar von New Orleans abhängig ist. Jeder nutzte den Indianerhandel seines Flusses. Das erste war ein blühendes, das zweite ein armes Dorf. Als nächstes stoßen wir auf eine Gruppe von Siedlungen, die unter französischer und spanischer Herrschaft als Ober-Louisiana bekannt waren, mit St. Louis als Handelszentrum. Die wichtigsten davon waren New Madrid, [1] Cape Girardeau, St. Genevieve, Carondelet und St. Charles. Insgesamt zählte die Bevölkerung, von Arkansas bis Missouri und einschließlich St. Louis, etwa sechstausend, von denen mindestens tausend Sklaven waren, daneben eine Handvoll französisch-indischer Mischlingsjäger.

St. Louis war aus der Übertragung des Ostufers des Mississippi an Großbritannien entstanden. Anstatt nach englischem Recht als Ausländer zu leben, zogen viele französische Siedler mit Pierre Laclede [2] über den Mississippi an einen Ort, den sie bereits Pain Court nannten, wo sie im Februar 1764 eine neue Stadt mit diesem Namen gründeten von St. Louis, zu Ehren Ludwigs XV.

ALTES KLOSTER, NEW ORLEANS.

Bei diesen Menschen handelte es sich größtenteils um französische Kanadier – entweder Händler, Fallensteller oder Voyageure, die ihre Handelsbeziehungen mit Kanada weiterhin aufrechterhielten – obwohl sich ihnen auch ein paar Spanier und Amerikaner anschlossen, was St. Louis zu einer Stadt mit vielen Sprachen machte New Orleans. In beiden Fällen könnte sich ein Amerikaner in einem fremden Land unter Ausländern fühlen. Doch während New Orleans hinsichtlich Lage und Klima unter den schlechtesten Bedingungen aufgewachsen war, begann St. Louis ihre Karriere unter den besten Bedingungen von beidem. In New Orleans lebten die Menschen sozusagen auf einer schwimmenden Insel, die der Mississippi mit seinen Überschwemmungen überschwemmen konnte. St. Louis wurde auf einer weitläufigen Terrasse angelegt, erhöht über den vereinten Überschwemmungen des Missouri und des Mississippi. Abgesehen von seiner hohen und gesunden Lage war der von den Gründern von St. Louis für ihre zukünftige Stadt gewählte Ort der beste, der südlich der Mündung des Missouri River zu finden war. Dass der gesamte Indianerhandel des Oberlandes in den Schoß der jungen Metropole fließen sollte , wurde von ihren klugen Gründern schon früh vorhergesehen und bald erkannt.

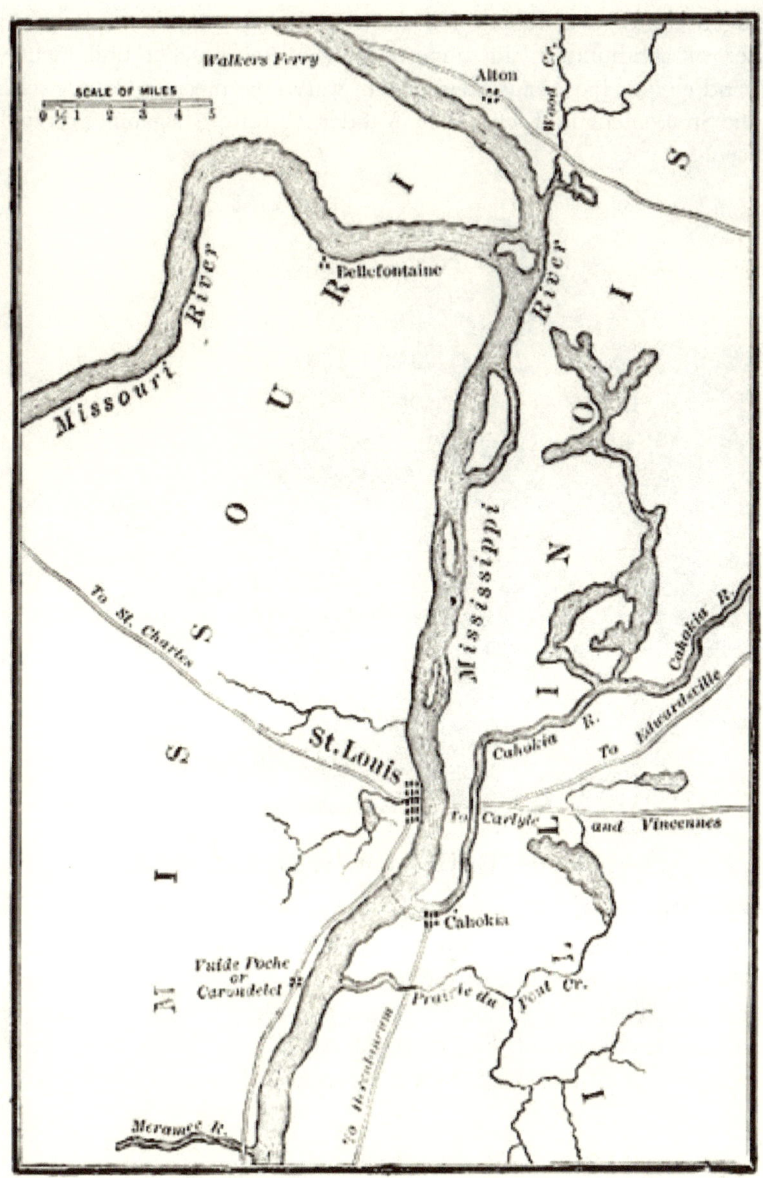

ST. LOUIS UND UMGEBUNG.

Von St. Louis in seinen Anfängen fehlt uns eine angemessene Beschreibung. Es war ein von Palisaden umgebenes Dorf, wie es auf diesen Seiten so oft beschrieben wird. Während des Unabhängigkeitskrieges (1780) widerstand es dem Angriff einer Plünderungsgruppe, die von den Seen gegen es geschickt wurde, verlor jedoch einige seiner Bewohner, die der Feind in die

Gefangenschaft verschleppte. Zu dieser Zeit hatte es einhundertzwanzig Häuser mit achthundert Einwohnern, die viel Vieh besaßen und züchteten. Während einige Häuser aus Stein waren, waren die meisten Häuser schäbig und die Straßen eng und schmutzig. Mit der Abtretung begann es schnell zu wachsen.

CHOUTEAUS TEICH, ST. LOUIS.

Als Pater Charlevoix, der jesuitische Historiker von Neu-Frankreich, 1721 den Mississippi hinabstieg, traf er einige Bergleute bei der Arbeit am Meramec an, die unter der Aufsicht der Law's Company standen. Auf der Suche nach Silber stießen die Bergleute auf Bleiglanzerz, das fortan eine Quelle des Reichtums für die Provinz darstellte und dessen Hauptprodukt größtenteils flussabwärts nach New Orleans gelangte.

FELSENTURME IN DER NÄHE VON DUBUQUE.

In dem Teil des Louisiana-Kaufs, der die Bundesstaaten Iowa und Minnesota umfasste, monopolisierte die North-West Company [3] von Montreal bis nach der Abtretung weiterhin den indischen Handel . Es hatte Posten am Sandy Lake und am Leech Lake. Prairie du Chien war zu einem Weiler herangewachsen. Julien Dubuque, ein französischer Händler, der zuerst aus Kanada dorthin gekommen war, erhielt die Erlaubnis, in den Bleiminen dort zu arbeiten, wo heute die Stadt Dubuque steht, und ließ sich dort nieder.

FUSSNOTEN

[1] NEUES MADRID . Kurz nach dem Unabhängigkeitskrieg erhielten Baron Steuben und andere hochrangige Offiziere von den spanischen Behörden Louisianas eine Landgewährung, auf der sie die Gründung einer Militärkolonie vorschlugen. Unter dieser Autorität wurde New Madrid 1790 von Colonel George Morgan aus New Jersey in großem Umfang angelegt. Der spanische Gouverneur Miro machte diese Pläne jedoch zunichte, indem er dort eine Festung errichtete. Der Ort wurde durch die Erdbeben von 1811–12 nahezu zerstört. CAPE GIRARDEAU und ST. GENEVIEVE waren Verschiffungshäfen für die Bleiminen des Landesinneren. Letztere

wird als älteste Siedlung in Missouri bezeichnet (1755). ST. CHARLES ,
zwanzig Meilen flussaufwärts des Missouri, wurde 1769 von Blanchette
besiedelt.

[2] PIERRE LACLEDE kam 1763 aus Lower Louisiana, um einen Pelzhandel
westlich des Mississippi zu eröffnen, zunächst nach St. Genevieve, dann
nach Fort Chartres. Die beiden Brüder Auguste und Pierre Chouteau waren
bei ihm. Er besaß eine Handelslizenz vom Gouverneur von Louisiana –
Nicollet-Edwards.

[3] NORTH-WEST COMPANY , der große Rivale der Hudson's Bay
Company; gebildet durch die Vereinigung (1784) konkurrierender
Interessen; Frobisher und McTavish, Manager; machte Geschäfte über
Grand Portage, Fond du Lac, Leech Lake usw.

II.
DIE PFADFINDER.

LEWIS UND CLARKE BEKOMMEN DEN MISSOURI.

„Um sich in den endlosen Wäldern zu verlieren

Wo rollt der Oregon?

Herr Jefferson hatte sein Gespräch mit Ledyard in Paris nie vergessen. Es war der Leitgedanke künftiger Projekte. Noch bevor Louisiana uns gehörte, begann er Schritte zu unternehmen, um es erforschen zu lassen, teils mit der Absicht, seinen tatsächlichen Wert zu ermitteln, vor allem aber, um festzustellen, ob die Flüsse Missouri und Columbia eine praktikable Überlandroute für den Handel mit dem Pazifik darstellen würden. Wenn sie das täten, wäre die Entdeckung des Jahrhunderts gemacht. Es war der allererste Schritt, der unternommen wurde, um unter nationaler Schirmherrschaft eine Straße quer durch den Kontinent zu eröffnen, und ist als solche von historischer Bedeutung, die weit über die ziellosen Irrfahrten einiger wandernder Pelzhändler hinausgeht, die bisher die einzigen Geographen waren dieser interessanten Region.

Abgesehen davon, dass sie ihren Ursprung irgendwo in der großen Rocky-Mountain-Kette hatten, war über die höheren Quellen des Missouri so gut wie nichts bekannt. Tatsächlich lernte man etwas von den französischen Händlern, die viele Jahre lang Kanufahrten auf dem Missouri unternommen hatten. Diese Abenteurer waren in die Osage-, Kansas- und Platte-Region vorgedrungen . Ihnen verdanken wir die Namen, die diese Bäche heute tragen und die, mit Ausnahme der Platte [1], von den Stämmen abgeleitet sind, die ihre Ufer bewohnen. Aus dem gleichen Grund wurde dem großen Missouri [2] selbst dieser Name von den französischen Entdeckern gegeben, weil sie seinen bestehenden indianischen Namen nicht kannten.

Aufgrund ihrer bekannten Aktivität und Unruhe im Charakter sollten wir erwarten, überall in einer Region, die sie jahrhundertelang besessen hatten, Beweise für die Anwesenheit von Franzosen zu finden. Wir stellen fest, dass die Abenteuerlustigsten nicht nur bis zum Yellowstone aufgestiegen waren [3], sondern sogar den Weg in die Black Hills gefunden hatten und so einen wichtigen Orientierungspunkt für die Nachkommen darstellten. Tatsächlich verdanken sowohl der Yellowstone als auch die Black Hills ihren Namen diesen Pionieren.

BERGZIEGE.

Aber das so gewonnene Wissen war bestenfalls kaum besser als das, was die Fata Morgana der Prärie selbst offenbaren würde. Es war vage, meist ungenau und oft völlig auf dem Kopf.

Daher konnte man am Missouri zwar gelegentlich einen Fallensteller oder Händler antreffen, doch in seinem gesamten herrlichen Tal gab es, abgesehen von den französischen Siedlungen, die in der Nähe seiner Mündung begannen, keine Besiedlung durch zivilisierte Menschen. Dieser Zustand ist umso bemerkenswerter, als er noch in der Erinnerung lebender Menschen vorhanden ist.

Abgesehen von ihren regulären Dörfern, die innerhalb weniger Stunden verlegt werden konnten, hatten die Indianer dieses Tals keine festen Behausungen, sondern durchstreiften die weiten, baumlosen Prärien in wilder Freiheit, wie umherziehende Araber der Wüste, ihre Fellzelte tragend die Rücken ihrer struppigen kleinen Ponys begleiteten sie von Lager zu Lager.

Diese Wanderer der Prärie hatten die gleiche barbarische Bildhaftigkeit, die gleichen wilden und freien Manieren, die gleichen diebischen Neigungen wie die Araber. Wie er legte der Indianer der Prärie den größten Wert auf sein Pferd, das zwar dem Willen seines Reiters unterworfen, aber dennoch ebenso ungezähmt war wie er.

Indianer ziehen in ihr Lager um.

Einmal im Jahr schlug das ganze Dorf seine Zelte auf und begab sich auf die alljährliche Büffeljagd. Am Vorabend der Abreise wurde ein feierlicher Tanz abgehalten und Opfergaben für den Gott der Jagd dargebracht, ohne dessen Hilfe sie glaubten, die Jagd sei vergeblich. Ihre Jagdlager wurden an einem Lieblingsplatz aufgeschlagen, wo Gras wuchs und es Wasser gab. Hier lebten sie in wildem Luxus und ernährten sich von dem Büffelfleisch, das die Jäger von der Jagd mitbrachten. Als sie genug Fleisch für ihren Wintervorrat gesammelt hatten, ritten sie zurück in ihre Dörfer und feierten mit Gesang und Tanz den Erfolg der Jagd. So jagten, aßen, schliefen sie und führten ständig Krieg miteinander. Das war ihr ganzes Leben lang.

Über die Columbia [4] war nichts Sicheres bekannt. Selbst in Amerika wusste man mehr über den Nil. Es wurde jedoch angenommen, dass seine höchsten Ströme mit denen des Missouri verflochten sein würden, etwa am Fuße derselben großen Gebirgskette. Sollte sich dies als wahr erweisen, könnte ein praktischer Übergang von einem zum anderen durch diese Berge entdeckt werden; Doch obwohl nichts Genaues über sie bekannt war, wurden die Schwierigkeiten als so ungewöhnlich empfunden, dass nur Männer von bewährtem Mut ihnen ebenbürtig waren. Offensichtlich sollte es keine Urlaubsreise werden. Welche Hindernisse sich dem Entdecker in den Weg stellten, welche Lebensbedingungen sich das Land leisten konnte, welche Art von Menschen man dort antreffen würde, waren Fragen, die bisher noch niemand zu lösen versucht hatte.

Mr. Jefferson machte sich daran, sie zu lösen. Er sah sich nach dem Mann um, der die Arbeit erledigen sollte. Seine erste Wahl fiel auf seinen eigenen

Sekretär, Kapitän Meriwether Lewis, [5] „von unerschrockenem Mut“, auf dessen Wunsch Kapitän William Clarke [6] wurde eingeladen, mitzumachen. Clarke nahm das Angebot mit großer Freude an. Beide waren junge Männer, beide hatten Einsatz an der Grenze erlebt, beide stammten aus Virginia und beide waren mit Leib und Seele bei dem Unternehmen, das sie anstrebten.

alles, was an den Ländern und Nationen, die sie durchqueren wollten, von Interesse war, sorgfältig zu notieren – was waren die Naturprodukte des einen oder die Anzahl, Veranlagung und Sitten des anderen.

Es sollte zunächst eine lange Reise werden – mindestens zweitausend Meilen. Das Beste, was die Regierung tun konnte, war, ein Kielboot von 55 Fuß Länge und 3 Fuß Tiefgang bereitzustellen, das ein großes Rahsegel und zweiundzwanzig Ruder trug. Ein halbes Deck an Bug und Heck bildete Vorschiff und Kabine, wobei die Mitte für die Ruderer offen blieb. Wie wir sehen, war dieses Schiff nur eine Abwandlung der Galeere der Antike und ähnelte ganz denen, mit denen die Spanier zwei Jahrhunderte zuvor unsere Küsten erkundeten.

So ausgerüstet trat die Gruppe den Ohio hinunter auf ihre lange Reise in den Pazifik an.

Die Spanier hatten uns St. Louis noch nicht überlassen, als die Expedition im Herbst 1803 dort eintraf. Sie bezog daher Winterquartiere am amerikanischen Ufer des Mississippi, gegenüber der Mündung des Missouri.

EIN MANDAN.

Es war Mitte Mai, bevor die Reise den Missouri hinauf beginnen konnte. Mit Segeln und Rudern wurde das tief beladene Kielboot langsam gegen eine schnelle gelbe Flut vorangetrieben, die hin und wieder schwimmende Bäume in seinen Kurs schleuderte oder es auf einer versteckten Sandbank zum Stehen brachte. Im Vergleich dazu war die Schifffahrt auf dem Ohio nur eine Vergnügungsreise. Die Platte wurde jedoch erst spät im Juli erreicht. Nicht weit oben landeten die Entdecker, um einen Rat mit den Otoes abzuhalten , weshalb sie dem Ort den Namen Council Bluff gaben.

In den letzten Oktobertagen des Jahres 1804 überwinterten sie in den Mandan-Dörfern, sechzehnhundert Meilen vom Mississippi entfernt. Bisher war die Reise nur ermüdend gewesen . Die wirklichen Schwierigkeiten fingen gerade erst an.

Der Winter wurde damit verbracht, sich auf die Arbeit der kommenden Saison vorzubereiten, zu jagen und zu erkunden und mit den Indianern zu sprechen, von denen man nun erfuhr, dass die weißen Männer nach vielen Tagen der Reise in Richtung der untergehenden Sonne zu einer Schlucht kommen würden wundersam tief und wild, wo der ganze Fluss schäumend mit donnerndem Getöse in die Tiefe stürzte. Sie sprachen sogar voller Ehrfurcht von dem einsamen Adler, der inmitten der Nebel des Katarakts sein Nest in einer toten Pappel gebaut hatte.

Mit Beginn des Frühlings (1805) machte sich die Gruppe bei guter Gesundheit und guter Laune wieder auf den Weg. Zuvor schickte Kapitän Lewis alle bis auf die tapfersten und stärksten Männer zurück, da er nun im Begriff war, eine Region zu betreten, die von räuberischen Wilden durchstreift wurde, deren Freundschaft am besten gesichert werden konnte, wenn man immer bereit war, gegen sie zu kämpfen, denn obwohl sie mutig waren, würden sie es tun Greifen Sie selten eine gut bewaffnete Gruppe Weißer an, es sei denn, der Vorteil liegt auf ihrer eigenen Seite.

Je weiter sie gingen, desto schwieriger wurde die Schifffahrt auf dem Fluss. Manchmal waren sie gezwungen, ihre Kanus mit Hilfe von Schleppleinen langsam vorwärts zu ziehen oder sie mit Stangen über flache Stellen oder durch gefährliche Stromschnellen zu schieben. Ihre Jäger versorgten sie mit Wild-, Bären- und Büffelfleisch, von dem sie nun größtenteils über Monate hinweg leben sollten.

Der Yellowstone wurde erreicht und passiert. Am 26. Mai kam die Gruppe in Sichtweite des Rocky Berge – eine lange Reihe schneebedeckter Gipfel, eingebettet zwischen Wolken. Am Ende des Monats umrundeten sie die Black Hills, oder *Côte Noire* der französischen Händler. Der Fluss wuchs jetzt schneller und sein Bett war dicht mit Steinen übersät. Seit sie die Mandan-Dörfer verlassen hatten, waren keine dauerhaften Behausungen mehr zu sehen, obwohl die Reisenden oft auf Spuren eines vorübergehenden Lagers stießen, wo der Boden mit den Überresten wilder Feste übersät war. Während die Männer müde und im Schneckentempo die Boote durch die Untiefen des Flusses schleppten, erkundeten die Kapitäne Lewis und Clarke mit dem Gewehr in der Hand das Land im Voraus. Wann immer man eine Klippe erklomm, um eine weitere Aussicht zu erhalten, konnte man Tausende und Abertausende Büffel beobachten, die still und heimlich in den Prärien fraßen, so weit das Auge reichte. Bei der abendlichen Rast am Lagerfeuer wurden dann die Ereignisse des Tages notiert, die Schwierigkeiten besprochen und die Chancen für den morgigen Tag besprochen, bei den Hirsch- oder Bärenfleischstücken, die die Jäger mitgebracht hatten. Bei Dunkelheit wurden Wachposten aufgestellt. Entspannung wich Disziplin. Frische Holzscheite wurden auf die lodernden Feuer geworfen. Die Männer legten sich in ihren Decken auf den Boden und vergaßen bald die Strapazen des Tages. Im Morgengrauen war das Lager wieder in Aufruhr.

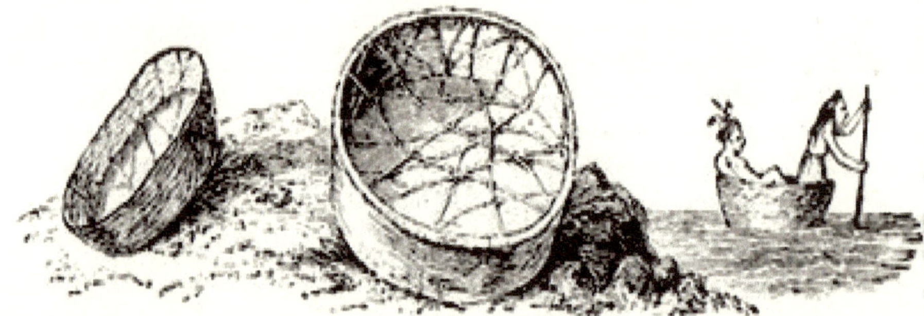

MANDAN SKIN-BOOTE.

FUSSNOTEN

[1] PLATTE ist französisch und bedeutet niedrig oder flach. Long sagt, dass es seinen Namen von der Tatsache ableitet, dass es breit und flach ist.

[2] DER MISSOURI. Das sagt Charlevoix. Marquette nennt es auf seiner Karte Pekitanoui . Nicht selten wurde er auch der Große Fluss der Osages genannt.

[3] YELLOWSTONE ist englisch für Roche Jaune, der alte französische Name. BLACK HILLS waren Côte Noire.

[4] DIE COLUMBIA. Vancouver hatte es (1792) bestiegen, hundert Meilen vom Meer entfernt.

[5] KAPITÄN MERIWETHER LEWIS , später Gouverneur von Louisiana, beging in einem Anfall von Depressionen Selbstmord.

[6] KAPITÄN WILLIAM CLARKE führte ein Tagebuch über die Expedition. Bruder von General George Rogers Clarke. Lewis führte auch ein Tagebuch.

Sie durchqueren den Kontinent.

Als Kapitän Lewis am 13. Juni seine Gruppe im Vorfeld erkundete, sah er in der Ferne einen dünnen, wolkenartigen Nebel aus der Ebene aufsteigen. Für ihn war es wie die Leitsäule, die die Israeliten durch die Wüste führte. Da er nicht daran zweifelte, dass es sich um den Großen Fall handelte, von dem die Mandaner ihm erzählt hatten und nach dem er suchte, eilte Kapitän Lewis darauf zu. Bald hörte er es deutlich brüllen, und ein paar weitere Stunden später stand er am Rande des Katarakts. Die Indianer hatten ihm die Wahrheit gesagt. Nicht einmal das Adlernest wollte ihre Beschreibung vervollständigen.

Er war der erste Weiße, der jemals dort gestanden hat, und er nennt es einen erhabenen Anblick.

Dreizehn Meilen Kaskaden und Stromschnellen! Mit rasender Geschwindigkeit stürzt der Missouri eine felsige Schlucht hinab, durch die er sich seinen Weg gebahnt hat, bald springt er über einen Abgrund, bald verliert er sich in den Tiefen des Canyons, [1] tausend Fuß unter der Ebene , oder wieder so Mit wiedergewonnenem Atem löste er sich von diesen dunklen Abgründen in das Licht des Lehms und sprang wieder weiter. Kein Wunder, dass der Entdecker alles andere als dieses wundersame Werk der Natur vergaß!

Es ging viel wertvolle Zeit verloren, die Boote und das Gepäck um diese Wasserfälle zu bringen. An ihnen vorbeizukommen war unmöglich. Es war notwendig, Kutschen zu bauen, auf denen die Boote von Hand über eine Distanz von achtzehn Meilen gezogen wurden, bevor sie wieder zu Wasser gelassen werden konnten.

Doch nachdem dies alles erledigt war, stellte sich heraus, dass die Boote für die Schifffahrt auf dem Fluss über ihnen ungeeignet waren, und so mussten aus den an den Ufern wachsenden Bäumen neue Boote gehauen werden, die den Stößen der Felsen besser standhalten konnten. Dort schiffte sich die Gruppe erneut ein und befand sich am 19. Juli gerade in einer fünf Meilen langen, tiefen Bergschlucht, durch die sich der Fluss zwischen Felswänden schlängelte, die tausend Fuß über ihre Köpfe ragten. Sie nannten diesen schrecklichen Canyon das Tor der Rocky Mountains.

Die Schifffahrt war nun fast am Ende. Jeden Tag wurden die Späher auf die Suche nach umherziehenden Indianern geschickt, von denen sie Pferde und Führer für die Überquerung der Berge bekommen konnten. Es konnten jedoch keine Indianer gefunden werden. Einem gut ausgetretenen Pfad war man bis hoch in die Hügel gefolgt, verlor sich aber wieder zwischen Engpässen, die so eng und steinig waren, dass die Späher, als sie zurückkamen, sagten, kein Reiter könne durch sie hindurchgehen. So schienen diese großen Berge, die ihnen so lange als Wegweiser und Orientierungspunkt gedient hatten, ihr weiteres Vorankommen nun streng zu behindern.

Doch auf jeden Fall müssen Pferde und Führer vorhanden sein. Kapitän Lewis sagte seinen Männern , er würde nicht zurückkommen, bis er sie gefunden hatte, und machte sich auf die verzweifelte Suche, wohlwissend, dass der Erfolg oder Misserfolg der Expedition von ihm abhing. Die Männer blieben dort, wo er sie zurückgelassen hatte. [2]

Während dieser Suche erreichte Kapitän Lewis am 12. August die höchste Quelle des Missouri. Dreitausend Meilen von seiner Mündung entfernt schrumpfte er zu einem Gebirgsbach zusammen. Als er von dort aus den trennenden Bergrücken überquerte, stieß er auf das Wasser, das sich als Columbia herausstellte. Also trank er innerhalb weniger Stunden von den Wassern beider. Mit neuer Hoffnung folgte er dem Bach den Berg hinab und führte ihn zu einem Dorf der Shoshone oder Schlangenindianer. [3]

TOR DER FELSIGEN BERGE.

Kein schiffbrüchiger Wanderer auf einem unbekannten Meer blickte jemals mit größerem Eifer auf ein rettendes Segel als Lewis auf diese ungehobelte und schäbige Behausung in der Wildnis. Die Indianer wollten nicht glauben, dass er die Berge zu Fuß und ohne Führer überquert hatte. Schließlich stimmten einige von ihnen jedoch zu, mit ihm zurückzukehren, und nachdem sie herausgefunden hatten, dass seine Geschichte wahr war, wurden den weißen Männern Pferde und Führer zur Verfügung gestellt.

So ausgerüstet machte sich die Gruppe auf den Weg durch die Berge und folgte dabei den dunklen Windungen eines Pfades, den nur die Indianer selbst kannten. Es war für sie ein harter Marsch. Manchmal führte es sie kilometerweit durch eine wilde Schlucht , die mit Steinen übersät war. Manchmal erklimmte die Karawane mühsam eine rutschige Höhe oder lief am Rand eines Abgrunds entlang, wo ein einziger falscher Schritt Pferd und Reiter kopfüber in den Grund der Schlucht geschleudert hätte.

Aber diese aktiven kleinen Pferde, die die Indianer ohne Sattel und Zaumzeug ritten, obwohl sie unbeschlagen und schlecht ernährt waren, verrichteten ihre Arbeit zur Bewunderung der weißen Männer. Obwohl sie mit ihren Lasten häufig ausrutschten und fielen, kamen sie mit der Beweglichkeit von Bergziegen schnell wieder auf die Beine.

Somit wurde fast ein Monat damit verbracht, durch die Berge zu gelangen. Schnee fiel und Wasser gefror zwischen diesen felsigen Höhen. An manchen Tagen waren fünf Meilen das Maximum, das sie erreichen konnten. Bei anderen kamen sie kaum voran. Der Überfluss, den sie in den Ebenen genossen hatten, wich der Knappheit oder Schlimmerem. Selten konnten die Jäger etwas anderes als einen Fasan, ein Eichhörnchen oder einen Falken zu Männern bringen, die vor Hunger ausgehungert und von einem anstrengenden Wandertag erschöpft waren. Die tägliche Nahrung bestand hauptsächlich aus Beeren und getrocknetem Fisch, von denen jeder einen Bissen bekam, aber keiner eine volle Mahlzeit. Wenn ein Pferd den Geist aufgab, wurde es getötet und mit Gier gefressen. Die Männer wurden krank und entmutigt unter der unaufhörlichen Arbeit, für die sie aufgrund des Mangels an nahrhafter Nahrung von Tag zu Tag unfähiger wurden. Kurz gesagt, jedes Leid, das Kälte, Hunger und Müdigkeit mit sich bringen konnten, mussten diese Entdecker ertragen.

Zerlumpt, halb verhungert und mit schmerzenden Füßen, aber gestützt durch den Mut ihrer Anführer, kamen die Entdecker auf der anderen Seite der Berge weniger wie Eroberer als wie Flüchtlinge an.

Ihre Führer führten sie weiter, vorbei an vielen Bächen, bis sie zu einem kamen, in den sie sicher einsteigen könnten, sagte man ihnen. Es war der Kooskooskee . Dies war etwa vierhundert Meilen von der Stelle entfernt, an der sie ihre Boote auf der anderen Seite der Berge zurückgelassen hatten. Sie hatten einen der südlichen Zuflüsse des Columbia River getroffen.

Hier baute die Gruppe Kanus, mit denen sie begann, den Fluss hinunterzufahren, wobei sie ihre Pferde bei den Nez- Percés -Indianern zurückließen [4], um sie vor ihrer Rückkehr zu bewahren. Innerhalb von drei Tagen mündete dieser Bach in einen größeren, dem sie den Namen Lewis River gaben. In sieben erreichten sie die Kreuzung eines größeren Zweigs aus dem Norden, den sie Clarke nannten. Sie befanden sich nun einigermaßen auf dem großen Fluss selbst. Sie paddelten hier entlang, bis sie den Punkt erreichten, wo der Columbia in einer Reihe toller Sprünge die hohe Kaskadenkette durchbricht. [5] Auch diese wurden sicher bestanden.

Es war jetzt Ende Oktober. Die Forscher hatten die ganze Zeit über Lager an den Ufern der Flüsse gefunden, denn die Indianer dieser Region ernährten sich ausschließlich von Lachsen, wie die Stämme, mit denen Mackenzie am Frazer River zusammengestoßen war. Überall dort, wo der Fluss von Stromschnellen unterbrochen wurde, befand sich ein bekannter Fischerort, sodass sich die Reisenden nun in einem Land des Überflusses befanden; aber je tiefer sie fielen, desto schäbiger wurden die Indianer, ihr Aussehen und ihre Statur wurden schlechter. Hätten sich diese Leute unfreundlich gezeigt, hätten Lewis und Clarke vielleicht nie das Meer erreicht, denn das Tal war überall sehr bevölkert.

LACHSFANG, COLUMBIA RIVER.

Seit dem Verlassen der Kaskaden häuften sich die Anzeichen einer Annäherung an das Meer. Bis zu diesem Zeitpunkt waren bei den Indianern keine Schusswaffen gesehen worden. Viele hatten inzwischen Waffen und zeigten sich gegenüber den Weißen immer anmaßender. Sie überquerten den Fluss in großen Kriegskanus, an deren Bug und Heck Bilder angebracht waren, wie bei den alten Wikingern . Aber unsere Männer hatten keine Angst vor ihnen. In Kleidung, Aussehen und Lebensgewohnheiten waren sie bereits mehr als die Hälfte Indianer . Sie hatten gelernt, Hundefleisch zu essen und ihre Betten zu machen, wo auch immer die Nacht sie fand.

Bald wurden die Gezeiten beobachtet. Am 7. November war in der Ferne das Brüllen der Brandung zu hören. Endlich hatten sie ihr Ziel erreicht.

Ein höchst unwirtlicher Empfang erwartete die Entdecker. Sie waren in der Regenzeit an der Küste angekommen. Die Überschwemmungen trieben sie von ihrem ersten Lager auf der Nordseite auf die Südseite des Flusses, wo sie sich daran machten, sich Winterquartiere zu bauen. Die kleine Ansammlung von Hütten wurde Fort Clatsop genannt, nach dem Stamm, auf dessen Land sie stand und über dem die Flagge wehte, die die Entdecker mitgebracht hatten. Hier wurde der Winter verbracht.

Im März 1806 traten die Entdecker ihre Heimreise an. An den Falls of the Columbia kauften sie Pferde, die sie dorthin brachten, wo ihre eigenen zurückgelassen worden waren. Von hier aus reisten sie auf östlicher Linie durch die Berge, bis die Quelle des Clarke's River getroffen wurde. Die Partei war daraufhin gespalten. Eine Gruppe unter Lewis überquerte die Berge bis zum Quellgebiet des Maria River, während die andere, unter der Führung von Clarke, weiter unten an ihnen vorbeiging und so die Quellen des Yellowstone erreichte, von wo aus sie zum Treffpunkt trieben.

FUSSNOTEN

[1] CANON . Spanisch für Schlucht oder Schlucht; ausgesprochen: *kan -yon* . Das Wort hat sich im Westen eingebürgert.

[2] LAGER AM MISSOURI , an der Quelle des Jefferson River.

[3] SHOSHONE oder SCHLANGEN bewohnten das Land westlich der Berge und südlich des Salmon River. Sie hatten den Brauch, ihre Mokassins auszuziehen, wenn sie einen Fremden trafen und Freundschaft zeigen wollten.

[4] NEZ PERCÉS oder Durchbohrte Nasen lebten in der Nähe der Gewässer des Kooskooskee und Lewis, nördlich der Shoshones.

[5] DIE CASCADE MOUNTAINS haben ihren Namen von den Kaskaden, die der Columbia auf seinem Weg durch sie bildet.

PIKE ERKUNDET DAS ARKANSAS VALLEY.
PIKE'S PEAK EIN WAHRZEICHEN .

Während einer Expedition in den oberen Mississippi in den Jahren 1805 und 1806 hatte Leutnant Zebulon M. Pike [1] eine solche Begabung für die Arbeit eines Forschers gezeigt, dass er sofort ausgewählt wurde, einen anderen zu den Quellen zu führen die Arkansas. Pike wurde angewiesen, durch das Land der Osages zu reisen, mit denen sich die Kansas-Nation damals im Krieg befand, und, nachdem sie einen Frieden zwischen ihnen geschlossen hatten, „die Richtung, Ausdehnung und Schifffahrt der Arkansas und Red Rivers festzustellen".

Auf diesen Befehl hin verließ Pike im Juli 1806 St. Louis in Richtung der Osage-Dörfer, in Ruderbooten, die etwa fünfzehn Meilen am Tag zurücklegten, wobei seine Männer sich von den Bären, Hirschen und Truthähnen ernährten, die an den Ufern getötet wurden. Als wir in den Osage River mündeten, erreichten wir die Indianerdörfer etwa Mitte August, und Pike begann hier, seine Gruppe für die lange Landreise vor ihm aufzustellen.

Nachdem dies erreicht war, machte sich die Gruppe auf den Weg zu den Pawnee-Dörfern auf der Platte. In der Nähe des Grand Osage Village hatte Peter Chouteau, [2] ein französischer Händler, ein Handelshaus, das das letzte Zeichen der Zivilisation war, das die Entdecker sehen würden, bis die spanischen Siedlungen von New Mexico erreicht wurden.

Am 1. September wurden die Zelte abgebaut. Die Erkundungsgruppe ritt in bester Stimmung davon, begleitet von einer zahlreichen Truppe von Kriegern, die auf diese Weise denjenigen Ehre erwiesen, die sie als ihre Gäste betrachteten.

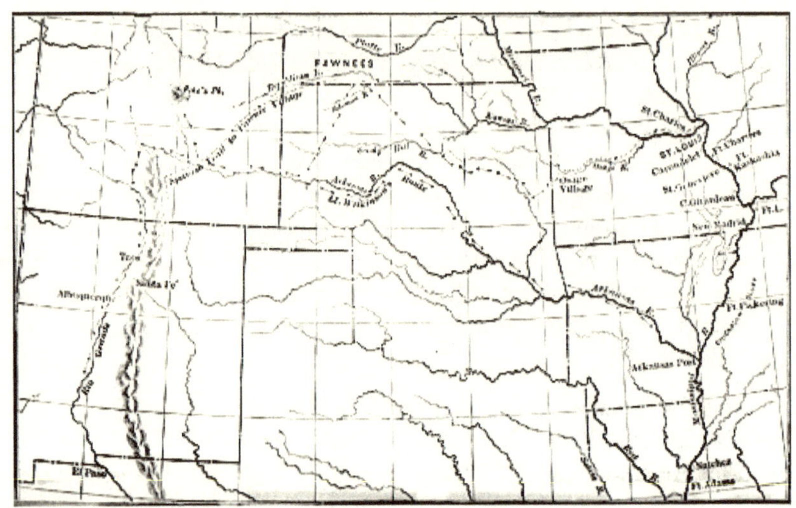

KARTE, DIE DIE ERKUNDUNGEN VON LIEUTENANT PIKE VERANSCHAULICHT.

Nachdem er dem Osage über eine gewisse Strecke gefolgt war, schlug Pike quer durch das Land zum Neosho ein, einem Nebenfluss des Arkansas. Als er weiter über den trennenden Bergrücken ritt, tauchten vor seinem Blick die Prärien von Kansas wie ein Zauberbild auf. Er schien einen Winkel vom Paradies selbst zu entdecken.

Von den Neosho ging Pike zum Smoky Hill Fork in Kansas und von dort zu den Republikanern, um den Pawnees Freundschaft anzubieten, deren schlechter Ruf jedoch nichts Gutes für seine Mission verhieß.

Indische Grabstätte.

Als er in ihre Dörfer kam, hatten die Pawnees gerade Besuch von einer Botschaft erhalten, die aus New Mexico geschickt worden war, um Misstrauen, wenn nicht gar Feindschaft gegenüber den Amerikanern zu säen. Die Spanier waren mit dreihundert Mann gekommen, an deren Seite Pikes dreiundzwanzig wirklich klein aussahen, und zeigten den Pawnees die Anzahl der Krieger an, über die jede Nation verfügte. Daher gaben sie sich keine Mühe, ihre Verachtung zu verbergen.

Pike empfand sie in dieser Stimmung. Da er wusste, dass es niemals genügen würde, Angst zu zeigen, hisste er seine Flagge in der Hauptstadt, um ihnen klarzumachen, dass böse Blicke und unhöfliche Worte ihn nicht von seinem Ziel abbringen konnten, sie dazu zu bringen, Respekt vor der Regierung der Vereinigten Staaten zu zeigen, selbst wenn dies der Fall wäre verspürte eine Vorliebe für die Spanier.

Nachdem seine Mission in diesem Viertel gescheitert war, kehrte Pike nach Arkansas zurück, das er am 18. Oktober erreichte. Zu diesem Zeitpunkt wurde Leutnant Wilkinson flussabwärts geschickt, während Pike selbst damit begann, den Fluss bis zu seiner Quelle aufzuspüren. Als er dies getan hatte, wollte Pike zum Ursprung des Red River überqueren und ihn dann nach Natchitoches hinabsteigen, um so die ihm auferlegte Arbeit abzuschließen, die, wie wir gesehen haben, teils diplomatischer, teils geografischer Natur war; denn die Regierung wollte, dass die Eingeborenen nicht nur uns gegenüber, sondern auch untereinander Frieden hielten. So sind wir bei unserem Neukauf zumindest mit einer soliden Indianerpolitik an den Start gegangen.

So würden Pikes Erkundungen die gesamte große Zentralregion umfassen, die zwischen den Gewässern des Red River und des Platte River und den Rocky Mountains liegt und heute vielleicht die fruchtbarste und bevölkerungsreichste im gesamten Großen Westen ist.

Aber Pikes Pläne waren zum Scheitern verurteilt, und er selbst musste Leiden erleiden, unter denen ein Mann von schwächerer Form gesunken wäre. So wie es war, dienten sie dazu, jene großartigen Qualitäten hervorzuheben, die ihn im Alter von dreiunddreißig Jahren in den Rang eines Generals erhoben und seinen Namen in unseren militärischen Annalen berühmt machten.

Am 15. November erblickte er die hohen spanischen Gipfel. Bald vergrub sich der immer kleiner werdende Fluss, dem er folgte, zwischen den Hügeln, wo er nicht mehr zu sehen war. Mit der Absicht, sich einen besseren Überblick über das Land um ihn herum zu verschaffen, begab sich Pike auf eine Erkundungstour, bei der er den erhöhten Gipfel bestieg, der jetzt so passend seinen eigenen Namen trägt, und von dessen Gipfel aus sich eine unvergleichliche Aussicht bot.

Mittlerweile hatte der Winter Einzug gehalten. Die Schwierigkeiten vervielfachten sich von Tag zu Tag. Die Bäche waren zugefroren oder in Schneeverwehungen begraben, so dass es nahezu unmöglich war, ihnen in die Schluchten zu folgen, in denen sie entstanden. Pike wusste nicht, wo er nach den Quellen des Red River suchen sollte. Seine Suche danach war vergeblich und wurde von den Hügeln verführt, bis er die Orientierung verlor. Zurückgeschlagen, aber nicht bestürzt, verbrachte er dann Tage damit, die Spur wiederzugewinnen, die die Spanier auf ihrem Weg von Santa Fé zum Platte hinterlassen hatten. Es wurde durch Frost und Schnee ausgelöscht. Überall ratlos wanderte seine Gruppe wie verlorene Männer hin und her , oft ohne Nahrung und Obdach, aber von ihrem unbesiegbaren Anführer zu neuen Anstrengungen geleitet und ermutigt.

PIKE'S PEAK.

Schließlich, als die Gruppe fast erschöpft war, erreichte sie das Ufer eines Baches, von dem Pike glaubte, dass er derjenige war, nach dem er suchte. Man kann sich heute kaum vorstellen, dass dieser verzweifelte Kampf ums Leben in den Vergnügungsparks Colorados stattfindet.

Da Menschen und Tiere vor Erschöpfung erschöpft waren und alle aus Mangel an lebensnotwendigen Dingen zu sterben drohten, beschloss Pike, nach Santa Fé zu schicken , um Hilfe zu holen, ohne die er den Ort, an dem er sich damals befand, nicht verlassen konnte. Dr. Robinson bot sich an, diesen Auftrag zu übernehmen. Er war einer der stärksten Männer der Gruppe und als Jäger nach Pike der zweitgrößte. Die Hoffnungen der Entdecker gingen mit ihm. Als er gegangen war, machten sich alle, die noch arbeiten konnten, daran, ein Blockhaus zu bauen, zum Schutz oder zur Verteidigung .

Eines Tages, als Pike auf der Jagd war, ritten zwei Fremde auf ihn zu. Sie waren aus Santa Fé gekommen . Robinson war wohlbehalten angekommen und man würde bald von ihm hören. Pike empfand kein Misstrauen ihnen gegenüber und nahm diese Fremden mit in sein Lager. Zu seiner

Überraschung erfuhr er dann, dass er nur zwei Tagesreisen von Santa Fé entfernt war .

Diese Besucher waren noch nicht viele Tage weg, als eine Schwadron spanischer Reiter zum Blockhaus ritt. Der kommandierende Offizier teilte Pike dann mit, dass er am Rio Grande auf spanischem Boden lagerte. Es war nun klar, dass die ersten Besucher ausgesandt wurden, um Pikes Rückzugsort auszukundschaften, während diese Truppe nachzog, um die Amerikaner gefangen zu nehmen. Es stellte sich auch heraus, dass sie verdächtigt wurden, die Provinz [3] New Mexico erobern zu wollen.

Pike ging nach Santa Fé, um zu erklären, warum er beim Betreten spanischen Territoriums ertappt wurde, aber zusammen mit seinen Männern als Gefangener festgehalten wurde, deren Aussehen, wie er es beschreibt, der beste Beweis für die Strapazen ist, die sie während ihrer Verirrung in den Bergen durchgemacht hatten. Er sagt,-

„Als wir uns in Santa Fé präsentierten, trug ich blaue Hosen, Mokassins, einen Deckenmantel und eine Mütze aus scharlachrotem Stoff mit Futter aus Fuchsfellen, und meine armen Kameraden trugen Leggings, Lendenschurz usw Ledermäntel. In der ganzen Gruppe gab es keinen Hut. Unser Aussehen war für uns alle äußerst demütigend, besonders als Soldaten; und obwohl einige der Offiziere häufig zu mir sagten: „Wert macht den Mann", war doch der erste Eindruck gegen die Unwissenden gerichtet ist, ist schwer auszurotten; und es gibt keinen größeren Beweis für die Unwissenheit der einfachen Leute hier als ihre Frage, ob wir wie die Indianer in Häusern oder Lagern lebten oder ob wir in unserem Land Hüte trugen.

Nach einer kurzen Haft wurden die Entdecker unter bewaffneter Eskorte über El Paso, San Antonio und Natchitoches in die Vereinigten Staaten zurückgeschickt. Pikes Papiere wurden ihm weggenommen, wodurch die Welt der interessanten Details beraubt wurde, nach denen damals eifrig gesucht wurde, die nun aber größtenteils aus dem Gedächtnis geliefert werden mussten.

Zur gleichen Zeit, als Pike mit diesen Erkundungen beschäftigt war, wurden Gruppen den Red River und den Washita River hinauf geschickt, um den Umfang seines Unternehmens zu erweitern. [4]

FUSSNOTEN

[1] ZEBULON MONTGOMERY PIKE , geboren 1779 in New Jersey. Er wurde getötet, als er 1813 einen Angriff auf York (Toronto), Oberkanada,

anführte, nachdem er damals den Rang eines Brigadegeneral erreicht hatte. Seine Expedition in den oberen Mississippi in den Jahren 1805 bis 1806 bestand darin, das Land offiziell in Besitz zu nehmen und die britischen Eindringlinge der Nordwestkompanie aufzufordern, es zu verlassen. Seine Ziele waren hauptsächlich politischer und militärischer Natur. Zu dieser Zeit kaufte Pike von den Indianern das Gelände, auf dem Fort Snelling steht, und der Posten wurde nach Colonel Josiah Snelling benannt, einem angesehenen Offizier der US-Armee.

[2] AUGUSTE und PIERRE (PETER) CHOUTEAU . (Siehe Anmerkung 2, „Erwerb von Louisiana".) Gründer von St. Louis mit Laclede. Auguste leitete die Partei, die hier ihre Tätigkeit aufnahm. Mit der Zeit wurden die Brüder zu den größten Pelzhändlern des Westens. Den Posten bei den Osages hatte Peter inne, der später zum Agenten der Vereinigten Staaten für dieses Land ernannt wurde.

[3] EIN ENTWURF ZUR EROBERUNG DER PROVINZ . Die spanischen Behörden waren gewarnt worden, vor der Filibuster-Expedition von Aaron Burr auf der Hut zu sein. Sie hielten Pikes Erscheinen an ihrer Grenze für einen Teil von Burrs Plan und gaben vor, dass die Erkundung ein Deckmantel für feindliche Absichten sei. Obwohl Burrs Verschwörung im Großen und Ganzen eine interessante Episode darstellt, hat sie im Plan dieses Bandes keinen Platz. Seine Geschichte sollte jedoch von jedem Schüler gelesen werden.

[4] RED und WASHITA wurden von Dunbar, Hunter und Sibley erkundet.

NEW MEXIKO IM JAHR 1807.

Obwohl Pikes Expedition in ihren Hauptzielen ergebnislos zu sein scheint, verdanken wir seiner Gefangennahme einen interessanten Bericht über New Mexico, wie er es damals sah.

„Das Dorf der Warm Springs oder Aqua Caliente", erzählt er uns, „ bietet dem Auge aus der Ferne eine quadratische Umfriedung aus Lehmmauern, wobei die Häuser die Mauer bilden. Sie sind oben flach oder weisen auf einer Seite nur eine sehr geringe Steigung auf." Seite, wo Speierrohre das Wasser des schmelzenden Schnees und des Regens abführen, wenn es fällt, was, wie uns gesagt wurde, nur einmal in zwei Jahren vorgekommen sei.

DER YUCCA-BAUM: SPANISCHES BAJONETT.

„Die Häuser waren alle einstöckig, die Türen schmal, die Fenster klein, und in ein oder zwei Häusern gab es Talklichter. Dieses Dorf hatte eine Mühle in der Nähe, die an dem kleinen Bach mit dem gleichen Namen lag, was sehr gut war Mehl. Die Bevölkerung bestand aus vielleicht fünfhundert Indianern, zivilisiert, aber mit viel gemischtem Blut.

„Hier hatten wir einen Tanz, der Fandango genannt wurde, aber es gab noch einen anderen, der von den Mexikanern kopiert wurde und jetzt in den ersten Gesellschaften Neuspaniens getanzt wird und sogar am Hof von Madrid eingeführt wurde.

„Die größte natürliche Kuriosität sind die warmen Quellen, von denen es zwei gibt, von denen jede ausreichend Wasser für einen Mühlensitz liefert. Sie schienen mit Kupfer imprägniert zu sein und hatten eine Temperatur von mehr als 33 °C über der Bluttemperatur. Von diesem Dorf aus ... Im Krieg mit den Spaniern vertrieben die Indianer gleichzeitig zweitausend Pferde.

„St. John's (San Juan) war ebenfalls von einer Lehmmauer umgeben und beherbergte wahrscheinlich eintausend Seelen; seine Bevölkerung bestand ebenfalls hauptsächlich aus zivilisierten Indianern, wie in der Tat alle Dörfer von New Mexico, wobei die Weißen nicht ein Zwanzigstel ausmachten." Teil der Einwohner.

„Die Dächer dieses Dorfes sowie die Straßen waren überfüllt, als wir es betraten. An der Tür des öffentlichen Viertels wurden wir vom Priester empfangen. Als der Offizier, der meine Eskorte leitete, abstieg und ihn umarmte , alle armen Geschöpfe, die umherstanden, strebten danach, den Ring oder die Hand des heiligen Vaters zu küssen. Meine Männer wurden in die für sie vorgesehenen Quartiere gebracht, und ich ging zum Priester, der mir Kaffee, Schokolade oder was er sonst noch hatte, anbot , und bitte mich, mich in seinem Haus wie zu Hause zu fühlen.

„Santa Fé , die Hauptstadt, liegt am Ufer eines kleinen Baches, der von den Bergen herabfließt und nach Westen zum Rio del Norte fließt. Obwohl er nur drei Straßen breit ist, ist er etwa eine Meile lang. Gesehen Aus der Ferne fiel mir die Ähnlichkeit mit einer Flotte von Flachbooten auf, die im Frühling den Ohio hinuntertrieben. Es gibt zwei Kirchen, deren schöne Türme einen auffälligen Kontrast zum schäbigen Aussehen der sie umgebenden Häuser bilden.

„In der Mitte befindet sich der öffentliche Platz oder Plaza, dessen eine Seite die Flanke des Soldatenplatzes bildet, der durch runde Türme in den Ecken, die die vier Vorhänge flankieren, geschlossen und teilweise verteidigt wird: eine andere Seite des Der Platz besteht aus dem Palast des Gouverneurs, seinen Wachhäusern usw. Die dritte Seite wird von den Priestern und ihrem Gefolge eingenommen und die vierte von den Chapetones , die in der Stadt wohnen. Die Häuser sind im Allgemeinen nur ein Stockwerk hoch. Sie haben flache Dächer und sehen von außen sehr schäbig aus, obwohl einige reich möbliert sind, besonders mit Platten. Die geschätzte Bevölkerung beträgt viertausendfünfhundert Seelen. Als wir die Stadt betraten, war die Menge sehr groß und folgte uns Als wir abstiegen, wurden wir durch verschiedene Räume, deren Böden mit Büffelroben, Bärenfellen oder anderen Tierfellen bedeckt waren, in eine Kammer geführt, wo wir einige Zeit warteten, bis Seine Exzellenz erschien ."

KIRCHE, SANTA FÉ, MIT FORT MARCY.

Als Pike das Tal hinunter nach Texas fuhr, gewann er einige Einblicke in den Verkehr zwischen Old und New Mexico und seine regulierten Bewegungen.

„Wir passierten das Lager der Karawane", fährt er fort, „und zogen mit etwa fünfzehntausend Schafen in die anderen Provinzen, aus denen sie Waren zurückbringen. Diese Expedition bestand aus etwa dreihundert Männern, hauptsächlich Bürgern, die von uns eskortiert wurden ein Offizier und vierzig Soldaten. Sie kommen im Februar in Ciboletta zusammen und trennen sich dort bei ihrer Rückkehr im März. Eine ähnliche Expedition findet im Herbst statt. Zu anderen Zeiten des Jahres reist kein Bürger über die Straße, mit Ausnahme der Kuriere allein . Am Pass des Rio del Norte treffen sich die Kuriere und tauschen Pakete aus, wenn jeder in seine eigene Provinz zurückkehrt . Wir trafen auf eine Karawane von fünfzig Mann und wahrscheinlich zweihundert Pferden, beladen mit Waren für New Mexico.

„Am Samstagmorgen, dem 21. März, kamen wir durch ein bergiges Land am Paso del Norte an. Wir übernachteten im Haus von Don Francisco Garcia, einem wohlhabenden Kaufmann und Pflanzer. Er hatte in der Nachbarschaft zwanzigtausend Schafe und tausend Kühe. Wir wurden auf äußerst gastfreundliche Weise von Don Pedro Roderique Rey, dem Vizegouverneur, und Pater Joseph Prado, dem Pfarrer des Ortes, empfangen. Dies war bei weitem die blühendeste Stadt, in der wir bisher gewesen waren ."

GOLD IN COLORADO.
Die Geschichte eines Trappers.

Pike fand nur einen Amerikaner, der in Santa Fé lebte . Dieser Mann war ein Fallensteller gewesen, der an das wilde und freie Leben in der Ebene gewöhnt war, und dies war die Geschichte, die er erzählte.

James Pursley war ein Kentuckianer, der 1799 nach St. Louis gegangen war, angelockt von der Abenteuerlust, für die Männer seiner Klasse bereitwillig alle Annehmlichkeiten des zivilisierten Lebens aufgeben. Er gehörte zu den Männern, die wie Daniel Boone [1] dachten, es sei an der Zeit, weiterzuziehen, als er einen Baum nicht mehr so fällen konnte, dass seine Spitze nur noch wenige Meter von der Tür seiner Hütte entfernt lag.

also der Fallensteller des Westens voraus, der, während er vor der Zivilisation flieht, in Wirklichkeit gegen seinen Willen den Weg für ihr Kommen ebnet.

Pursley mit zwei Gefährten St. Louis und reiste nach Westen zum Kopf des Osage, wo sie eine erfolgreiche Jagd machten. Von dort aus machten sich die Fallensteller auf den Weg zum White River von Arkansas, um mit ihren Fellen nach New Orleans zu gehen, doch während sie sich auf die lange Reise vorbereiteten, stahlen ihnen die Indianer ihre Pferde.

Die Jäger verfolgten die Räuber bis in ihre Dörfer. Die Pferde waren da, aber die Indianer wollten sie nicht hergeben. Als Pursley einen Indianer auf seinem Pferd reiten sah, rannte er auf ihn zu und riss mit seinem Jagdmesser die Eingeweide des Pferdes auf. Der wütende Wilde rannte sofort zu seiner Hütte, um seine Waffe zu holen. Es hat Feuer verfehlt. Dann sprang Pursley mit seinem gezogenen Messer in der Hand auf ihn zu. Der Indianer flüchtete in eine Hütte voller Kinder und Squaws. Die Häuptlinge waren von der Tapferkeit der „verrückten Amerikaner", wie sie sie nannten, so beeindruckt, dass sie ihnen ihre Pferde wieder zurückgaben.

Pursley und seine Kameraden kehrten dann zu dem Ort zurück, an dem sie ihre Pelze versteckt hatten , und wollten auf dem Landweg nach St. Louis gehen, doch als sie sich dem Osage näherten, wurden ihre Pferde erneut gestohlen. Sie hauen sich ein Kanu aus einem Baumstamm und paddeln ohne weiteres Missgeschick den Osage hinunter, bis sie zu dessen Mündung kommen, wo das Kanu umkippt und die Jagd des ganzen Jahres verloren geht. Es gelang ihnen jedoch, ihr Pulver und ihre Waffen zu retten.

In Missouri trafen sie einen französischen Händler, der in das Mandan-Land reiste. Pursley verpflichtete sich sofort, ihn auf der Reise zu begleiten.

Als sie ihr Ziel erreichten, wurde Pursley mit einigen freundlichen Paducas und Kiowas auf eine Jagd- und Handelsreise geschickt , wobei sie einige Handelswaren mitnahmen. Im darauffolgenden Frühjahr wurden sie bei der Jagd an den Quellen des Platte-Flusses von feindlichen Sioux in die benachbarten Berge getrieben. Pursley schätzte ihre Zahl auf zweitausend, davon zehntausend Tiere. Nun , wurde diese Nation die Geißel der Great Plains genannt?

Da sie wussten, dass sie sich an der Grenze von New Mexico befanden, wurde beschlossen, dass Pursley mit einigen anderen nach Santa Fé gehen sollte , um zu erfahren, ob die Spanier sie gut behandeln würden, wenn sie dorthin kämen, um Handel zu treiben.

Nachdem der spanische Gouverneur ihnen eine gute Behandlung versprochen hatte, kehrten die indischen Abgeordneten zu ihren Truppen zurück, aber anstatt erneut die Gefangennahme durch die grausamen Sioux zu riskieren, hielt Pursley es für das Beste, dort zu bleiben, wo er war, unter einem zivilisierten Volk. Er kam im Juni 1805 in Santa Fé an und übte seitdem den Beruf des Zimmermanns aus. Leutnant Pike beschreibt ihn als einen Mann mit starkem Naturverstand, unerschrockenem Mut und als den ersten Amerikaner, der so weit in die Wildnis von Louisiana vorgedrungen ist.

Unter anderem erzählte Pursley Leutnant Pike, „dass er im Quellwasser des Platte Gold gefunden und einen Teil des jungfräulichen Erzes monatelang in seinem Schrotbeutel mit sich herumgetragen hatte; er war sich aber nicht sicher, ob er das jemals wieder tun sollte." Siehe, die zivilisierte Welt, und nachdem er den gesamten idealen Wert, mit dem die Menschheit dieses Metall geprägt hat, völlig verworfen hatte, warf er die Probe weg; dass er es unklugerweise den Spaniern gegenüber erwähnt hatte, die ihn oft gedrängt hatten, hinzugehen und ihnen den Ort zu zeigen, Da er jedoch davon ausgegangen war, dass es auf unserem Territorium läge, hatte er sich immer geweigert und befürchtet, dass dies ein Hindernis für seine Ausreise aus dem Land darstellen könnte.

Dieser Mann hätte kaum gedacht, dass die Entdeckung, von der er so wenig geglaubt hatte, eines Tages die Gründung eines großen Staates bedeuten würde, nachdem er ein halbes Jahrhundert lang untätig gelegen hatte.

FUSSNOTE

[1] DANIEL BOONE ging 1794 von Kentucky nach Missouri, als es noch eine spanische Provinz war. Der spanische Gouverneur teilte ihm zehntausend Acres im Distrikt St. Charles zu und machte ihn außerdem zum Syndikus des Distrikts. Derselbe Mangel an Prognosen, der ihn aus Kentucky verbannt hatte, brachte ihm dieses Stipendium ein. Im hohen Alter sah er sich gezwungen, beim Kongress um Erleichterung zu bitten, da

ihm diese Körperschaft eintausend Arpents Land im Distrikt St. Charles gewährte. Im Jahr 1811 war er noch als Trapper tätig. Ein Reisender sah ihn im Alter von vierundachtzig Jahren mit sechzig Biberfellen nach Hause zurückkehren. Er war damals ein gesunder alter Mann. Boone County und Booneville, Missouri, sind nach ihm benannt.

DIE FLAGGE IN OREGON.

Wir haben gesehen, dass Mr. Jeffersons Plan zur Sicherung des Handels im Großen Westen zwei Dinge für seinen Erfolg benötigte. Eine davon war eine Straße quer über den Kontinent. Das war gefunden worden. Der andere Wunsch war ein Hafen am Pazifik. Wenn dies erreicht wäre, würden nicht nur die Ressourcen Louisianas nach Osten und Westen offen stehen, sondern auch der Weg nach Indien gefunden und die Einheit Amerikas für alle Zeiten gesichert sein.

Da die Auswanderung gerade erst begann, den Mississippi zu überqueren, wog sie kaum im Gleichgewicht mit dem Handel, sondern folgte ihm so sicher wie Gras, das wächst, oder Wasser, das fließt.

unsere Regierung den Weg frei gemacht hatte, zögerten die Händler von St. Louis nicht lange, ihn zu nutzen. Im Jahr 1808 gründeten sie die Missouri Fur Company, die sofort einen Agenten in das begehrte Gebiet entsandte, wo er am Lewis River ein Handelshaus namens Post Henry gründete.

John Jacob Astor, ein Kaufmann aus New York, hatte die Idee, den gesamten Plan so umzusetzen, wie er in Herrn Jeffersons Kopf formuliert wurde, und zwar nicht als Monopolist, der von der Regierung mit ausschließlichen Privilegien geschützt wird, sondern als Privatperson, die ein Unternehmen unternimmt sein eigenes Urteil und untermauert es mit seinen eigenen Mitteln.

Herr Astor war ein kluger und sorgfältiger Kaufmann, der durch die Gewinne des Pelzhandels sehr reich geworden war. Er hatte das Geld. Er kannte den Preis für ein Biber- oder Otterfell auf jedem Markt der Welt. Er hatte das ganze ABC des Handels im Griff. Er war bei allem, was er unternahm, durchweg erfolgreich und sein Urteilsvermögen erweckte bei anderen Vertrauen, wie es überlegenes Geschäftstakt sicher ist. Daher hatte Herr Astor keine Schwierigkeiten, Partner für sein Unternehmen zu gewinnen. Es zeigte sich, dass der Schlüssel zum Erfolg in den Händen desjenigen lag, der zuerst die reichen Pelztäler des Columbia River besetzen sollte.

An den Vorbereitungen dieses fürstlichen Kaufmanns war nichts Geiziges, nachdem er sich einmal entschlossen hatte, sich auf das Abenteuer einzulassen. Alles wurde in äußerst großzügigem Maßstab konzipiert und nichts dem Zufall überlassen. Eine Kompanie von Agenten, Angestellten und Arbeitern wurde um Kap Hoorn geschickt, mit dem Befehl, eine Station am Columbia River zu eröffnen, falls sie zuerst am Boden eintreffen sollten. Eine andere Kompanie mit sechzig Personen, entweder Agenten, Fallenstellern, Führern oder Dolmetschern, reiste von St. Louis den Missouri und Yellowstone hinauf und so über die große schneebedeckte Bergkette in das Columbia-Becken.

schickte Herr Astor ein zweites Schiff mit weiteren Vorräten an Männern und Mitteln zur Columbia.

Die Tonquin, das Pionierschiff, erreichte die Columbia vor der Überlandgruppe. Ein Standort wurde zehn Meilen flussaufwärts auf der Südseite ausgewählt und sofort mit der Errichtung eines Handelspostens begonnen, so dass, als der Vormarsch der Überlandtruppe ihn erreichte (Januar 1812), in größter Not, Sie fanden Erleichterung innerhalb seiner Mauern.

Zu Ehren seines Projektors nannten die Erbauer ihre Siedlung Astoria. Seine Geschichte sollte kurz, aber ereignisreich sein. Erstens machte sich bald die Rivalität der britischen Nordwestkompanie bemerkbar. Seine Agenten verteilten sich über die oberen Gewässer Kolumbiens und unterbrachen so den indianischen Handel. Dann wurde der Fabrik die Nachricht überbracht, dass die Tonquin in der Nähe der Straße von Fuca von den Indianern, mit denen sie Handel trieb, gekapert und ihre Besatzung niedergemetzelt worden sei.

Das Schiff Beaver traf mit der dritten Abteilung im Mai 1812 ein. Auch sie segelte auf einer Handelsreise die Küste hinauf. Zu dieser Zeit wurde eine Gruppe von Astoria ausgesandt, um einen Handelsposten am Spokane River zu errichten, der, nachdem er bereits in Okonagon begonnen hatte, der zweite war, den diese Kompanie im Landesinneren gegründet hatte.

Im Juni 1812 brach der Krieg zwischen England und den Vereinigten Staaten aus. Es war Januar, als die Leute in Astoria davon hörten. Astors Agenten sahen sich auf der einen Seite von der Hilfe abgeschnitten und auf der anderen mit der Gefangennahme bedroht und verkauften das Anwesen an die North-West Company, in deren Hände es somit überging, nicht ohne den Verdacht einer geheimen Absprache seitens der Verkäufer. Das war im Oktober 1813.

Auf diese Weise endete ein Unternehmen, das klug geplant, mit reichlich Mitteln ausgestattet war und die vorbereitende Phase der Prüfung mit gesichertem Erfolg bestanden hatte, zu einem unrühmlichen Ende, weil der Regierung die Mittel fehlten, es zu schützen. Und so wurden die Amerikaner aus Oregon vertrieben und die Engländer in Besitz genommen, was ungefähr so war, als würde man dem Wolf das Recht geben , sich zu halten.

LOUISIANA ZUGELASSEN.

Louisiana trat 1812 der Union bei und war damit der achtzehnte Staat in der Erbfolge, da es sich um den ersten Teil des Territoriums handelte, das wir westlich des Mississippi erworben hatten. Louisiana ist daher der Grundstein des neuen Großen Westens.

Louisiana stand am Beginn einer Zeit des Unfriedens und Blutvergießens. England unternahm einen äußerst verzweifelten Versuch, New Orleans einzunehmen, mit der Absicht, die Kontrolle über den Mississippi zu erlangen oder zumindest einen Vorteil zu erlangen, von dem aus es den Vereinigten Staaten die Bedingungen diktieren konnte. Das Kriegsglück ging jedoch in der blutigsten Schlacht der Zeit gegen sie. Der Frieden war bereits geschlossen, als er erkämpft wurde, sodass die Bemühungen ebenso nutzlos wie kostspielig und heroisch waren.

III.
DER OREGON TRAIL.

Der Fänger, der Hinterwäldler und der Auswanderer.

Seit der Expedition von Lewis und Clarke wurden die Quellgewässer des Missouri von Jägern, Fallenstellern und Händlern frequentiert. Diese Männer durchstreiften jeden Winkel der Wildnis auf der Suche nach ihrem Lebensunterhalt, und obwohl sie grobe Geographen waren, offenbarten ihnen die entlegensten Bergeinsamkeiten schnell die Geheimnisse, die sie seit der Erschaffung der Welt bewahrt hatten.

Beginnen wir mit einem Porträt des Fallenstellers, wie es von Mr. Irving aus dem Leben gezeichnet wurde:

„Als der Handel mit Pelzen hauptsächlich auf Seen und Flüssen betrieben wurde, wurden die Expeditionen in Fledermäusen und Kanus durchgeführt. Die Voyageure oder Bootsführer waren die Basis im Dienst des Händlers, und sogar die zähen Männer des Nordens waren es." lassen sich gerne von Punkt zu Punkt ihrer Wanderungen paddeln.

„Mittlerweile ist eine völlig andere Klasse entstanden – die ‚Bergsteiger‘, die Händler und Fallensteller, die die riesigen Bergketten erklimmen und ihren gefährlichen Berufen inmitten ihrer wilden Nischen nachgehen. Sie ziehen zu Pferd von Ort zu Ort. Die Reitübungen, Daher scheint die Natur der Länder, die sie durchqueren, weite Ebenen und Berge, in denen sie tätig sind, sie körperlich und geistig zu einer lebhafteren Rasse zu machen als die Pelzhändler und Fallensteller früherer Tage. Ein Mann, der ein Pferd reitet, muss dies tun Sie unterscheiden sich wesentlich von einem Mann, der in einem Kanu kauert. Wir finden sie dementsprechend zäh, geschmeidig, energisch und aktiv; verschwenderisch in Worten, Gedanken und Taten; rücksichtslos gegenüber Härten, mutig gegenüber Gefahren, verschwenderisch gegenüber der Gegenwart usw gedankenlos gegenüber der Zukunft.

„Der amerikanische Fallensteller steht auf sich allein gestellt und ist unvergleichlich für den Dienst in der Wildnis. Setzen Sie ihn mitten in der Prärie oder im Herzen der Berge aus, und er ist nie ratlos. Er bemerkt jeden Orientierungspunkt und kann ihn zurückverfolgen." Sein Weg führt durch die eintönigsten Ebenen oder die verwirrendsten Labyrinthe der Berge. Keine Gefahr oder Schwierigkeit kann ihn erschrecken , und er verschmäht es, sich über jede Entbehrung zu beschweren.

Hinter dem Fallensteller, wenn auch in großer Entfernung, kam der Hinterwäldler. Dieser Mann war ein Produkt des amerikanischen Wachstums, der kontinuierlichen Expansion des Territoriums, aber niemals der freiwillige Vertreter der Zivilisation. Er ähnelte eher dem Schaum, der vom Kamm seiner immer weiter voranschreitenden Welle geblasen wurde.

Der wahre Hinterwäldler war einer, der wie Daniel Boone floh, als sich seine Mitmenschen näherten. Er war ein Einsiedler der Wahl. Er hat immer an den Rändern der Zivilisation festgehalten, auch wenn er es verachtete, ein Teil davon zu werden oder von ihren Vorteilen oder Annehmlichkeiten zu profitieren.

Dieser Mann machte eine kleine Lichtung, baute sich eine einfache Hütte aus Baumstämmen und lebte von der Jagd. Als er zum ersten Mal von einem Neukauf hörte, beeilte er sich, ihn zu kaufen, aber sobald ein neuer getätigt worden war, schulterte er sein Gewehr und seinen Rucksack und kehrte ohne Bedauern dem Heim den Rücken, das er kaum bewohnbar gemacht hatte, als ihn dieser neue Anfall von Unruhe schickte auf der Suche nach einem anderen. Auf diese Weise ebnete seine einsame Lichtung den Weg für den kommenden Siedler. Auf diese Weise verlief das Leben des Hinterwäldlers weit entfernt vom Trubel der Menschen. Frei von jeglichem Wunsch, seinen Zustand in irgendeinem veredelnden Sinne zu verbessern, hatte er kein höheres Ziel, als getrennt zu leben, keinen Gedanken daran, ein Werkzeug in der Hand des Fortschritts zu werden. In seinen Gewohnheiten und seiner Lebensweise ähnelte er eher einem Indianer als einem zivilisierten Wesen, denn die einzige Schule, in der er erzogen worden war, war die der Natur , und seine Vorlieben oder Instinkte führten ihn auf der Skala menschlicher Anstrengungen eher nach unten als nach oben.

Ein Auswandererlager.

Hinter dem Hinterwäldler folgte, wie die Vorhut einer Armee, die das Feld eroberte, der Auswanderer. Der Schritt seiner Ochsen und die Spuren seiner Wagenräder folgten dicht auf dem markierten Fußweg des scheidenden Pioniers. Zu Fuß stapfte er an der Spitze seiner weltlichen Besitztümer, so unbeschwert wie die Vögel, die im Wald um ihn herum sangen. Im Wagen waren seine Haushaltsutensilien zusammen mit Frau und Kindern verstaut, während seine bronzefarbenen und barfüßigen Jungen zu Fuß und in selbstgesponnener Kleidung die Kühe und Schweine die Straße entlang trieben. Bei Einbruch der Dunkelheit wurde der Wagen an einem klaren Bach angehalten, die Tiere ließen los, um das zarte Gras abzuschneiden, während die gute Frau mit einem Arm voll Reisigbündeln, die sie in der Nähe gesammelt hatte, bald damit beschäftigt war, ein bescheidenes Abendessen mit Speck und Gemüse zuzubereiten Kartoffeln, über der Glut ihres Lagerfeuers. Auf diese Weise reiste der Auswanderer manchmal Woche für Woche und Monat für Monat, bevor er einen für ihn passenden Aufenthaltsort fand.

Dieser Mann war gekommen, um zu bleiben. Als er eine Situation gefunden hatte, die ihm in den Sinn kam, machte er sich daran, Bäume für seine Hütte zu fällen. Am Missouri, wo die ersten Siedler hauptsächlich aus Tennessee und Kentucky kamen, bestand diese Behausung normalerweise aus zwei Häusern, die ein wenig voneinander entfernt gebaut waren, jedes nur einen

Raum enthielten und nur durch das Dach miteinander verbunden waren, so dass eine Öffnung im Inneren blieb Zentrum , wo die Familie normalerweise in der Hitze des Tages saß. Die Schornsteine waren aus Stöcken gebaut, mit Lehm verputzt und standen an der Außenseite des Gebäudes, wie es in den Südstaaten üblich ist. Es gab kaum Unterschiede zwischen den Wohnungen von Reichen und Armen. In diesen bescheidenen Wohnstätten wuchs die erste Generation zum Menschen heran und war heute der Gründer eines Imperiums.

Anders als der Hinterwäldler hatte der Siedler seine Lage verbessert , indem er mit dem Land aufwuchs und es nicht mit dem ersten Zeichen des Fortschritts aufgab. Hier lebte er zufrieden. Er teilte seine 40 Acres Prärieland auf, umzäunte und bepflanzte es und erntete aufgrund seiner Fruchtbarkeit bald eine reiche Ernte an Mais und Kartoffeln, die ihm zusammen mit seinen Schweinen und seinem Geflügel mehr als genug Nahrung lieferten, um seinen Bedarf zu decken. Obwohl die Annehmlichkeiten des Lebens in der Wildnis kaum zu erreichen waren, verfügte er über das Nötigste und konnte mit unserem gnädigen Dichter dem Stadtbewohner sagen :

„Wie kannst du in diesen Straßen gehen, der du den grünen Rasen der Prärie betreten hast?

Wie kannst du diese Luft einatmen, der du die süße Luft der Berge geatmet hast?"

LANGE ERKUNDET DAS PLATTETAL.

Vom Gipfel des Pike's Peak hatte Pike, der Entdecker, auf Regionen herabgeschaut, die von vier großen Flüssen bewässert wurden: dem Platte, [1] Arkansas, Rio Grande und Colorado. In diese dunklen Schluchten war er rücksichtslos gestürzt. Aber er hatte kaum mehr getan, als die Position des großen Wahrzeichens zu bestätigen, das die Natur an der Spitze dieser großen Flüsse platziert hat.

Der Krieg mit England hatte der Erkundung eine Zeit lang ein Ende gesetzt, aber mit dem Frieden war man entschlossen herauszufinden, ob die Platte nicht eine bessere Route als den Umweg bieten würde, den Lewis und Clarke zum Pazifik genommen hatten. Es wurde vermutet, dass es dort, wo dieser

Fluss aus den Bergen entspringt, Senken geben könnte, die den Zugang zum Land auf der anderen Seite auf einem für den Reisenden weniger beängstigenden Weg ermöglichen würden, als bisher gefunden wurde.

Zu diesem Zweck wurde Major Long [2] 1819 von Präsident Monroe nach Missouri geschickt. Da er ein Mann mit wissenschaftlichen Kenntnissen war, wurde von ihm ein gründlicherer und kritischerer Bericht erwartet, als ihn seine Vorgänger bisher vorgelegt hatten.

Longs Reise markiert eine besondere Ära in der Art des Reisens; Denn während Pike Ruderboote benutzt hatte, bestieg Long den Missouri in einem zu diesem Zweck in Pittsburg gebauten Dampfschiff und nannte es „Western Engineer". Mit diesem Schiff unternahm er die Reise nach Council Bluffs.

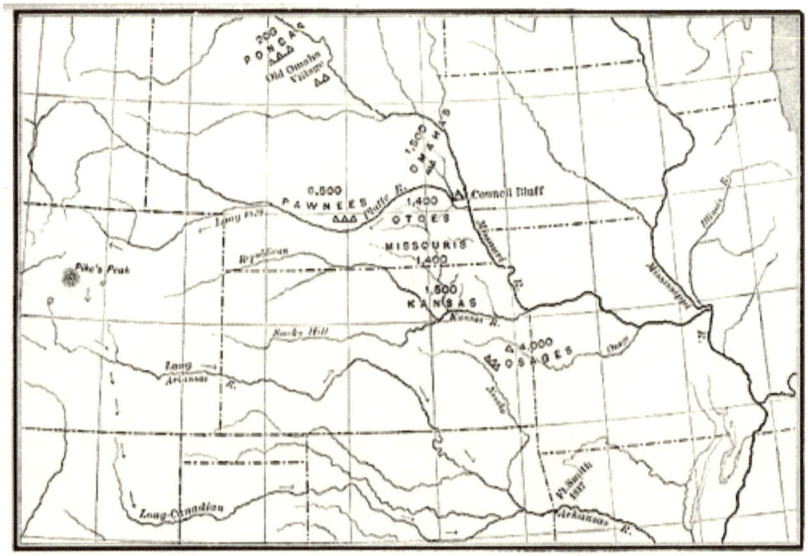

KARTE MIT LONG'S ERKUNDUNGEN.

Als Long den Missouri hinaufstieg, fand er die bevölkerungsreichsten Siedlungen in der Umgebung von St. Charles, im heutigen Callaway County und in dem Teil zwischen Osage und Chariton. Oberhalb des Chariton führte nur ein Pferdepfad, Trace genannt, nach Norden nach Council Bluffs.

In all diesen primitiven Siedlungen ließe sich der überragende Reichtum durch die Anzahl und Größe der Maiskörner, Räuchereien usw. anzeigen, aber nichts, was der Scheune ähnelte, die auf jedem Bauernhof in den Nordstaaten zu finden war, floss in die Gestaltung dieser Grenze ein Gehöfte.

Nachdem er den Winter in einem Lager in der Nähe von Council Bluffs verbracht hatte, kam Long auf seinem Weg in den Platte-Fluss zum Dorf der Otoe-Nation, das etwa vierzig Meilen oberhalb des Zusammenflusses des Platte-Flusses mit dem Missouri liegt. Als er von dort weiterging, betrat er das Pawnee-Land und fand dort einen freundlicheren Empfang, als Pike ihn kennengelernt hatte, aber er bekam auch wie er einen Eindruck von wilder Ritterlichkeit und Unabhängigkeit, wie er ihn nirgendwo sonst gefunden hatte. Die Tapferen dieser Nation hängten ihre Kriegsschilde in den Straßen des Dorfes auf, so wie die Kavaliere früher ihre Schilde vor ihren Zelten zu zeigen pflegten, damit jeder Passant anhand seines Schildes erkennen konnte, wer der Bewohner war.

Präriehundendorf.

Longs Gruppe bog den South Fork des Platte ab und erreichte die Berge im Juli 1820, nachdem sie seit dem Verlassen des Missouri eine Reise von fast tausend Meilen zurückgelegt hatte.

An einer Stelle hat dieser Reisende notiert, wie sie an einem großen und ungewöhnlich schönen Dorf des Präriemurmeltiers vorbeikamen, das sich über eine Grasebene von etwa einer Quadratmeile erstreckte. Als sie darauf zukamen, war diese Stelle zufällig von einer Herde von einigen Tausend Bisons bedeckt . Auf der linken Seite befanden sich eine Reihe wilder Pferde und direkt davor zwanzig bis dreißig Antilopen und etwa halb so viele Hirsche. Da es kurz vor Sonnenuntergang war, fiel das Licht schräg auf das Gras und verlieh seinem dunklen Grün einen zusätzlichen Glanz. Man sah die kleinen Bewohner des Dorfes spielerisch in alle Richtungen umherrennen, und wenn die Reisenden in ihre Nähe kamen, saßen sie aufrecht in ihren Höhlen und bellten kurz und scharf.

Eine Szene dieser Art umfasste das meiste, was für den vorbeikommenden Reisenden in den weiten, unveränderten Ebenen von Missouri und Arkansas schön und interessant war.

Bevor er diese interessante Region verließ, bestieg Dr. James, der Botaniker und Historiker der Expedition, den hohen Berg, der heute als Long's Peak bekannt ist (13. Juli). Als Longs Gruppe nach Süden abbog, traf sie bald auf das Wasser des Arkansas in der Nähe des Pike's Peak, von dessen Gipfeln sie die große Ebene, die sie überquert hatten, sahen, „wie sie sich erhob, während sie sich zurückzog, bis sie sich mit dem Himmel zu vermischen schien".

Im Flussbett nach Wasser graben.

Von diesem Punkt aus stiegen die Entdecker durch die Täler des Arkansas und seines größten Nebenflusses, des Canadian, nach Fort Smith und von dort durch die wachsenden Siedlungen des Territoriums [3] bis zum Mississippi, wo sie übrigens den berühmten Mississippi besuchten Heiße Quellen der Washita. Sie berichteten, dass die oberen Gewässer von Arkansas und Platte in Sandwüsten lagen, die für die Besiedlung durch den zivilisierten Menschen ungeeignet waren. Oftmals mussten die Entdecker im Flussbett graben, um an Wasser zu kommen, während das trockene Aussehen von allem um ihn herum, verursacht durch das Verschwinden der Flüsse [4] unter ihrem eigenen Sand, den Mangel an Holz und das Fehlen von Wild, prägte die gesamte Region als eine Region, der die Natur das Siegel ewiger Ödheit und Trostlosigkeit aufgedrückt hatte.

Die Summe dieser Entdeckungen hatte sozusagen die größeren Adern aufgezeigt, durch die letztendlich die Auswanderung, der Lebensnerv des Landes, fließen sollte.

FUSSNOTEN

[1] DIE PLATTE WURDE VON DEN Otoes Nebraska genannt , woher der Name des Staates stammt, in dem sie hauptsächlich liegt. Einige Autoritäten behaupten, dass das indische Wort dasselbe wie das französische Wort bedeutet, nämlich „flach" und „flach", was es gut beschreibt.

[2] MAJOR STEPHEN HARRIMAN LONG war Assistenzprofessor für Mathematik in West Point. Anschließend (1823-24) erkundete er den oberen Mississippi. Tagebuch der ersten Expedition, veröffentlicht 1823, der zweiten 1824.

[3] DAS ARKANSAS-TERRITORIUM wurde 1819 mit der Hauptstadt LITTLE ROCK GEGRÜNDET , damals ein Dorf, das auf einer Klippe am Anfang der hügeligen Region erbaut wurde. Der Name stammt von einem Felsen im Fluss, der bei Niedrigwasser freiliegt. FORT SMITH war ein neuer Militärposten. Weitere Siedlungen waren entlang des Arkansas vom White River Cut-off bis Belle Point und am Red River bis zum Kiamesha verstreut . Obwohl es viele gab, sagt Long, waren alle klein. Darüber hinaus gründeten die CHEROKEES AUCH SIEDLUNGEN AUF DEM ARKANSAS UM Cadron herum, die Long oft in Bezug auf den Komfort des Lebens denen der Weißen überlegen fand. Diese Menschen waren die Vorhut ihrer Nation, der die Regierung Ländereien im Arkansas-Territorium abgetreten hatte und die sich aus Georgia jenseits des Mississippi zurückzog. Sie besaßen schwarze Sklaven, genau wie die Weißen. Sie bauten beträchtliche Mengen an Baumwolle an, die sie für den Eigenbedarf zu Stoffen verwebten.

[4] VERSCHWINDEN DER FLÜSSE. Longs Gruppe reiste mehr als hundert Meilen entlang des trockenen Grundes des Arkansas, ohne jemals Wasser zu sehen. Natürlich eilten sie mit voller Geschwindigkeit durch diese Wüste.

MISSOURI UND DER KOMPROMISS VON 1821.

Vor langer Zeit, als die ursprünglichen Staaten noch Kolonien waren und die Bevölkerung von Massachusetts feierlich überlegte, wie sie sich von der Unterdrückung befreien könnte, wurde der Körperschaft, der diese ernste Frage anvertraut worden war, ein Brief vorgelesen, in dem sie gebeten wurde, über den Zustand von Massachusetts nachzudenken die Negersklaven in der Provinz.

Diese Männer hatten gerade gesagt, sie würden Rebellen genannt, weil sie keine Sklaven sein würden. Damit standen sie vor dem Dilemma, entweder ihre Erklärung einzuhalten oder ihre Anwendung auf sich selbst zu beschränken. Nach einiger Debatte wurde die Angelegenheit fallen gelassen, aber der Appell an ein Prinzip war geäußert worden, der Appell an das Gewissen der Menschen war angenommen worden, und da eine geheime Ursache, die unter Wasser arbeitet, die Unruhe unten kundtut, indem sie Blasen an die Oberfläche schickt, Daher bohrte diese Frage der Sklaverei von Zeit zu Zeit das Gewissen des Volkes und konfrontierte es auf Schritt und Tritt mit seiner Warnung.

Der Norden hatte die Sklaverei abgeschafft. Es hatte mehr bewirkt. Seine Stimme hatte die Sklaverei aus dem großen Nordwesten ausgeschlossen. Aber der Süden verdankte sein Wachstum der Sklavenarbeit, und wohin auch immer sein Volk ging, um neue Staaten zu gründen, brachte es seine Sklaven mit sich. Es war unvermeidlich, dass, wann immer freie und Sklavenarbeit auf dem gleichen Boden aufeinandertrafen, ein Konflikt zwischen ihnen entstehen musste, obwohl Staatsmänner bestrebt waren, das Entstehen eines Streits so lange wie möglich zu verhindern.

Es ist schwer, den Lauf der Dinge aufzuhalten oder die Logik der Zeit zu widerlegen. Schon zu Beginn der Union hatten die Menschen den kommenden Sturm voller Vorahnungen vorhergesehen, doch diese Männer waren nicht klüger als die Männer von Massachusetts im Jahr 1774; denn zur Zeit der Union war die Sklaverei möglicherweise so eingeschränkt, dass sie im Land schließlich ausgestorben wäre, oder es war ein Weg für die allmähliche Emanzipation der Schwarzen. Solche Schritte wurden zwar besprochen, aber nicht umgesetzt. So ließ man die Nation weitertreiben und überließ es den beiden gegnerischen Systemen, ihre eigenen Ergebnisse zu erarbeiten.

1819 beantragte Missouri die Aufnahme in die Union. Ihr Vorgehen und die Anerkennung der Sklaverei in der Verfassung stellten eine große Gefahr für die Republik dar, der selbst die klügsten Staatsmänner nur schwer entkommen konnten. Es löste heftigen Widerstand im Norden und ebenso vehemente Unterstützung im Süden aus. Unter französischer Herrschaft hielten die Menschen des entstehenden Staates Sklaven. Diejenigen, die seitdem eingereist waren, stammten größtenteils aus Sklavenstaaten und wollten die Sklaverei als Teil ihres sozialen und politischen Systems anerkannt haben.

Sie forderten dies nicht als Privileg, sondern als ein Recht, das ihnen durch die Verfassung selbst garantiert wurde, in der das Eigentum an Sklaven ausdrücklich anerkannt wurde. Deshalb standen sie standhaft für das, was sie als ihre Rechte betrachteten, und verteidigten die Sklaverei vor dem Vorwurf der Unmoral oder der Unmenschlichkeit von Mensch zu Mensch, da die Menschen die gerechteste Sache tun würden.

Der Norden vertrat im Großen und Ganzen die Auffassung, dass die Sklaverei ein Verbrechen sei, das von christlichen Menschen und aufgeklärten Gedanken überall herabgewürdigt werde und von dem sich die Nation befreien müsse. Es wurde gesagt, dass die Idee einer freien Nation, obwohl sie die Knechtschaft von Menschen befürworte, eine Verhöhnung der Freiheit sei. Viele legten die Verordnung von 1787 so aus, dass sie die Bildung von Sklavenstaaten aus neu erworbenen Gebieten, wenn nicht im Wortlaut, so doch zumindest im Geiste, verboten habe. Aber diese Männer hatten nicht vor, in die Sklaverei in den Staaten einzugreifen, in denen sie bereits existierte.

Um diese beiden unterschiedlichen Ideen gruppierten sich die Männer des Nordens und des Südens. Allen lag die Überzeugung zugrunde, dass eine Eindämmung der Ausweitung der Sklaverei eine Eindämmung der politischen Macht des Südens selbst bedeutete. Diese Ansicht machte den Süden zu einer Einheit, während im Norden die öffentliche Stimmung gespalten war, denn viele lehnten die Aufregung dieser Frage als den hereinbrechenden Keil ab, der die Republik auseinander spalten sollte.

Als daher der Kongress den Gesetzentwurf zur Aufnahme Missouris annahm, stellten die Gegner der Sklaverei ihn mit der Bedingung, dass später keine Sklaven in den neuen Staat gebracht werden sollten, während alle Kinder, die nach seiner Aufnahme dort geboren wurden, dies tun sollten frei im Alter von 25 Jahren. Mit der Zeit hätte dieser Zustand Missouri zu einem freien Staat gemacht.

Die Angelegenheit wurde heftig diskutiert. Von den damals zweiundzwanzig Staaten, aus denen die Union bestand, waren zehn Sklavenstaaten. Zwei bedrohliche Sätze waren zu hören. Das eine war „Staatsrechte", das andere „Mächtegleichgewicht". In der Heftigkeit des Parteikonflikts geriet der Patriotismus aus den Augen.

Das Repräsentantenhaus weigerte sich, Missouri ohne diese Bedingung aufzunehmen; der Senat weigerte sich, dies damit zu tun. Daher wurde Missouri zu diesem Zeitpunkt nicht aufgenommen.

Da die beiden Kammern auf diese Weise geteilt waren, war es offensichtlich, dass kein neuer Staat aufgenommen werden konnte, da die Südpartei, die die Kontrolle über den Senat hatte, nicht für die Aufnahme eines freien Staates stimmen würde, solange Missouri ausgeschlossen wurde und Maine dann bereit war als Freistaat hinzukommen.

Da keine Partei nachgeben wollte, versuchten die gemäßigteren oder schüchterneren Männer jeder Partei, einen Zwischenraum zu finden, auf dem die Fraktionen zusammenkommen konnten, wobei jede Partei etwas aufgab, um die Harmonie im Land wiederherzustellen. Schließlich wurde eine Einigung erzielt. Maine war ein Freistaat. Missouri wurde unter Sklaverei zugelassen, jedoch mit der Einschränkung, dass seine Südgrenze fortan die Grenze sein sollte, nördlich davon keine neuen Sklavenstaaten gebildet werden sollten. So wurde die Grenze zwischen Freiheit und Sklaverei zunächst streng auf dem Breitengrad 36° 30° gezogen, jedoch mit einem Sklavenstaat darüber. Die erste Schlacht zwischen den beiden verfeindeten Systemen war ausgetragen und die Sklaverei hatte gewonnen. Der Norden hatte eine Linie, aber der Süden hatte einen Staat gewonnen.

ARKANSAS wurde 1836 aufgenommen.

Arkansas wurde 1836 als Sklavenstaat in die Union aufgenommen und behielt den Namen bei, den es bei seiner Gründung durch den Louisiana-Kauf als Territorium erhalten hatte – ein Name, der von der einst mächtigen Nation stammt, die Marquette am Ufer des Mississippi vorfand . So waren aus Französisch-Louisiana drei Sklavenstaaten entstanden.

THOMAS H. BENTONS IDEE.
„ Da ist der Osten! Da liegt der Weg nach Indien. “

Thomas H. Benton, Anwalt, Soldat und Politiker, aber noch kein Staatsmann, ging nach dem Ende des Krieges mit England von Tennessee nach Missouri. Obwohl St. Louis noch ein großes Dorf war, stand es im Mittelpunkt der Aktivitäten des Großen Westens. Mr. Benton erkannte, dass es der Ort war, an dem ein aufstrebender Mann aufwachsen konnte, und ließ sich dementsprechend dort nieder.

In St. Louis fand Herr Benton eine Aristokratie von Pelzhändlern vor, deren Verbundenheit mit ihren eigenen Bedürfnissen und der alten Regierungsform sie zusammenhielt. Sie behielten ihre eigene Sprache und Manieren. Für viele war es eine Ehrensache, überhaupt nie Englisch zu lernen. In allen Belangen waren sie so ausgeprägt französisch, wie es die Franzosen Kanadas heute sind. Somit war dieser Spross der Vornehmheit auf ein raues Grenzleben aufgepfropft worden, wollte sich aber nicht mit den gröberen Elementen assimilieren, die ihm durch die Auswanderung aus den Staaten auferlegt wurden.

An der Seite dieser bürgerlichen (*bürgerlichen*) Aristokratie stand der katholische Klerus mit seinen Traditionen des alten *Regimes* in Kanada, seiner stolzen Erfolgsbilanz bei Entdeckungen und Missionsarbeit unter den Barbaren dieser westlichen Wildnis, deren jeder Bach und jede Quelle ihre eigenen hatte Geschichte von Eifer und Heldentum zu erzählen.

Das war die Gesellschaft im Kern. Der Klerus war ihr Stützpunkt. Jungen wurden in der Pfarrschule unterrichtet, Mädchen in einem Nonnenkloster. Bildung lag also ebenso in der Obhut der Kirche wie die Religion selbst. Nationen mögen sich ändern, aber die römische Kirche lässt weder ihr Volk noch ihre Ziele im Stich.

Um diese Stiftung herum gruppierte sich die Gemeinschaft der französischen Kreolen, die die großen Pelzunternehmen beschäftigten und von denen sie abhängig waren . Und um sie herum drängte sich wieder eine wachsende Bevölkerung amerikanischer Abenteurer, die zumeist aus den Südstaaten auf der Suche nach einem Lebensunterhalt kamen und für die St. Louis der Magnet war, der die verstreuten Atome der Gesellschaft von nah und fern anzog.

Außerhalb von St. Louis verdankte Missouri sein schnelles Wachstum der Ankunft echter Siedler. Im Jahr 1816 wurden am linken Ufer des Missouri, oberhalb von Callaway County, nur dreißig Familien gefunden. Innerhalb von drei Jahren war die Zahl auf achthundert Familien angewachsen. Hier befanden sich die wahren Knochen und das Herzstück des Staates.

Mr. Benton fand heraus, dass die American Fur-Trading Company ihre jährlichen Karawanen über die großen Ebenen in die Berge schickte und von den Bergen aus über Pässe, die nur den Indianern und Pelzhändlern bekannt waren, nach Sonora, New Mexico und Oregon. Da der Weg von feindlichen Indianern bedrängt wurde, waren diese Karawanen bis an die Zähne bewaffnet. Dieselben Indianer könnten an einem Tag gegen sie kämpfen und am nächsten Handel treiben. Mit der Zeit hatte das Hin- und Herziehen dieser Händler gut ausgetretene Pfade den Arkansas und den Platte hinauf markiert, die an der Grenze später als Santa Fé Trail und Oregon Trail bekannt wurden . [1]

Im Grunde waren die Pelzhändler von St. Louis der Kolonisierung nicht freundlicher gegenüber als die englischen Pelzhändler, aber sie waren genauso bestrebt, ihr Geschäft nach Oregon zu verlagern, da sie davon ausgingen, dass sie dort das Beste hatten, was die englischen Unternehmen behalten sollten sie daraus heraus, damit sie selbst den ganzen Gewinn ernten könnten; und so kam es zu Rivalität und Unfrieden zwischen ihnen.

STATUE VON BENTON.

Herr Benton war energisch, ehrgeizig und selbstständig, Eigenschaften, die ihn bald mit den Gedanken und Interessen der Menschen identifizierten, denen er sein Leben gewidmet hatte. In seinen Gefühlen durch und durch südländisch, hatte er eine aktive Rolle dabei gespielt, Missouri zu einem Sklavenstaat zu machen, und als dieses Ergebnis erreicht war, schickten ihn die Menschen als Belohnung für seinen Einsatz für sie in den Senat der Vereinigten Staaten.

Als der Krieg mit England vorbei war, wünschte unsere Regierung , dass die Grenze zwischen unseren eigenen und den britischen Besitztümern festgelegt und festgelegt würde. Obwohl geplant war, auf dem neunundvierzigsten Breitengrad zu laufen, war dies nie geschehen, und mit dem Kauf von Louisiana erbten wir einen Streit, der, solange diese riesige Region unerforscht und unbekannt war, geschlafen hatte, jetzt aber zu einer Quelle von Ärger und Ärger geworden war Gefahr zwischen England und den Vereinigten Staaten. Der Columbia River und sein Becken [2] waren der Zankapfel. Beide wollten sie. Keiner wollte sie aufgeben. Seit Astoria [3] verkauft worden war, hatten die Hudson's Bay und die Northwest Companies ununterbrochen das ganze Land im Besitz, unter Ausschluss unserer eigenen Schiffe und Händler, deren Interessen dadurch gelitten hatten; Aber da England seine Ansprüche nicht friedlich aufgeben wollte, waren die Menschen an der Atlantikküste nicht bereit, wegen einer so abgelegenen Region in den Krieg zu ziehen, zumal sie sich gerade von den Auswirkungen des kürzlich zu Ende gegangenen Krieges erholten und das Gefühl hatten, dass sie es tun würden werden die größten Leidtragenden sein, wenn zwischen den beiden Nationen erneut ein Krieg ausbrechen sollte.

Also kompensierten die beiden Länder ihre Differenzen, indem sie sich darauf einigten, Oregon zunächst zehn Jahre lang (1818–1828) und danach von Jahr zu Jahr gemeinsam zu behalten. Während dieser Zeit wurde England in Oregon immer stärker, und die Vereinigten Staaten verloren den Einfluss, den ihre Bürger dort zunächst erlangt hatten, denn obwohl es sich auf dem Papier um neutralen Boden handelte, konnten die Engländer mit ihrem freien Zugang zu Land und zur See unsere Händler ausschließen , und tat es.

Für den Westen war dieser Zustand demütigend. Es war, als würde die Nation bescheidenen Kuchen essen, anstatt England zu beleidigen. Die ständige Auseinandersetzung mit der Frage trug dazu bei, die fieberhafte Stimmung in Bezug auf Oregon aufrechtzuerhalten, aber da Major Long gesagt hatte, es sei sinnlos, daran zu denken, das Land zwischen dem Meridian von Council Bluffs und den Rocky Mountains zu kultivieren, schien es klar, dass es niemanden außer Pelz gab -Händler würden diese Wüste durchqueren wollen, während in den Tälern von Mississippi und Missouri noch so viel fruchtbares Land leer blieb. Wenn die Besiedlung am Rande dieser Wüste aufhören müsste, würde die Idee der geografischen Einheit verschwinden, und Oregon wäre für uns in Wahrheit wenig wert. Herr Benton selbst war einmal dieser Meinung.

also wollte, dass die Regierung Oregon mit einer Streitmacht einnimmt, wurde ihm gesagt, dass dies die Mühe nicht wert sei, da Oregon niemals ein Staat werden könnte, wenn wir das täten.

Der Streit hatte noch einen weiteren Aspekt, der im Westen großen Anklang fand. Dies war die Erklärung von Herrn Monroe, dass es keiner europäischen Macht gestattet sein würde, die unabhängigen Regierungen unseres Kontinents zu unterwerfen oder zu stürzen. Dies war ein Hinweis an England, dass es Oregon nicht haben konnte. Seitdem ist sie als Monroe-Doktrin bekannt [4] und so wurde Herr Monroe zum Autor einer nationalen Politik.

Herr Benton beherrschte alle Einzelheiten der heiklen Oregon-Frage. Die Interessen seiner Wähler standen auf dem Spiel. Sein Patriotismus war geweckt. Er empfand gleichermaßen Abscheu vor den Kunstgriffen, mit denen England uns von Oregon fernhielt, wie vor dem vorsichtigen Geist des Ostens, der die Kosten für alles im Voraus abschätzte, weniger, wie es ihm schien, im Geiste der Staatskunst, als für das, was es kostete es würde sich im jetzigen Moment lohnen.

Es sollte jedoch nicht vergessen werden, dass die Unternehmungen Neuenglands zuerst die Ressourcen unserer Besitztümer am Pazifik bekannt gemacht hatten.

Kurz gesagt, Herr Benton machte sich zum Verfechter des wachsenden Westens. In gewisser Weise war er bereits zum Verwalter von Mr. Jeffersons Lieblingsprojekt einer großen Überlandstraße nach Indien geworden, die sich zwar für die Zeit, in der dieser weise Mann lebte, als zu groß erwies, aber nur darauf wartete, dass die Menschen erwachsen wurden dazu. Mr. Benton wusste aus Mr. Jeffersons eigenen Lippen, welche Ergebnisse man erhofft, aber nicht realisiert hatte – wie die besten Pläne vereitelt worden waren oder im Schlaf des Vergessens schliefen – und wie der Senator von Missouri davongegangen war Sein denkwürdiges Interview beeindruckte mehr denn je von der Größe der Mission, die er fortan als Mr. Jeffersons Schüler auf sich nehmen sollte.

England gelang es auf die eine oder andere Weise, eine Einigung um lediglich 49 Jahre hinauszuzögern. Ein paar Amerikaner waren nach Oregon gegangen, aber bisher waren es nur eine Handvoll. Im Jahr 1832 fuhr Kapitän Bonneville [5] mit dem ersten Waggonzug über die Wind River-Kette in das Green River Valley und bewies damit, dass die Berge für Fahrzeuge befahrbar waren . Im selben Jahr führte Nathaniel J. Wyeth [6] nach einer siebenmonatigen Reise, bei der einige seiner Männer von den Blackfeet getötet wurden, eine Gruppe den ganzen Weg von Neuengland nach Fort Vancouver. In den Jahren 1834 und 1835 wurden einige amerikanische Missionare [7] nach Oregon entsandt, von denen einer, Marcus Whitman, eine wichtige Rolle in der Geschichte Oregons spielen sollte. Im folgenden Jahr fuhr Dr. Whitman mit einem Wagen nach Fort Walla Walla und schaffte damit das, was für unmöglich erklärt worden war. Doch bis zum Ende des Jahres 1841 hatten sich insgesamt nicht ganz 150 Amerikaner in Oregon niedergelassen, obwohl der Oregon Trail durch die Unerschrockenheit dieser echten Pfadfinder weitgehend seiner Schrecken beraubt wurde. Dr. Whitman seinerseits erkannte klar, dass die Auswanderung eingreifen und die Frage klären musste, wer Oregon haben sollte, da die Diplomatie dies absichtlich behinderte. Und Dr. Whitman war nicht nur ein Mann mit klarem Blick, sondern auch mit Tatkraft.

[1] SANTA FÉ TRAIL und OREGON TRAIL . Independence war lange Zeit die am weitesten entfernte weiße Siedlung in Missouri und wurde daher zum Ausgangspunkt. Bisher konnte der Missouri River verfolgt werden. Siehe Karte . Aus diesem Grund entstanden Westport und schließlich Kansas City. Als sich die Siedlungen flussaufwärts ausdehnten, wurden die Hauptwege von vielen Punkten aus, wie Fort Leavenworth, St. Joseph, Council Bluffs usw., angelegt – wie Fernstraßen mit vielen Abzweigungen.

[2] DIE COLUMBIA UND IHR BECKEN. England behauptete, Drake und Cook hätten zuerst Oregon entdeckt und in Besitz genommen, zu dem dann das heutige Oregon, Idaho, Washington und ein Teil von Montana gehörten. Im Jahr 1671 wurde Saint Lusson in Sault Ste. Marie hatte das gesamte Land westlich der Südsee für Frankreich in Besitz genommen. (Siehe vorhergehende Kapitel.) Alle Rechte, die Frankreich erwarb, gingen durch Kauf in unser Eigentum über. Aber Spanien hatte im Pazifik den besseren Titel. Mit der Abtretung der Floridas im Jahr 1819 überließ sie uns jedoch alles nördlich von 42°, der heutigen Nordlinie Kaliforniens. Damit gelangten wir in den Besitz aller Rechte, die eine der beiden Mächte nördlich dieses Breitengrades für sich beansprucht hatte. Die Nordgrenze zwischen Louisiana und den britischen Besitzungen sollte durch den Vertrag von Utrecht (1713) auf dem neunundvierzigsten Grad festgelegt werden.

[3] ASTORIA wurde uns nach langem Streiten zurückgegeben (1818), aber die Hudson's Bay Company errichtete Fort Vancouver, neunzig Meilen flussaufwärts des Columbia, und schnitt Astoria so von den oberen Tälern ab. Bis auf einige Hütten brannte es 1821 bis auf die Grundmauern nieder.

[4] DIE MONROE-DOKTRIN. „Die amerikanischen Kontinente dürfen aufgrund des freien und unabhängigen Zustands, den sie angenommen haben und aufrechterhalten, nicht als Subjekte für die Kolonisierung durch europäische Mächte betrachtet werden."

[5] Die Abenteuer VON KAPITÄN BONNEVILLE werden von Washington Irving erzählt.

[6] NATHANIEL J. WYETH gründete Fort Hall am Lewis River im heutigen Idaho. Die Hudson's Bay Company errichtete sofort einen Konkurrenzposten namens Fort Boisé unterhalb davon und zwang Wyeth, sich an sie zu verkaufen, andernfalls wurde sie von der Konkurrenz ruiniert.

[7] DIESE MISSIONARE waren Revs. Jason und Daniel Lee, die von der methodistischen Konfession geschickt wurden, und Revs. Samuel Parker und Marcus Whitman, geschickt vom American Board. Die methodistische

MIT DER VANGUARD NACH OREGON.
„ Diese Armee zieht sich nicht zurück! "

Die Auswanderung sollte unsere Besatzungsarmee in Oregon sein. In dieser Überzeugung suchte Mr. Benton nach Mitteln, die Sache in Gang zu setzen, als er zufällig Lieutenant John C. Fremont von den topographischen Ingenieuren traf, der gerade mit Nicollet von der Vermessung des oberen Mississippi zurückgekehrt war. [1]

Herr Benton wollte die Oregon-Route vermessen, um die Auswanderung nach Lower Columbia zu erleichtern. Das Thema führte zu einer Intimität zwischen den beiden Männern, in deren Verlauf sich Fremont in Mr. Bentons Tochter Jessie verliebte, die er wenig später heiratete, und so sein Schicksal mit der Familie des angesehenen Senators sowie seinen Plänen verband.

Dies führte dazu, dass Fremont (1842) entsandt wurde, um herauszufinden, ob der Südpass [2] der Rocky Mountains, der übliche Übergangsort, der bevorstehenden Auswanderung am besten entgegenkommen würde.

Dies war der allererste Schritt unserer Regierung zur Unterstützung der Auswanderung nach Oregon. Bisher spiegelte es den vorherrschenden Glauben wider, dass Oregon für einen solchen Zweck wertlos sei. Wir befanden uns zu dieser Zeit im Streit mit England über die Grenze, und so wurde der Expedition aus Rücksicht auf westliche Männer eher zugestimmt als sie als Regierungsmaßnahme genehmigt .

Als Ausgangspunkt für die Berge kommt St. Louis nicht mehr in Betracht. Dies war bereits dreihundertfünfzig Meilen nach Westen gegangen. Fremonts Reise begann daher in dem kleinen Dorf Kansas [3] , das heute eine Stadt ist, die größer ist als alle damals existierenden westlich der Alleghanies, aber damals nur ein Anlegeplatz für Chouteaus Handelsposten, zehn Meilen flussaufwärts des Kansas River. Von diesem Ort aus machte sich Fremonts Gruppe Anfang Juni auf den Weg in die Berge. Kit Carson aus Taos, ein berühmter Jäger, war ihr Führer.

Die meiste Zeit des Weges folgten Fremonts Wägen nur den Spuren derjenigen, die vor ihnen gefahren waren, manchmal mit Führern, oft aber ohne. Die Straße war eben und führte über Gelände, wo Fahrzeuge problemlos überall vorbeifahren konnten, außer wenn Schluchten oder Bäche ihren Weg kreuzten. So reisten Fremonts Männer ganz entspannt weiter. Bei Einbruch der Dunkelheit wurden die Wagen im Kreis zusammengezogen und bildeten so ein geschlossenes und verbarrikadiertes Lager, in dem die Reisenden ihre Zelte aufschlugen.

Fremont ging das Kansas-Tal hinauf bis zum Big Blue und überquerte von dort zum Platte, der ihm nun für den Rest seiner Reise als Leitfaden dienen sollte.

FORT LARAMIE.

Hin und wieder stieß Fremont auf das verlassene Lager einiger Auswanderer aus Oregon, die ihn so zu steuern schienen, anstatt sie zu betreuen.

An den Gabelungen der Platte wurde die Gruppe geteilt, Fremont selbst ging den South Fork hinunter zum St. Vrain's Fort, [4] während der Rest den North Fork hinauf zum Fort Laramie fortsetzte, [5] wo Fremont sich ihnen bald anschloss wieder.

Als das Brennholz knapp wurde, mussten die Männer ihre Feuer aus getrocknetem Büffelmist machen, so wie es die Araber der Wüste mit dem Kamel machen.

In Laramie erfuhr Fremont, dass die Berge dahinter von Indianern wimmelten, die auf dem Kriegspfad waren und die Straße für die Weißen gesperrt erklärt hatten. Aber Fremont ging weiter zum Südpass, der so langsam anstieg, dass die Erkundungsgruppe kaum wusste, wann sie seinen Gipfel erreicht hatte.

Im Tal jenseits dieses Passes ruhten die Entdecker. Bevor er umkehrte, machte sich Fremont selbst mit einigen anderen auf den Weg in die Berge und hinauf zum Gipfel des hohen Gipfels, der heute seinen Namen trägt und der sich als Monarch aller in dieser Region 13.570 Fuß über dem Meer erhob. Auf diese Weise machen die drei größten Wahrzeichen der Rocky Mountains die Namen der drei Entdecker Pike, Long und Fremont unvergesslich.

Während Fremont kaum etwas tat, was nicht bereits getan worden war, war seine sorgfältige Aufzeichnung von Entfernungen, Furten und Campingplätzen, wo es Gras, Holz und Wasser gab, genau das, was die Auswanderer wissen mussten, und so machten sie sich sofort auf den Weg mit Zuversicht vorwärts gehen. Es war außerdem ein Zeichen dafür, dass die Regierung sich endlich der Angelegenheit angenommen hatte und nun, so glaubte man, die Auswanderung fördern und schützen würde.

Fremont sagte, es sei notwendig, dauerhafte Militärposten in Laramie, St. Vrain's und Bent's Fort zu haben, um die Indianer davon abzuhalten, unser Volk zu töten, während es durch ihr Land zog. Bis dies geschehen war, konnte die Straße nicht als sicher bezeichnet werden. Am meisten tat er jedoch für die Auswanderung, indem er den weitverbreiteten Irrtum über die Kargheit der großen Ebenen korrigierte, die Major Long zur Schau stellte und an die bis dahin alle geglaubt hatten. Er zeigte, dass dort, wo die Büffel in so großen Herden umherstreifen und Nahrung fanden, keine Wüste sein kann, denn das wilde Gras, von dem sie lebten, würde sicherlich das Vieh der Auswanderer halten, während kein Mensch inmitten einer solchen Fülle an Wildtieren verhungern muss Das Wild streifte ständig vor ihren Augen durch diese Ebenen. Es war viel, wenn all diese Dinge von einer freundlichen Hand und mit dem Siegel der Regierungsautorität geordnet niedergelegt wurden. Fremont tat dies, wie es noch nie zuvor getan worden war.

Fremonts erste Expedition stieß auf solchen Anklang, dass er sofort zu einer zweiten (1843) und viel wichtigeren Expedition geschickt wurde. Diesmal sollte er am South Pass beginnen und durch das Land Lower Columbia gehen. Er war auf einem guten Weg, als das Kriegsministerium ihn plötzlich nach Washington zurückrief, aber Mrs. Fremont übernahm die Verantwortung, den Befehl zu unterdrücken, bis der Entdecker zu weit entfernt war, als dass er ihn erreichen konnte.

AMOLE oder Seifenpflanze der Ebenen.

Als Fremont von Missouri aus aufbrach, traf es auf eine große Gruppe von Auswanderern, die unter der Führung von JB Childs nach Kalifornien gingen. Diese Gruppe nahm die moderne Zivilisationsmaschine, ein Sägewerk, mit, das bei Erreichen des Sacramento aufgebaut werden konnte. Als Fremont nach Westen zog, waren Wagenzüge selten außer Sicht. Der große Marsch hatte ernsthaft begonnen.

Fremont beschloss, die Berge in der Nähe von St. Vrain's Fort zu erkunden, um zu sehen, ob sie eine praktikable Passage auf einer direkteren Ost-West-Linie als auf dem alten Weg den Platte hinauf ermöglichen würden. Er stieß daher nördlich von Long's Peak in sie hinein und kam, indem er dem Fluss Cache-à-la-Poudre [6] folgte , auf der anderen Seite heraus, wo seine Reise vom Vorjahr geendet hatte. Von hier aus gelangte er weiter in das Tal des Bear River und weiter zum Großen Salzsee, [7] den er ebenfalls erkundete.

Von Salt Lake aus fuhr Fremont nach Norden zum Stützpunkt der Hudson's Bay Company in Fort Hall und traf dabei wieder auf den Oregon Trail. Die Entdecker teilten sich hier auf, ein Teil ging zurück in die Staaten, ein anderer Teil flussabwärts mit Fremont. Sie fanden heraus, dass Fort Boisé [8] nur ein gewöhnliches Wohnhaus war. Als nächstes kamen sie zu der Mission, die Dr. Whitman unter den Nez Percés in der Nähe von Walla Walla gegründet hatte. Damals bestand es nur aus einem Lehmhaus, um das herum jedoch weitere gebaut wurden. Seine Maisfelder und Kartoffelfelder, die Dr. Whitman gerodet und bepflanzt hatte, boten für Männer, die vom Reisen und Fasten erschöpft waren, einen angenehmen Anblick, für Fremont jedoch nicht mehr als die kleine Auswandererkolonie, die sich jetzt nach ihrem langen Zweiermarsch hier versammelt hatte Tausende Meilen – Männer, Frauen und Kinder – alle bei bester Gesundheit und alle, die sich mit Dr. Whitmans Kartoffeln verwöhnen.

Fort Walla Walla markiert einen wichtigen strategischen Punkt in der frühen Auswanderungsbewegung nach Oregon. Es liegt nur neun Meilen unterhalb der Kreuzung der beiden großen Arme des Columbia und wurde somit auch am Zusammentreffen zweier großer transkontinentaler Reiserouten gepflanzt, von denen die eine über den South Pass aus den Vereinigten Staaten kam, die andere von dort Hudson's Bay über den Lake Athabasca und die Bergpässe in der Nähe. Für diejenigen Auswanderer, die sich entschieden, auf dem Wasserweg weiterzureisen, war Walla Walla das Ende ihrer langen Überlandreise. Fremont fand eine große Gruppe von Auswanderern unter der Führung von Herrn Jesse Applegate vor, die hier Boote bauten, um den Fluss hinunterzufahren.

Aber der britische Handelsposten lag auf einer sandigen Ebene, wo kaum ein Grashalm oder ein Strauch wuchs. Dr. Whitman hatte einen angenehmen und fruchtbaren Winkel unweit der Festung gewählt, wo sich Auswanderer unter Freunden rekrutieren konnten; denn im Fort selbst wurden alle Anstrengungen unternommen, sie zurückzudrängen oder nach Kalifornien zu schicken. Überall, mit Ausnahme der Missionen, empfanden Auswanderer diesen Oregon Trail als schwierigen Weg, denn unsere Regierung überließ sie den Agenten der Hudson's Bay Company, die sie auf jede erdenkliche Weise behinderten oder ihnen, wenn sie es versäumten, sie aufzuhalten, exorbitante Gebühren in Rechnung stellten alles möbliert.

Da das Unternehmen feststellte, dass die Auswanderung dennoch zunehmen würde, beschloss es, sich zu retten, indem es britische Auswanderer vom Roten Fluss des Nordens einbrachte. Es bedeutete, die besten Ländereien zu besetzen, da es über die besten Handelsplätze verfügte. Die erste Kolonie befand sich am Upper Columbia, als Dr. Whitman davon hörte. Wenn Oregon für uns gerettet werden sollte, gab es keinen Moment zu verlieren. Mit der Nachricht von dieser drohenden Invasion machte er sich sofort auf den Weg nach Washington.

Dr. Whitmans Fahrt über Santa Fé nach St. Louis wird in den Annalen Oregons unvergesslich bleiben, sowohl wegen ihrer Gefahren als auch wegen ihrer Leistung. Er stellte fest, dass unsere Regierung gerade den Ashburton-Vertrag unterzeichnet hatte, [9] durch den Oregon immer noch im Regen stand, ohne Grenzen oder den Schutz unserer Gesetze oder Flagge. Seine große Energie ermöglichte es ihm jedoch, an der Grenze einen

Auswandererzug von zweihundert Waggons zusammenzustellen, mit dem er als Anführer einer Armee bereits im Frühjahr aufbrach. Es waren diese Menschen, die Fremont auf dem Weg gesehen hatte, die auf ihrem Weg tausend Meilen zurückgelegt hatten und am Ende ihrer Reise schließlich auf sie trafen. Da die Regierung nicht führen wollte, musste sie nun dem großen Marsch des Volkes in den Pazifik folgen.

Mit frischen Pferden drängte Fremont das linke Ufer des Columbia hinunter zu den Dalles, in der Ferne ragte der Mount Hood empor. Hier strömt der gesamte Fluss durch ein langes und schmales Felstal, und die Flut ist so schnell, dass Boote sie in der Hochwassersaison nicht aufhalten können.

Ein paar Meilen tiefer tauchte Fremont aus der sterilen und unwirtlichen Gegend, durch die er gereist war, auf einer grünen Stelle im Tal auf, wo zwischen Hainen edler Waldbäume die methodistische Mission ihre beiden Wohnungen und ihr einziges Schulhaus errichtet hatte , und seine Scheune, geräumtes Land für die Bepflanzung, versammelte eine Indianerkolonie, um sie in den Bräuchen und der Religion der Weißen zu unterweisen, und streute so in der Wildnis den Samen der christlichen Zivilisation.

Von den Dalles aus segelte Fremont flussabwärts nach Vancouver und traf dort auf noch mehr Auswanderer, von denen die meisten darauf warteten, in das fruchtbare Willamette Valley überzugehen, das damals ihr gelobtes Land war.

An diesem Punkt endete Fremonts Reise. Seine Erkundungen waren nun mit Vermessungen verbunden, die Kapitän Wilkes von der Pazifikküste aus durchführte. Fremont machte sich daher wieder auf den Heimweg und nahm die bisher genaueste Kenntnis des durchreisten Landes mit.

FUSSNOTEN

[1] J. NICOLAS NICOLLET hatte als Erster die Quellen des Mississippi nachgewiesen. Er war von der Erkundung eines beträchtlichen Teils von Minnesota und Dakota zurückgekehrt.

[2] DER SOUTH PASS durchschneidet den südlichen Teil der Wind River-Kette.

[3] KANSAS CITY erhielt seinen Namen schon früh von der Nähe zum Kansas River (obwohl die Stadt in Missouri liegt), was viele zu der Annahme veranlasst hat, dass sie in Kansas liegt.

[4] ST. VRAIN'S FORT , ein Pelzhandelsposten, der über Taos mit Santa Fé in Verbindung steht. Unter den Bergen, siebzehn Meilen östlich von Long's Peak.

[5] FORT LARAMIE , zunächst Fort William (Sublette) genannt, um 1835 von Robert Campbell erbaut, seitdem nach dem Laramie Fork benannt, in dessen Nähe es steht. Die Mauern bestanden aus Lehmhäusern im spanischen Stil mit Bastionen an den Ecken. Die Dächer oder Dächer der Häuser bildeten eine Bankette, auf der wiederum eine Reihe von Palisaden aufgestellt war.

BENT'S FORT am Arkansas war der dritte dieser abgelegenen Posten, für den die obige Beschreibung ausreicht.

[6] CACHE-À-LA-POUDRE. Französisch, Versteck für das Pulver.

[7] SALT LAKE war den frühen spanischen Entdeckern bekannt (siehe S. 37); wurde oft besucht, aber nicht erkundet. Ashley aus Missouri, der 1823 eine Gruppe von Fallenstellern zu den Küsten des Colorado führte, baute im nächsten Jahr ein Handelshaus in der Nähe von Salt Lake. Siehe auch Bonnevilles Bericht. Fremonts Erkundungen ergaben die Existenz eines großen Binnenbeckens zwischen den Rocky Mountains und der Sierra Nevada, dessen Wasser in die Utah- und Salzseen fließt, anstatt den Columbia- oder Colorado-Fluss zu erreichen.

[8] FORT BOISÉ . Französisch, was bewaldet bedeutet.

[9] DER VERTRAG VON ASHBURTON legte unsere nordöstliche Grenze zu England fest und führte den Breitengrad 49° bis zu den Rocky Mountains, aber nicht darüber hinaus. Im Jahr 1846 führte ein zweiter Vertrag dazu, dass es in den Pazifik gelangte.

TEXAS ZUGELASSEN.

Mexiko gab 1821 seine Treue zu Spanien auf. Erst dann gaben die Spanier in Mexiko ihre Politik auf, alle Ausländer von ihrem Boden auszuschließen; Aber das Beispiel, das ihnen die Vereinigten Staaten gaben, mit dem Gefühl, das aus der Freiheit vom spanischen Joch entstand, führte zu einer Änderung der diesbezüglichen Politik, und die Amerikaner wurden eingeladen, sich zu den großzügigsten Bedingungen in Texas niederzulassen. Es gibt kein stärkeres Beispiel für den Einfluss, den freie Institutionen von außen auf die erblichen Vorurteile eines ganzen Volkes ausüben. Es wurde edel ein Versagen gestanden.

Als Texas dadurch der Auswanderung ausgesetzt wurde, gab es nur wenige und verstreute Siedlungen. Gewohnheitsmäßige Schüchternheit oder Trägheit hatten sie auf die Nähe befestigter Posten oder Missionen beschränkt. [1] Die wichtigsten waren San Antonio, Goliad, Refugio und Nacodoches , und um diese herum waren kleine Parzellen kultiviert worden. Aber die Missionen selbst, die den Grundstein für die spanische Besatzung gelegt hatten, gerieten in einen unheilbaren Verfall. Die Indianer, die die Mönche in ihnen versammelt hatten, waren zurückgegangen, bis die Missionen größtenteils entvölkert waren. Hier wie in Kalifornien hatte die Erfahrung gezeigt, dass die Eingeborenen nicht im Schatten der Weißen existieren konnten. Die Zivilisation hat sie verschwendet.

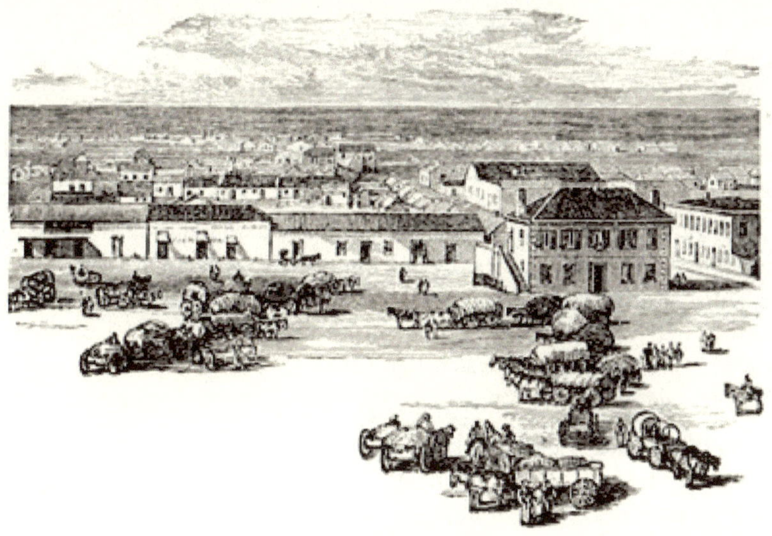

SAN ANTONIO.

Um Siedler dazu zu bewegen, nach Texas zu kommen, wurde ihnen für einen Zeitraum von zehn Jahren Befreiung von allen Steuern angeboten.

Zu den ersten, die von diesen Angeboten Gebrauch machten, gehörte Stephen F. Austin aus Durham, Connecticut. Auf der Grundlage einer von den mexikanischen Behörden gewährten Landgewährung an seinen Vater gründete Austin 1821 eine Siedlung auf den Brazos, die später zur Hauptstadt wurden des Staates, dessen wichtigster Gründer er war.

Die Auswanderung strömte aus dem unteren Mississippi- Tal – aus Louisiana, Arkansas und Mississippi – und selbst die älteren Staaten trugen dazu bei, die Flut anzuschwellen. Das Gesetz verbot die Sklaverei, aber viele brachten Neger mit und hielten sie trotzdem fest. Viele waren Abenteurer, die als Anwalt wenig Ansehen schätzten oder in Texas einen bequemen Zufluchtsort vor der Verfolgung durch ihre Gläubiger fanden. Andere waren arme Menschen, die durch die liberalen Angebote der mexikanischen Regierung aus ihren Häusern gelockt wurden, in der Hoffnung, ihre Lage zu verbessern. Obwohl Texas im Grunde gesund war, hatte es sich durch den Aufstieg seiner schlimmsten Elemente an die Spitze innerhalb kürzester Zeit in der gesamten Union einen wenig beneidenswerten Ruf als Wahlheimat gesetzloser Männer erworben.

Unsere Regierung hatte Texas schon lange begehrt und zwei erfolglose Versuche unternommen, es Mexiko abzukaufen, da sie es als einen integralen Teil von Alt-Louisiana betrachtete, auf das wir durch die vorherige Entdeckung von La Salle eine Art Recht hatten.

Texas, das von den Spaniern nur schwach besiedelt und schwach regiert worden war, erklärte sich 1835 für unabhängig von Mexiko. Als dieser Aufstand stattfand, gab es in Texas mehr Amerikaner als Menschen spanischen Blutes, so dass der Übergang zu den Texanern herzliches Mitgefühl und aktive Hilfe hervorrief eines großen Teils des amerikanischen Volkes.

Der Konflikt war kurz und blutig. Nach Niederlagen bei Goliad und Alamo [2] erlangten die Texaner ihre Unabhängigkeit durch einen Sieg über die mexikanische Armee bei San Jacinto [3] im Jahr 1836. General Samuel Houston, der texanische Führer, wurde anschließend zum Präsidenten der Republik Texas ernannt. die sich dann nach dem Vorbild der Vereinigten Staaten etablierte.

Innerhalb kürzester Zeit beantragte Texas die Aufnahme in die Union. Zu schwach, um sich als unabhängige Macht zu behaupten, waren ihre Interessen nun im Einklang mit denen des Südens. Ihr Boden, ihr Klima und ihre Produktion waren weitgehend gleich. Ihre Bevölkerung stammte größtenteils aus dieser Abstammung und hatte offenbar ähnliche Gefühle und Vorurteile wie ihre Brüder aus diesem Teil. Der Süden befürwortete daher die Aufnahme von Texas, nicht nur aus diesen allgemeinen Gründen, sondern auch, weil dadurch der Union ein Sklavenstaat hinzugefügt würde, da seit dem Beitritt von Missouri und Arkansas außer Florida kein Territorium mehr offen stand zur Sklaverei unter der Verbotslinie von 36° 30´.

DER ALAMO.

Aus genau diesem Grund lehnte die wachsende Anti-Sklaverei-Stimmung im Norden die Aufnahme von Texas entschieden ab. Es wurde außerdem mit der Begründung abgelehnt, dass eine so unfreundliche Handlung gegenüber Mexiko zu einem Krieg führen würde, da Mexiko die Unabhängigkeit von Texas noch nicht anerkannt habe. Darüber hinaus war Texas im Vergleich zu anderen Staaten so groß, dass der Gesetzentwurf für seine Aufnahme die Gründung von vier weiteren neuen Staaten erlaubte und so die Tür der Union nicht für einen, sondern für mehrere Sklavenstaaten in der Zukunft öffnete .

SAMUEL HOUSTON.

Aber der Norden und der Süden haben sich in dieser Texas-Frage nicht in zwei unterschiedliche politische Fraktionen gespalten, noch stehen ihre Bürger völlig zusammen. Für viele war es einfach eine Frage der nationalen Politik oder der Zweckmäßigkeit. Sie wurde von der Demokratischen Partei befürwortet, die an die „offensichtliche Bestimmung" der Union glaubte, den gesamten Kontinent zu kontrollieren, während die Whig-Partei konservativ war und ihre Opposition auf den bereits dargelegten Gründen beruhte, die viele für eine nationale Schande hielten . In beiden Parteien waren Männer aus dem Süden und in beiden Parteien Männer aus dem Norden. Jede Partei nominierte zu diesem Thema einen Mann aus dem Süden für das Amt des Präsidenten. Diese Frage wurde dem Volk bei der nächsten nationalen Wahl (1844) vorgetragen, als Clay, der Whig-Kandidat und Gegner der Annexion, besiegt wurde und Polk, [4] der demokratische Kandidat und sein Befürworter, gewählt wurde. Der Kongress nahm Texas daher am 29. Dezember 1845 in die Union auf.

FUSSNOTEN

[1] TEXAS-MISSIONEN wurden von Franziskanermönchen wie folgt gegründet: 1690 die von San Francisco am Lavaca River in Fort St. Louis (siehe „ La Salles Kolonie "); St. Johannes der Täufer wurde im selben Jahr am Rio Grande gegründet. Im Jahr 1714 die von San Bernard und Adaes ,

fünfzehn Meilen westlich von Natchitoches. Im Jahr 1715 Mission Dolores, westlich der Sabine; eine in der Nähe von Nacodoches und eine in der Nähe der heutigen Stadt San Augustine. Die Mission und Festung San Antonio de Valero wurde bald darauf in der Nähe der heutigen Stadt San Antonio gegründet. Im Jahr 1721 befand sich eines am Übergang der Neches; ein weiteres an der Bucht von St. Bernard, genannt „Unsere Liebe Frau von Loretto"; und eine dritte, La Bahia (die Bucht) genannt, am unteren Übergang des Flusses San Antonio. Im Jahr 1730 wurde die Kirche San Fernando, San Antonio, gegründet; 1731 die Mission von La Purissima Concepcion, in der Nähe desselben Ortes. Alle diese Missionen wurden in der zweiten Hälfte des 18. Jahrhunderts säkularisiert . – *Baker, Texas Scrap-Book.*

[2] DIE ALAMO (spanisch für Pappel) war eine Kapelle, die im Zusammenhang mit der Mission San Antonio de Valero genutzt wurde. Hier wurden 144 texanische Revolutionäre unter W. Barrett Travis (1836) von überlegenen mexikanischen Streitkräften unter Santa Anna belagert. Die Aufständischen hielten zehn Tage durch, als Alamo gestürmt und alle seine tapferen Verteidiger getötet wurden. Unter den Ermordeten war auch David Crockett aus Tennessee. An das Ereignis erinnert ein Schacht mit der Legende: „ Thermopylæ hatte seinen Boten der Niederlage, Alamo hatte keinen."

[3] SAN JACINTO ist ein kleines Dorf in der Nähe der Galveston Bay. Die entscheidende Schlacht wurde am 21. April 1836 ausgetragen.

[4] JAMES K. POLK aus Tennessee. Seine Nominierung war die erste öffentliche Nachricht, die jemals in den Vereinigten Staaten per Telegraf übermittelt wurde. Morses neue Linie zwischen Baltimore und Washington wurde gerade fertiggestellt.

ZWISCHENSPIEL. – NEUE POLITISCHE IDEEN.

„ Die auf die Erde niedergeschlagene Wahrheit wird wieder auferstehen. " – Bryant.

Bislang war jeder direkte Angriff auf die Sklaverei im Norden unpopulär. Die beiden gegensätzlichen Ideen, sie zu begrenzen oder auszuweiten, lieferten sich nun ein Kopf-an-Kopf-Rennen um die Kontrolle der Macht; aber die Bindung an die Union selbst war im Norden stärker als im Süden, dessen Volk gelehrt worden war, ihn als einen Vertrag zu betrachten, der nur eingehalten werden sollte, solange es den einzelnen Staaten gefiel oder solange ihre Interessen dadurch gefördert wurden . Diese Lehre wurde im

Norden nie gelehrt. Das dort vorherrschende Gefühl war die Verbundenheit mit der Union, „eins und unteilbar"; während der Süden nach unterschiedlichen Lehren seinen Wert mit der Sklaverei abwog.

Es kam jedoch ein neues und wirksames Element in die Kontroverse. Im Norden hatte eine kleine Gruppe von Männern, die sich verpflichtet hatten, sich für die sofortige Emanzipation des Sklaven einzusetzen, und mit großem Ernst einen Krieg begonnen, der die Union schon bald in ihren Grundfesten erschüttern sollte. Obwohl es nur wenige gab, wurden sie sowohl gehasst als auch gefürchtet. Im Norden nannte man sie Fanatiker, im Süden Abolitionisten. Im Norden wurden sie gepöbelt, im Süden wurde eine Belohnung für ihre Köpfe ausgesetzt. Der Norden entschuldigte sich für sie, der Süden forderte ihre Niederschlagung. Aber obwohl sie von beiden Seiten der öffentlichen Verachtung als Feinde der Union ausgesetzt waren, hatten diese Männer das Gefühl, dass sie für ein großes und heiliges Prinzip eintraten, das am Ende sicherlich triumphieren musste. Es hat sie stark gemacht. Es verschaffte ihnen Respekt. Angeführt wurden sie von William Lloyd Garrison aus Massachusetts, dessen Name heute im Land mit ebenso viel Ehre ausgesprochen wird wie einst mit bitterer Verachtung und Hass.

Die Sklaverei sollte durch die Druckerpresse, die Plattform und das Petitionsrecht offen angegriffen werden. Die beiden ersten Agenturen würden das Volk erreichen, die letzten ihre Vertreter im Kongress. Garrison erklärte in seiner Zeitung „The Liberator", dass er gehört werden würde; und er wurde gehört, allerdings erst, als man ihn mit einem Halfter um den Hals durch die Straßen von Boston geschleift hatte. Als Ergebnis dieser Agitation legte John Quincy Adams im Kongress zahlreiche Petitionen vor, in denen er für die Abschaffung der Sklaverei und des Sklavenhandels in der Hauptstadt des Landes, dem District of Columbia, betete. Er wurde von einem Sturm der Empörung erfasst. Der Kongress würde die Petitionen nicht erhalten. Sie kamen weiterhin zu Hunderten, einige trugen Tausende von Namen. Allen wurde eine Anhörung verweigert. Der ehrwürdige Adams, „der alte eloquente Mann", damals in seinem fünfundsechzigsten Lebensjahr, wurde für einen Brandstifter erklärt, der eines Sitzes im Kapitol unwürdig sei, und es wurde sogar der Beschluss gefasst, ihn auszuschließen; Aber sein mutiges Eintreten für das Petitionsrecht machte hundert Freunde für die Anti-Sklaverei-Sache, wo man zuvor gewesen war.

IOWA ZUGELASSEN.

Iowa war der erste Freistaat, der aus dem Louisiana-Kauf entstand. Sie war 1845 in Florida aufgenommen worden, aber ihre Bevölkerung war mit den vom Kongress vorgeschriebenen Grenzen unzufrieden und weigerte sich, das Gesetz zu ratifizieren, sodass ihre Aufnahme bis zum nächsten Jahr 1846 verschoben wurde.

DER KRIEG MIT MEXIKO.
„ Mit einem Bajonett *kann man alles machen , außer sich darauf zu setzen.* "

Diejenigen, die sagten, dass der Annexion von Texas ein Krieg folgen würde, hatten Recht. Es zeigte sich bald, dass Mexiko den Verlust seines Territoriums nicht stillschweigend hinnehmen und den Angriff auf seine nationale Ehre nicht leichtfertig hinnehmen würde. Wer damit rechnete, vergaß, dass die spanische Rasse zwar träge, aber auch mutig ist.

Wenn Nationen sich für einen Krieg entscheiden, wird schnell ein Vorwand dafür gefunden.

Texas hatte einen Streit mit Mexiko über seine Westgrenze in die Union eingebracht. Sie erhob Anspruch auf den Rio Grande, während Mexiko Anspruch auf die Nueces erhob, [1] und ließ somit ein Gebiet von hundert Meilen Breite in Frage, das sich zwischen diesen Flüssen erstreckte.

Es ist wahr, dass das Gebiet selbst für beide Seiten wenig wert war, da es sich größtenteils um unfruchtbares Prärieland handelte, aber aus militärischer Sicht bot der Rio Grande die bei weitem stärkste Verteidigungslinie, und aus diesem Grund wollte Texas seine Grenze darauf festlegen.

MEXIKANISCHER WARENKORB.

Ein spanisches Sprichwort sagt: „Gewalt ohne Prognose ist wenig wert." Mexiko versammelte in aller Stille Truppen entlang des Rio Grande in dem umstrittenen Gebiet, um kampfbereit zu sein, während es England sondierte, um zu sehen, ob es ihm nicht gegen die Vereinigten Staaten helfen würde. England war zu klug, dies offen zu tun, war aber bereit, alles auszunutzen, was sich ihm durch einen Krieg in den Weg stellen würde. Da Mexiko England Geld schuldete, ging man davon aus, dass England Kalifornien einnehmen würde, sobald die Kämpfe begannen, sowohl als Sicherheit für die Schulden als auch um in den Besitz eines pazifischen Hafens zu gelangen, woran wir es in Oregon hinderten und was wir in Kalifornien verhindern würden. Andererseits hatte unsere Regierung beschlossen, im Falle eines Kriegsausbruchs Kalifornien selbst sofort einzunehmen. Der Krieg mit Mexiko war also mehr als nur eine Frage der Grenze.

umstrittene Grenze kampflos aufzugeben , wäre nicht abzusehen, wie sich diese Entscheidung auf die Zukunft der Vereinigten Staaten ausgewirkt hätte. Die Frage selbst ist vielleicht die beste Entschuldigung, die wir für den Krieg finden können.

Nachdem der Streit nun zu unserem geworden war, wurden Truppen an den Unterlauf des Rio Grande geschickt, um ihn in Besitz zu nehmen. Die Mexikaner brachten Truppen, um sich ihnen zu widersetzen, und es begannen Kämpfe. Nachdem unsere Streitkräfte die Mexikaner bei Palo Alto und Resaca de la Palma zurückgeschlagen hatten, überquerten sie den Rio Grande und gelangten auf mexikanisches Gebiet. General Zachary Taylor befehligte diese Linie.

MEXIKANISCHES ARASTRA, ZUM SCHLEIFEN VON ERZEN.

Als der Krieg so begann, wurden Schritte unternommen, um ihn voranzutreiben, indem eine Armee von fünfzigtausend Freiwilligen zusammengestellt wurde, und es wurden Pläne für eine Invasion Mexikos an verschiedenen Punkten geschmiedet. Mit den Generälen Scott, Taylor und Wool hatten wir fähige Anführer, aber die Männer, die ihnen unterstellt waren, waren größtenteils Kriegsneulinge und wurden hastig ausgehoben und ins Feld geschickt, bevor sie richtig im Umgang mit Waffen ausgebildet werden konnten.

Im Norden war der Krieg unpopulär. [2] Sein Kommen wurde vorhergesehen und seine Folgen mit Besorgnis betrachtet. Diese Abteilung sah daher mit Gleichgültigkeit zu, bis die tatsächlichen Kämpfe den Nationalgeist erweckten. Damals wünschte sich das Volk im Allgemeinen von Herzen den Erfolg unserer Waffen, obwohl es den Krieg selbst immer noch ablehnte.

Im Süden und insbesondere im Südwesten hingegen wurde der Krieg mit Begeisterung begrüßt. Die Menschen dort hörten nicht auf, sich zu erkundigen, ob ihre Ziele darin bestanden, die Handlungen einer mächtigen Nation gegenüber ihrem schwächeren Nachbarn zu kontrollieren, sondern unterstützten sie von Anfang an uneingeschränkt. In Texas wurde die Kriegsstimmung durch das Versprechen, ihrem alten Feind unter gleichberechtigteren Bedingungen gegenüberzutreten, völlig geweckt.

Der Krieg führte bald zu den größeren Problemen, auf die wir hingewiesen haben. Auch wenn es manchmal als „kleiner Krieg" bezeichnet wird, zeigt sich, dass der Kampf mit Mexiko um einen großen Einsatz geführt wurde.

FUSSNOTEN

[1] DIE NUECES waren die anerkannte Linie zwischen den Provinzen Coahuila und Texas, bevor letztere ihre Unabhängigkeit erlangte, wie aus damaligen Karten hervorgeht.

[2] DER KRIEG UNBELIEBT. Auf den Straßen wurden Plakate mit der Aufschrift „Ho for the Halls of the Montezumas !" angebracht, die nach Freiwilligen riefen. Der Versuch der Regierungspartei, Kriegsgeist zu entfachen, scheiterte jedoch.

Das in Massachusetts aufgestellte Regiment wurde nicht einmal bejubelt, als es auf dem Weg an die Front durch die Straßen von Boston ging, und bei seiner Rückkehr nach Hause wurde seinen Flaggen ein Platz im State Capitol verweigert.

Aber in Arkansas, Louisiana, Alabama und Mississippi war das Kriegsfieber so groß, dass allein diese Staaten fünfzigtausend Männer hätten stellen können. In einigen Bezirken war der Ansturm so groß, dass man befürchtete, es würden zu wenige Weiße übrig bleiben, um die Neger zum Schweigen zu bringen.

Eroberung von New Mexico.

Während in Alt-Mexiko die schwersten Kämpfe tobten, nahm die Regierung durch an den entlegenen Grenzen organisierte Expeditionen problemlos New Mexico und Kalifornien in Besitz.

New Mexico wurde für die Auswanderung in den Pazifik gesucht. Wenn wir Kalifornien hätten, müssten wir auch das Wegerecht dorthin haben. In den Händen der Spanier versperrte New Mexico den Zugang zum Pazifik so vollständig, dass die älteste befahrene Route den Amerikanern kaum bekannt war und von den Spaniern selbst kaum genutzt wurde.

Wenn wir nun eine Karte der Vereinigten Staaten betrachten, sehen wir, dass der vierunddreißigste Breitengrad den Mississippi an der Mündung des Arkansas kreuzt, New Mexico in der Mitte durchschneidet und den Pazifik in der Nähe von Los Angeles erreicht. Lange Zeit herrschte unter Staatsmännern die Überzeugung, dass die große Auswanderungswelle entlang dieser Linie stattfinden müsse, da das Klima hier am gemäßigtesten sei, sie kürzer sei und weniger Strapazen zu bewältigen sei als die Route über den Südpass. Diese Ansicht hatte den Grundstein für die Erkundung der Flüsse Arkansas und Red River gelegt. Aber abgesehen von dem Wenigen, das Pike und Long gesammelt hatten, war fast nichts darüber bekannt. Doch der vorherrschende Glaube räumte New Mexico im Vergleich zu Kalifornien eine außergewöhnliche Bedeutung ein.

Diese Überlegungen wogen mehr als nur den Erwerb von Territorium, obwohl die Vorstellung, dass New Mexico über sehr reiche Silberminen verfügte, zweifellos ausschlaggebend für die Eroberung war. Ansonsten galt es als armes Land mit wenig Ackerland, größtenteils gebirgig und in den Tälern kaum fruchtbar, während die Winter aufgrund der großen Höhenlage streng waren.

So schien New Mexico von der Natur so angelegt zu sein, wie ein Übergangshaus, das allein auf dem Gipfel eines Gebirgspasses mit Wüsten auf beiden Seiten stehen kann. Es bot einen Ort zur Erfrischung der Reisenden des Landes . Im besten Fall handelte es sich nur um einen dünnen Keil der Halbzivilisation, der, soweit die spanische Macht ihn vorstoßen konnte, nach Norden in die Barbarei getrieben wurde, aber diese Kraft hatte sich schon vor langer Zeit erschöpft, und New Mexico legte nun einen Stein des Anstoßes auf dem Weg des Fortschritts zufriedene Isolation. Unsere Regierung ist entschlossen, das Hindernis zu beseitigen.

Mit diesem Ziel marschierte General Kearney im Juni 1846 von Fort Leavenworth nach Santa Fé , an der Spitze einer Streitmacht [1] , zu der auch ein Bataillon Mormonen gehörte. Nachdem er New Mexico unterworfen hatte, sollte Kearney nach Kalifornien weiterreisen und mit Hilfe der zu diesem Zweck bereits dorthin entsandten Seestreitkräfte auch dieses Land erobern.

PUEBLO-FRAU, DIE MAIS MAHLT.

Es lohnt sich, einen Moment über ein Merkmal dieser Expedition zu verweilen, und sei es nur wegen ihrer Einzigartigkeit. Die Mormonen sollten in Kalifornien ausgezahlt werden, das Schwert in eine Pflugschar verwandeln und sich auf dem Land niederlassen und durften daher ihre Familien und ihr Eigentum mitnehmen. Sie wurden von Herrn Parkman gesehen, als sie sich auf den Weg machten, der sie folgendermaßen beschreibt: „Es war etwas sehr Auffälliges in der halb militärischen, halb patriarchalischen Erscheinung dieser bewaffneten Fanatiker, die so mit ihren Frauen und Kindern auf dem Weg dorthin waren." möglicherweise ein Mormonenreich in Kalifornien gefunden.

„Am Morgen war das Land mit Nebel bedeckt. Wir waren immer Frühaufsteher, aber bevor wir bereit waren, erklangen überall um uns herum die Stimmen der Männer, die das Vieh trieben. Als wir über ihrem Lager vorbeikamen, sahen wir durch die Dunkelheit die Zelte fielen, und die Reihen formierten sich schnell; und vermischt mit den Schreien von Frauen und

Kindern erklangen das Rollen der Trommeln der Mormonen und der klare
Klang ihrer Trompeten durch den Nebel.

„Von da an bis zum Ende der Reise trafen wir fast jeden Tag auf lange Züge
von Regierungswagen, beladen mit Vorräten für die Truppen, die im
Schneckentempo nach Santa Fé krochen .“

JUNGE UND ESEL.

General Kearney marschierte an Upper Arkansas vorbei zum Bent's Fort [2]
und von Bent's Fort über den alten Pfad durch El Moro und Las Vegas, San
Miguel und Old Pecos, ohne auf den erwarteten Widerstand zu stoßen oder
zu irgendeiner Zeit nennenswerten Widerstand zu sehen Körper des Feindes.
Am 18. August, als die Sonne unterging, entfaltete sich das Sternenbanner
über dem Palast von Santa Fé und New Mexico wurde für annektiert [3] der
Vereinigten Staaten erklärt. Entweder glaubte die Heimatregierung, New
Mexico sei vor einem Angriff völlig sicher, oder sie hatte beschlossen, alle
ihre Kräfte für den Hauptkonflikt aufzubewahren, und überließ diese
Provinz ihrem Schicksal.

Nachdem er eine Zivilregierung gebildet und Charles Bent von Bent's Fort
zum Gouverneur ernannt hatte, löste General Kearney am 25. September
sein Lager in Santa Fé auf . Seine Streitkräfte waren nun geteilt. Ein Teil,
unter Oberst Doniphan, wurde angewiesen, sich General Wool in Chihuahua
anzuschließen. Eine zweite Abteilung wurde der Garnison von Santa Fé

überlassen , während Kearney mit dem Rest der Truppen nach Kalifornien weiterzog. Überall schienen die Menschen bereit zu sein, sich stillschweigend zu unterwerfen, und da die meisten Pueblos der Regierung der Vereinigten Staaten bald ihre Loyalität bekundeten, herrschte kaum noch Angst vor einem Ausbruch [4].

Bevor wir das Tal verließen, traf uns ein Kurier mit der Nachricht, dass auch Kalifornien uns ohne einen Schlag unterworfen hatte. Diese Informationen veranlassten General Kearney, den Großteil seiner verbliebenen Streitkräfte zurückzuschicken, während er mit nur wenigen Soldaten seinen Marsch durch das heutige Arizona in Richtung Pazifik fortsetzte.

PUEBLO DES TAOS.

In der Nähe seines Ausgangspunktes vom Rio Grande kam eine Abordnung der Apachen , um mit dem General zu sprechen. Diese Erbfeinde der Spanier staunten nicht schlecht, als sie die Ordnung und Schnelligkeit sahen, mit der unsere Kavallerie dem Signalhornruf „Stiefel und Sättel" gehorchte – dem Befehl, zum Marsch aufzubrechen. Der aufgestaute Zorn von dreihundert Jahren brach unter ihnen in heißen Worten hervor. „Sie haben New Mexico eingenommen und werden bald Kalifornien einnehmen", sagten sie. „Dann geh und nimm Chihuahua, Durango und Sonora. Du kämpfst um Land. Land ist uns egal. Wir kämpfen für die Gesetze von Montezuma und für Nahrung. Die Mexikaner sind Schurken, und wir werden sie alle töten!"

Wir überlassen es dieser Streitmacht, langsam den Gila hinunter und durch die Sandwüste von Niederkalifornien zu wandern, und werden nun untersuchen, was passiert ist, um Kalifornien ohne Blutvergießen der spanischen Herrschaft zu entreißen.

FUSSNOTEN

[1] DIE STREITMACHT VON GENERAL STEPHEN WATTS KEARNEY bestand aus zwei Artilleriebatterien (Kommandant Major Clark), drei Dragonerstaffeln (Major, später General Sumner), den Missouri-Regimentern von Doniphan und Price (später General CSA) und dem Mormonenbataillon (Oberst P. St . George Cooke). Sie wurde „Armee des Westens" genannt.

[2] BENT'S FORT (zweihundert Meilen südöstlich von Denver) war für den Erfolg dieses Feldzugs von entscheidender Bedeutung. Es war ein großes Viereck mit Lehmmauern und Bastionen, ähnlich wie Fort Laramie (siehe Beschreibung von Fort Laramie). Benannt nach Charles Bent, seinem Gründer.

[3] NEW MEXICO ANNEKTIERT. General Kearneys Tat war verfrüht. Dies konnte nur durch ein Gesetz des Kongresses erfolgen.

[4] KEIN AUSBRUCH ERWARTET. Doch im Januar 1847 begann in Taos ein allgemeines Massaker mit einem Massaker an Amerikanern, zu dessen Opfern auch Gouverneur Bent gehörte. Es wurde von Colonel Price unterdrückt, der Taos einnahm. Die alte Kirche von Taos wurde von Aufständischen besetzt, die von Kit Carson und St. Vrain vertrieben wurden .

DIE EINNAHME KALIFORNIENS.

Der Kurier, der von General Kearney angehalten worden war, war Kit Carson, Fremonts alter Führer. Carson [1] war mit Depeschen von Commodore Stockton und Captain Fremont auf dem Weg nach Washington .

Mit ein paar Worten lässt sich erklären, wie Fremont in einer so kritischen Zeit nach Kalifornien kam. Als er versuchte, durch die Sierras in die Staaten zurückzukehren, war er gezwungen, deren Schnee erneut in das Sacramento Valley zu überqueren, und war dieses Tal, das bis auf Indianer unbewohnt war, nach Sutter's Fort hinabgestiegen · wo ihm Mittel zur Verfügung gestellt wurden, um seine Heimreise fortzusetzen.

Er war von dem Land begeistert und hatte einen so positiven Bericht darüber abgegeben, dass er erneut ausgesandt wurde (1845), um den kürzesten Weg für eine Eisenbahn zum Pazifik und insbesondere in die Umgebung der San Francisco Bay zu finden.

Als Fremont aufbrach, glaubte man, dass ein Krieg mit Mexiko unmittelbar bevorstehe. Unsere Regierung begehrte Kalifornien aus mehreren Gründen. Zum einen hatte sich unsere Walfischerei im Pazifik zu einem großen Geschäft entwickelt, in dem zwanzigtausend Seeleute und zweihunderttausend Tonnen Fracht beschäftigt waren. Dieses Interesse galt daher Kalifornien, weil der Hafen von San Francisco der einzige im Nordpazifik war, der nicht durch eine Sandbank blockiert war, wie sie die Mündung des Columbia so schwer zugänglich macht.

Darüber hinaus hatte bereits eine beträchtliche Auswanderung [3] den Weg nach Kalifornien gefunden, dessen gutes Klima und fruchtbaren Boden diese Menschen ihren Freunden zu Hause so sehr lobten, dass viele bereits unterwegs waren und sich darauf vorbereiteten, ihnen zu folgen. Sie wussten nicht, dass sie die Gründer eines neuen Staates werden sollten. Und schon damals sprachen Regierung und Volk von einer Pazifik-Eisenbahn als einer Sache der kommenden Notwendigkeit, und die zuversichtlicheren Anhänger des „offensichtlichen Schicksals" gingen davon aus, dass bis zu fünfzehntausend Amerikaner im Laufe ihres Lebens in Oregon und Kalifornien angesiedelt werden würden . Wir hatten also wichtige kommerzielle Ansichten zu Kalifornien und brachten dort das ein, was im Lichte der Vorhut einer Besatzungsarmee in Betracht gezogen werden könnte. Auf diese Weise hatten wir Texas gewonnen und würden auch Oregon gewinnen.

GROSSER BAUM.

Für Präsident Polk war es ein vorrangiges Ziel, Kalifornien zu sichern, friedlich, wenn wir konnten, und gewaltsam, wenn wir mussten. Mexiko wurde zunächst gebeten, es zu verkaufen, lehnte jedoch ab. Unsere Regierung begann daraufhin geheime Verhandlungen durch den amerikanischen Konsul [4] in Monterey, die darauf abzielten, die freiwillige Abspaltung Kaliforniens von der Mexikanischen Republik insgesamt herbeizuführen und stattdessen die Bildung einer unabhängigen Regierung unter unserem Schutz herbeizuführen. Aber wenn dieser Plan scheiterte –

und er keinen Erfolg hatte –, war alles bereit, Kalifornien mit Waffengewalt einzunehmen.

Es bestand auch die Befürchtung, dass England versuchen könnte, in Kalifornien das zu bekommen, was es in Oregon verlieren würde, nämlich einen pazifischen Seehafen. Ihre Schiffe befanden sich in diesen Gewässern. Mexiko schuldete England Geld, wie wir bereits sagten. Inwieweit diese Befürchtung begründet war, ist unklar; aber dass man das Gefühl hatte, daran kann es keinen Zweifel geben, denn wir sehen Herrn Buchanan, unseren Außenminister, der unseren Konsul in Monterey anweist, dass „die Vereinigten Staaten energisch eingreifen würden, um zu verhindern, dass Kalifornien eine britische oder französische Kolonie wird.“

Um diese Ansichten zu unterstützen, hatte unser Geschwader im Pazifik den Befehl, die wichtigsten Häfen des Landes in Besitz zu nehmen, sobald der Krieg beginnen sollte.

Fremont begann daher seine dritte Expedition über den Kontinent und war über die allgemeine Politik der Regierung gegenüber Kalifornien bestens informiert. Im Übrigen sollte seine Arbeit ausschließlich auf mexikanischem Boden erfolgen, was zusammen mit den anderen Elementen des Falles an sich offenbar die Ansichten der Regierung vorwegnimmt.

Auf dieser Reise überquerte Fremont die Grenze von Arkansas nach Utah und von der Utah-Wüste zu den Humboldt-Bergen und dem Humboldt-Fluss, die er damals beide nach dem großen deutschen Wissenschaftler benannte. Von hier aus traf er erneut auf die Sierra Nevada, die er wie zuvor überquerte und in das Sacramento Valley gelangte.

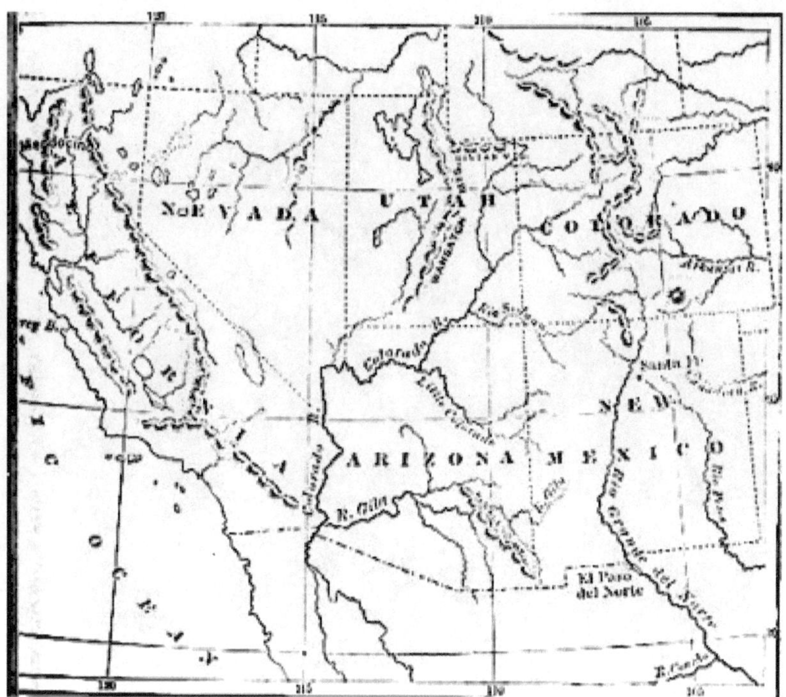

VON MEXIKO ERWORBENE STAATEN UND GEBIETE.

Als Fremont die Nähe von Monterey erreichte, wurde er von den mexikanischen Behörden angewiesen, das Land zu verlassen. Er verschanzte sich auf einem Hügel hinter Monterey, hisste die amerikanische Flagge und widersetzte sich dem Befehl. Als er feststellte, dass die Mexikaner ihn nicht angreifen würden, marschierte er unbehelligt das Sacramento Valley hinauf bis zum Klamath Lake, außer von Indianern, mit denen er mehrere Kämpfe hatte.

Depeschen der Regierung nach Mexiko gekommen war . Man geht davon aus, dass Fremont inoffiziell geraten wurde, das Beste aus jeder sich bietenden Gelegenheit zu machen. Auf jeden Fall scheint er geglaubt zu haben, es sei an der Zeit, seinen Entdeckercharakter aufzugeben und seine Anwesenheit in Kalifornien zur Rechenschaft zu ziehen. Deshalb machte er sich sofort auf den Weg nach Sutter's Fort, wo er in der Nähe der amerikanischen Siedler sein konnte, die im unteren Teil des Tals oder in der Nähe der Bucht von San Francisco lebten. Fremont wurde so zum Sammelpunkt und Beschützer seiner Landsleute in Kalifornien.

KALIFORNISCHE INDIANER UND TULE HUTS, SACRAMENTO VALLEY.

Das war im Juni 1846. Kriegsgerüchte machten nun die Runde. Die Kalifornier stritten sich untereinander über Fragen und spalteten dann die mexikanische Nation. Die Drohungen, sie aus dem Land zu vertreiben, versetzten die amerikanischen Siedler mehr oder weniger in Angst und Schrecken. Wir hatten Kriegsschiffe in San Francisco und Monterey, aber ihre Kommandeure zögerten zu handeln, bis bekannt wurde, dass sich die beiden Nationen im Krieg befanden. Die Siedler setzten jeder Unentschlossenheit ein Ende, indem sie selbst die Flagge der Revolte hissten. Am 14. eroberten diese Siedler Sonoma, einen Militärposten nördlich der San Pablo Bay. Sie riefen Kalifornien sofort zur unabhängigen Republik aus. Daraufhin stellte sich Fremont an ihre Spitze. Er marschierte zuerst nach Sonoma und dann zum Presidio von San Francisco, dessen Garnison bei seiner Annäherung floh. Durch diese schnellen Aktionen fiel das gesamte nördlich der Bucht von San Francisco liegende Land in die Hände der Aufständischen.

Diesen Ereignissen folgte das Hissen einer amerikanischen Flagge über Monterey am 7. Juli durch Commodore Sloat . Das Gleiche geschah durch seinen Auftrag bei Yerba Buena und Sonoma. Sobald er davon hörte, hisste Fremont auch die Flagge in Sutters Fort. Anschließend marschierte er nach

Monterey, wo die Schiffe Savannah, Congress, Cyane und Levant mit ihren Kanonen lagen und die Stadt befehligten. Ein englisches Linienschiff lag ebenfalls im Becken von Monterey und ein weiteres bei Yerba Buena. Mit welchen Absichten sie auch gekommen waren, sie waren einfach zu spät gekommen.

Auf diese Weise begann und endete die sogenannte Bärenflaggenrevolution, bei der die Siedler einen Bären auf ihrer Standarte trugen, wobei Fremont die zentrale Figur war. Ohne ihn wäre es nie möglich gewesen. Ohne ihn wäre die Eroberung nicht dann gekommen, aber sie wäre gekommen.

Commodore Stockton, ein energischer Offizier, dem es gelungen ist Sloat unternahm nun aktive Schritte zur Niederschlagung jeglichen bewaffneten Widerstands gegen die Vereinigten Staaten. Fremonts Bataillon [5], das nun in den Dienst der Vereinigten Staaten gestellt wurde, aber bis dahin unabhängig agierte, wurde an Bord der Cyane nach San Diego geschickt. In San Diego stieß man auf keinen Widerstand. Fremont marschierte dann nach Los Angeles, der eigentlichen Hauptstadt, die er zusammen mit einer Truppe unter der Führung von Commodore Stockton aus San Pedro an der Küste betrat. Die Kalifornier leisteten nirgends Widerstand, sondern flohen in die Berge hinter Monterey.

Nachdem Kalifornien so leicht in unsere Hände gefallen war, wurden sofort Schritte unternommen, um es zu beruhigen. Zur Verwaltung der Regierung wurden Zivilbeamte ernannt. Den Einwohnern wurde Schutz versprochen, solange sie den Frieden bewahrten, während, als ob sie das bereits Erreichte noch krönen wollten, zahlreiche Auswanderer aus dem Norden in das Sacramento Valley kamen und dort blieben.

EL CAPITAN, YOSEMITE.

Ein Aufstand im Süden setzte diesem Zustand ein Ende. Nach kurzer Zeit wurde das Landesinnere erneut überrannt. Während es im Gange war, hörte man von General Kearney. Nach einem der längsten Märsche aller Zeiten war er in der Nähe von San Pasqual angekommen, wo die Aufständischen in einiger Stärke vorgefunden wurden. Es kam zu einem Kampf, in dem Kearneys übermächtige Streitmacht unsanft behandelt und eine Zeit lang von Feinden eingeengt wurde. Die Kalifornier wurden wiederum bei San Gabriel und der Mesa besiegt, und als sie Fremont trafen, der sie von Santa Barbara aus angreifen wollte, übergaben sie sich ihm.

Damit war der Krieg an der Pazifikküste beendet, während der am Atlantik noch andauerte. General Taylor hatte Monterey eingenommen und kämpfte später in der Schlacht von Buena Vista, die hartnäckig umkämpft war. Eine zweite Armee unter General Scott landete in Vera Cruz und eroberte mit Hilfe der Flotte die Burg von San Juan de Ulloa. Diese Armee begann dann ihren Siegeszug in Richtung der Stadt Mexiko und gewann Schlachten bei Cerro Gordo, Churubusco, Molino del Rey und Chapultepec. Nachdem alle Widerstände überwunden waren, wurde die Hauptstadt besetzt und der Krieg endete am 14. September 1847.

Durch den darauffolgenden Friedensvertrag (2. Februar 1848) erwarben die Vereinigten Staaten New Mexico und Kalifornien, wofür fünfzehn Millionen gezahlt wurden. Auch Mexiko verzichtete auf seinen Anspruch auf das Gebiet östlich des Rio Grande. Dieser Fluss im Osten und der Gila im Westen bildeten nun die südliche Grenze der Vereinigten Staaten, vom Golf von Mexiko bis zur Mündung des Gila in den Colorado. Von dort aus erstreckte sich eine gerade Linie bis zum Stillen Ozean und schloss den Hafen von San Diego ein.

FUSSNOTEN

[1] CARSONS ZUHAUSE war in Taos und er kannte das Land gründlich. Er hatte Fremont versprochen, in sechzig Tagen nach Washington zu gehen, und hatte bereits dreißig Maultiere getötet oder abgenutzt, als er Kearney traf.

[2] SUTTERS FORT. Kapitän John A. Sutter war gebürtiger Schweizer. Er kam 1838–39 von Missouri nach Kalifornien und gründete die erste Siedlung im Tal auf einem Gebiet, das ihm von der mexikanischen Regierung als Gegenleistung für die Eindämmung der Indianer gewährt wurde. Zu diesem Zweck baute er eine Festung und bewaffnete sie mit Waffen, die er aus der verlassenen russischen Kolonie Bodega gekauft hatte. Das Fort war ein viereckiges Bauwerk aus Lehmziegeln mit zwölf Kanonen, das tausend Mann aufnehmen konnte, obwohl Fremont darin nur dreißig Weiße und vierzig Indianer vorfand, die Sutter domestiziert hatte. Es stand am Ufer eines Baches, der zum American River mündete. Schiffe stiegen bis auf zwei Meilen an ihn heran. Fremont fand in Sutters Fort eine Basis, die für seine Operationen gegen die Kalifornier bereit war. Obwohl Sutter ein mexikanisches Amt innehatte, trat er bald selbst der amerikanischen Partei bei. Die Festung ist vielleicht am besten im Zusammenhang mit der Entdeckung von Gold bei Sutter's Mill, dem heutigen Coloma, fünfzig Meilen oberhalb davon bekannt. Sutter lebte hier unabhängig und züchtete mit indischen Arbeitern große Ernten und Herden. Sein umfangreiches Stipendium hieß New Helvetia und umfasste den Standort Sacramento City. Abgesehen davon hatten die Spanier weder Posten noch Siedlungen im großen Becken von Kalifornien.

[3] DE MOFRAS , ein Franzose, der Kalifornien besuchte, schätzt die gesamte weiße Bevölkerung im Jahr 1842 auf nur fünftausend, von denen dreihundertsechzig Amerikaner und etwa sechshundert Eingeborene aus anderen Ländern waren.

[4] DER AMERIKANISCHE KONSUL war Thomas O. Larkin, gebürtig aus Charlestown, Massachusetts, der 1832 nach Kalifornien ging. Er war der erste und einzige amerikanische Konsul in diesem Land und erfüllte seine Pflichten so gut, dass er das Vertrauen aller Parteien gewann . „Ihm, vielleicht mehr als jedem anderen Mann, ist das Land für den Erwerb dieses Territoriums zu Dank verpflichtet." – *WW Morrow*.

[5] FREMONTS BATAILLON. „Fremont ritt voraus, ein dürrer, aktiv aussehender Mann … Er trug eine Bluse und Leggings und einen Filzhut. Nach ihm kamen fünf Delaware-Indianer, die seine Leibwächter waren und ihn bei der Ankunft begleitet hatten auf all seinen Wanderungen. Der Rest, viele von ihnen schwärzer als die Indianer, ritt zu zweit, wobei das Gewehr mit einer Hand über dem Sattelknauf gehalten wurde." – *Leutnant Walpole, RN*

DIE MORMONEN IN UTAH.

Die Mormonen oder Heiligen der Letzten Tage [1], wie sie sich lieber nennen, wurden in einem früheren Kapitel erwähnt. Sie sind eine Religionsgemeinschaft, deren Lehren sich stark von denen aller anderen christlichen Körperschaften im Land unterscheiden. Zum einen gestatten sie die Polygamie, [2] die nicht nur dem moralischen Sinn der großen christlichen Gemeinschaft zuwiderläuft, sondern auch den Gesetzen.

Nachdem sie 1838 aus Missouri und zehn Jahre später aus Illinois vertrieben worden waren, machten sich ihre Anführer auf die Suche nach einem Zufluchtsort, der so abgelegen war, dass die Verfolgung sie nicht erreichen konnte und an dem sie ihre religiösen Formen frei ausüben konnten . Wie die meisten religiösen Sekten schienen auch die Mormonen von der Verfolgung zu profitieren, da ihre Zahl dadurch ständig zunahm.

SALT LAKE CITY UND TABERNACLE.

Zu dieser Zeit erregte Fremonts Beschreibung der Region um den Großen Salzsee die Aufmerksamkeit von Brigham Young, dem mormonischen Patriarchen. Fremont hatte gesagt, das Tal des Bear River, einem Nebenfluss dieses Sees, sei „eine natürliche Rast- und Rekrutierungsstation für Reisende ". Seine Böden waren weitläufig, das Wasser hervorragend, Holz ausreichend und der Boden gut an die Getreide- und Gräserkultur einer so hochgelegenen Region angepasst. Der große See würde unerschöpfliche Salzvorräte liefern. Und er vertrat die Meinung, dass Rinder und Pferde dort gedeihen würden, wo Gras und Salz von der Natur so reichlich bereitgestellt würden. Aufgrund dieser Vorteile empfahl er es für eine zivilisierte Besiedlung.

Daraufhin beschlossen die Mormonen, die Bauern und Viehzüchter waren , eine große Karawane zu bilden und zu diesem Großen Salzsee zu reisen. Sie begannen mit einhundertsiebenundvierzig Leuten und dreiundsiebzig Wagen. Am 24. Juli 1847, als die Karawane langsam die Wasatch-Berge hinunterwanderte, sahen die Verbannten die Ebene ihres Neuen Jerusalems sich vor ihnen ausdehnen, doch als sie sie erreichten, wuchsen darauf nichts als Salbeibüsche .

Sie errichteten jedoch ihre Stadt [3] am Fuße der Hügel, an einem Fluss, der, wenn er vom Utah Lake zum Salt Lake fließt, die Bäche auffängt, die die östlichen Hügel hinunterfließen. Die Mormonen nannten diesen Fluss Jordan, weil er eine gewisse Ähnlichkeit mit dem Fluss Palästina vermutete.

Da diese Menschen alles so unfruchtbar fanden, machten sie sich auf die Erfahrungen ihrer Nachbarn, der Pueblo-Indianer, zu berufen, die aus Mangel an Holz ihre Häuser aus Lehmholz bauen und aus Mangel an Regen ihre Felder anbauen, indem sie sie künstlich bewässern. So entwickelte sich Salt Lake bald aus einer trockenen Ebene zu einer Stadt mit Gärten und fließenden Bächen.

Als Fremont die Vorteile des Utah-Beckens darlegte, beschrieb er einen Teil der Nachbarrepublik Mexiko, mit der wir damals Frieden hatten, und als die Mormonen es zu ihrer Heimat machten, waren sie von dem Wunsch getrieben, über die Grenzen Mexikos hinauszugehen die Vereinigten Staaten, wurden aber seltsamerweise wieder in diese zurückgebracht, als Kalifornien an uns abgetreten wurde.

Obwohl diese seltsame Kolonie von der Welt abgeschnitten war, wuchs sie stetig an Stärke und Zahl. Die Mormonenkirche hatte ihre Missionare ausgesandt, um sie in anderen Ländern zu bekehren, denn in der Union wurden ihre Lehren verabscheut, und die Gemeinde selbst galt kaum als etwas Besseres als als Ausgestoßene. Der Anstieg kam also größtenteils aus dieser Quelle. Daher war es natürlich, dass die Mormonengemeinschaft weniger den Geist des Nationalgefühls in sich trug als andere Gemeinschaften und sich aufgrund ihrer Isolation und der Lehren ihrer Herrscher immer mehr von der Union entfernte.

Diese Lehren waren in einer Hierarchie verankert, oder mit anderen Worten: Kirche und Staat waren eins mit der Kirche über der Zivilbehörde. Die Bischöfe, Oberpriester und Ältesten waren die eigentlichen Herrscher, die das Gesetz erließen und gaben, und jedes Mitglied der Gesellschaft spendete ein Zehntel seines Lebensunterhalts für den Unterhalt der Kirche. Allen, die sich nicht dem mormonischen Glauben anschlossen, wurde jede Beteiligung an bürgerlichen Angelegenheiten verwehrt. So hatten die Mormonen in Utah [4] eine eigene kleine Republik gegründet , die andere Bürger der Union praktisch von der vollen Teilhabe an ihren Privilegien ausschloss. Obwohl es sich dem Namen nach um eine Republik handelte, war es im Grunde ein Despotismus. Kurz gesagt, die Mormonen waren nach Utah gegangen, um eine Gesellschaft für sich allein zu gründen, in der niemand außer ihrem eigenen Volk willkommen sein sollte.

Daraus folgte, dass der Mormonenstaat eher als ein Element der Gefahr denn als ein Element der Stärke für die Union angesehen wurde, denn der

Ort, an dem er gegründet wurde, war eine natürliche Festung, von der aus man der Autorität der Nation trotzen konnte, was bald geschah .

Die Mormonen, die nur aufgrund ihrer Isolation florierten, sahen der vorübergehenden Auswanderung wenig Beachtung, obwohl sie großen Nutzen daraus zogen. Sie konnten ihr Vieh, Getreide, Pferde und andere Vorräte zu hohen Preisen an die Auswanderer verkaufen , doch der stetige Marsch dieser Menschen in Richtung Westen bedrohte die Sicherheit, die sie fernab der Welt genießen wollten. Obwohl die Mormonen der großen Bewegung nach Westen stets feindselig gegenüberstanden und manchmal zu Gewalt greifen, um sie aufzuhalten, wurden sie gezwungen, zu ihrem Erfolg beizutragen, und zwar nicht als freie Akteure, sondern als Instrumente in den Händen des Schicksals. Allein in ihrer Abgeschiedenheit beeindruckend, haben sie die Anomalie einer Handvoll Menschen dargestellt, die sich vor die Räder des Fortschritts stürzen. Obwohl sie nicht mehr beeindruckend sind, haben sie bemerkenswerte Arbeit geleistet, indem sie dazu beigetragen haben, eine Wüste produktiv zu machen, die zuvor als unbewohnbar galt.

FUSSNOTEN

[1] DIE MORMONENSEKTE wurde von Joseph Smith, einem gebürtigen Vermonter (1805), gegründet, der eine direkte Offenbarung von Gott beanspruchte und 1830 das Buch Mormon bzw. die Mormonenbibel herausgab, als ob sie von Gott inspiriert worden wäre. Im selben Jahr wurde in Manchester, New York, die Mormonenkirche gegründet. Smiths Autorität war wie die des Papstes absolut und konnte nur durch apostolische Nachfolge bestehen bleiben. Die Mormonen zogen zunächst nach Ohio, neben Jackson County, Missouri, dann nach Nauvoo, Illinois, wo Smith von einem Mob getötet wurde (1844). Sie hatten kleine Siedlungen im Pueblo of the Arkansas und in Fort Bridger.

[2] POLYGAMIE oder Pluralität der Ehefrauen. Die Mormonen behaupten, sie praktizieren es im Einklang mit einer Offenbarung des göttlichen Willens. Mittlerweile wird es jedoch durch Gesetze der Vereinigten Staaten, die zu diesem Zweck erlassen wurden, als Straftat eingestuft. (Siehe den Edmunds-Gesetzentwurf .)

[3] IHRE STADT , fast eine Meile über dem Meer gelegen, „lag hauptsächlich auf der Bank aus hartem Kies, die vom Fuß der Berge nach Süden zum Seetal hin abfällt. Die Häuser – im Allgemeinen klein und einstöckig – wirken ordentlich und ruhig Schauen Sie, während die gleichmäßige Breite der Straßen (acht Stäbe) und die „großartigen Abstände“, die normalerweise

durch die Gebäude erhalten bleiben (jeder Block enthält zehn Acres, aufgeteilt in acht Parzellen, so dass jeder Hausbesitzer ein Viertel Acre für Gebäude und einen Acre hat). für einen Garten) bilden ein *Ensemble, das seinesgleichen sucht* . Dann verleihen die Bäche aus hellem, glitzerndem, springendem Wasser, die durch jede Straße fließen, einen Hauch von Frische und Kühle, den niemand umhin kann, zu genießen." – *Horace Greeley.*

[4] UTAH ist der Name eines Indianerstammes, der „diejenigen, die in den Bergen wohnen" bedeuten soll. Es wurde 1850 zu einem Territorium geformt. „Das große Becken, sechshundert mal dreihundert Meilen, scheint ein riesiges Binnenmeer gewesen zu sein. Das unmittelbare Tal, in dem Salt Lake liegt, ist bei weitem sein bester Teil, und mit Bewässerung ist der Boden auch. " sehr produktiv." – *AD Richardson.* Ohne die Polygamie wäre Utah schon vor langer Zeit ein Staat in der Union gewesen.

Gruppe III.
Gold in Kalifornien und wozu es führte.

„ *Es gibt nichts auf der Welt, das so gesund ist wie die amerikanische Gesellschaft.* " –
GOLDWIN SMITH.

I.
Die große Auswanderung.

EL DORADO ENDLICH GEFUNDEN.
„ *Es ist immer das Unerwartete, das passiert.* “

für die lebhaften Vorstellungen der Spanier von De Soto El Dorado [1] gewesen war, sollte nun eine Realität werden, die die Welt aus ihrer langen Vergessenheit aufschrecken würde. Die Welt glaubte, sie seien einem Phantom nachgejagt, das sie in den Tod lockte. Vergeblich versucht man herauszufinden, warum die Natur endlich das Geheimnis enthüllte, das sie so lange vor denen verborgen gehalten hatte, die gesucht, aber nicht gefunden hatten, um es anderen zu offenbaren, die es gefunden hatten, ohne zu suchen.

Kaum war der Krieg zu Ende [2] , der uns Kalifornien bescherte, ereignete sich dort eine Szene von weitreichender Tragweite für die Menschheit. Worte können es kaum beschreiben. Eine Zeit lang schien es eine Aufhebung aller Gesetze zu sein, die den Erwerb und die Verteilung von Reichtum regeln, wenn dadurch nicht der einfache Arbeiter auf eine Stufe mit dem Millionär gestellt und so die Gesellschaft selbst revolutioniert werden sollte. Wenn wir bedenken, was in der Folge folgte, erscheint die Geschichte selbst in der Tat harmlos.

SUTTER'S MÜHLE.

Kapitän Sutter hatte fünfzig Meilen oberhalb seiner Festung, am Südarm des American River, der hier ein reißender Gebirgsbach ist, ein Sägewerk für sich errichten lassen. Eines Abends, als in der Festung die übliche Stille herrschte, ritt ein Reiter in großer Eile herbei und bat darum, Sutter allein zu sehen. Dies war James W. Marshall, einer von Sutters Männern, der die Mühle oben leitete. Sutter erkannte an seinem Verhalten, dass etwas Ungewöhnliches vor sich ging, ging voran in sein Privatzimmer und drehte den Schlüssel im Schloss. Mit viel Anspielung auf Geheimnis überreichte Marshall seinem Arbeitgeber dann ein Päckchen, in dem sich beim Öffnen eine Handvoll gelbes Metall in Flocken oder Körnern befand, das er angeblich aus der Mühle genommen hatte und von dem er behauptete, es handele sich um Gold . Beim Licht einer Kerze beugten sich die beiden Männer über den kleinen Haufen leuchtender Partikel und prüften ihn gespannt. Sutter würde nicht glauben, dass es Gold war. Marshall war sich sicher, dass es nichts anderes sein konnte. Aquafortis wurde dann erfolglos versucht. Anschließend wurde das Metall mit Silber in Wasser gewogen. Alle Zweifel wurden beseitigt. Es war tatsächlich Gold, Gelbgold, das Marshall gefunden hatte.

Seine Geschichte, kurz erzählt, war in diesem Sinne. Sie hatten mit der Mühle begonnen, als sich herausstellte, dass das Heck zu klein war, um das Wasser abzuleiten. Um ihn zu vertiefen, wurde dann die gesamte Wassersäule in den Kanal gelassen und so bis zur erforderlichen Tiefe ausgewaschen. Als

Marshall die Arbeit des Wassers betrachtete, sah er viele leuchtende Partikel, die in Felsspalten oder im Schmutz, den das Wasser vor sich hergetragen hatte, festsaßen. Plötzlich kam ihm der Gedanke, dass dies Gold sein könnte. Er sammelte, was er konnte, ohne Gefahr zu laufen, entdeckt zu werden, und machte sich auf den Weg zur Festung, ohne irgendjemandem seine Entdeckung mitzuteilen .

Sutter sah sein glückliches pastorales Leben der Vergangenheit kurz vor dem Untergang. Er bemühte sich müßig, die Entdeckung geheim zu halten, zumindest bis er sein Haus in Ordnung bringen konnte. Bald war es im Haushalt und in der Mühle bekannt. Von diesem kleinen Bergwinkel aus wurde es auf den Flügeln des Windes zur Meeresküste und von der Meeresküste in alle vier Himmelsrichtungen getragen.

Die Männer von Kapitän Sutter [3] ließen ihn in großer Zahl im Stich. Als nächstes infizierten sich die amerikanischen Siedler und Indianer der Nachbarschaft. Gold wurde schnell an einem Punkt auf halber Strecke zwischen Sutter's Fort und Mill, den sogenannten Mormon Diggings, [4] am Feather River und in den Schluchten oberhalb des Mühlenstandorts gefunden . Von diesen Bezirken aus begannen die ersten Bergleute mit Beuteln voller Goldstaub in ihrem Besitz nach San Francisco zu ziehen. Männer, die kaum gewusst hatten, was es bedeutet, einen eigenen Dollar zu haben, lebten plötzlich

„Wie ein Kaiser auf seine Kosten.“

Der Effekt war magisch. Innerhalb von nur drei Monaten wurden die meisten Häuser in San Francisco und Monterey geschlossen. Die Schmiede ließen ihre Ambosse zurück, die Zimmerleute ihre Bänke und die Seeleute ihre Schiffe. Jeden Tag desertierten Soldaten aus den Garnisonen von San Francisco, Sonoma und Monterey. Die beiden damals im Land erscheinenden Zeitungen [5] stellten ihre Ausgabe auf unbestimmte Zeit ein. Alle machten sich auf den Weg zu den Minen, und die Rede war von nichts anderem als von Gold.

ZWEI BERGEBER.

Konsul Larkin beschreibt die Szene bei den Mormon Diggings im Juni 1848 folgendermaßen: „Auf meinem Campingplatz fand ich vierzig oder fünfzig Zelte, die größtenteils von Amerikanern besetzt waren, verstreut an den Hängen neben dem Fluss. Ich verbrachte zwei Nächte in Gesellschaft von acht Amerikanern." , von denen zwei Matrosen, zwei Zimmerleute, einer ein Angestellter und drei einfache Arbeiter waren. Mit zwei Maschinen, die Cradles genannt wurden, verdienten diese Männer jeweils fünfzig Dollar pro Tag. Ein anderer Bergmann hatte mit einer gewöhnlichen Zinnpfanne Gold entsprechend dem Wert ausgewaschen von zweiundachtzig Dollar an einem einzigen Tag."

Herr Larkin ging davon aus, dass damals tatsächlich etwa tausend Menschen, überwiegend Ausländer, in den Minen arbeiteten, deren Tagesgewinn sich auf mindestens zehntausend Dollar belaufen würde. Und er wagte sogar die Andeutung, dass bei diesem Tempo in einem einzigen Jahr genug Gold produziert werden würde, um die Kosten zurückzuzahlen, die Kalifornien der Nation gekostet hatte.

Oberst Mason, der Militärgouverneur, fügt hinzu, was er während einer Inspektionstour zu den neuen Seifensiedern sah: „Entlang der gesamten Strecke lagen Mühlen still, Weizenfelder standen Rindern und Pferden offen, Häuser standen leer und Bauernhöfe verfielen." Bei Sutter gab es mehr

Leben und Geschäfte. Barkassen löschten ihre Ladung am Fluss und Karren transportierten Waren zur Festung, wo bereits mehrere Geschäfte, ein Hotel usw. eingerichtet waren. Kapitän Sutter hatte nur zwei Mechaniker angestellt, wem er damals zehn Dollar pro Tag zahlte. Händler zahlten ihm eine monatliche Miete von einhundert Dollar pro Zimmer; und während ich dort war, wurde ein zweistöckiges Haus in der Festung als Hotel für fünfhundert Dollar im Monat gemietet."

FUSSNOTEN

[1] EL DORADO. Siehe S. 14 für den Ursprung dieses Namens.

[2] DER KRIEG WAR KAUM ZU ENDE. Über das genaue Datum des Goldfundes herrscht Unklarheit. Larkin sagt spontan: Januar oder Februar. Hittell , ein gut informierter Schriftsteller, sagt vom 19. Januar. Royce, Januar. Während ich diese Notiz schreibe, ist Bancroft nicht erreichbar.

[3] KAPITÄN SUTTERS MÄNNER. Einige von denen, die entweder in seinen Diensten standen oder seinem militärischen Kommando unterstanden, wurden wohlhabende und einflussreiche Staatsbürger. Unter ihnen sind John Bidwell, Pearson B. Reading, Samuel J. Hensley und Charles M. Weber zu nennen.

[4] MORMONEN-AUSGRABUNGEN. Die Mormonen, die Mr. Larkin im Juni hier fand, kamen wahrscheinlich im Juli 1846 auf dem Landweg mit Colonel Cooke oder mit Samuel Brannan auf dem Seeweg nach Kalifornien. Gouverneur Mason berichtet, dass sie sich auf die Reise nach Salt Lake vorbereiteten. Siehe Anmerkung 5 .

[5] DIE ZWEI ZEITUNGEN. Der „Californian" (später „Alta California"), zuerst veröffentlicht in Monterey, dann in San Francisco; 1846 von Walter Colton und Robert Semple gegründet; herausgegeben von Semple nach seinem Umzug nach San Francisco. Der Anfang 1847 von Samuel Brannan gegründete „California Star" wurde mit der „California" fusioniert. Siehe Anmerkung 4 .

Durch das goldene Tor schwärmen. [1]

Inzwischen vergrößerte sich die Fläche der Goldfelder durch neue Entdeckungen rasch nach allen Seiten. An jedem Tag gab es eine Geschichte über die Entdeckung eines reicheren Seifenwassers, woraufhin ein allgemeiner Ansturm ausgelöst wurde. Im Laufe der Zeit wurde in allen Bächen, die sich durch die Ausläufer der großen Sierra schlängelten, Gold gefunden. [2] Im Hochsommer waren viertausend Menschen, die Hälfte davon Inder, damit beschäftigt, Gold zu waschen, als wäre es die einzige Beschäftigung ihres Lebens gewesen.

Zu dieser Zeit wichen auch die ersten zurückhaltenden Aussagen über das Ausmaß und den Reichtum der Goldfelder ebenso kühnen wie kaum zu glaubenden Vorhersagen. Beispielsweise zögerte Gouverneur Mason, der anfangs übervorsichtig gewesen war, bald nicht zu zögern, zu sagen, dass es im Land mehr Gold gebe, als die Kosten des Krieges hundertfach decken würde.

DAS GOLDENE TOR.

Es ist wahr, dass Mehl in den Minen fünfzig Dollar pro Barrel wert war und ein gewöhnlicher Spaten zehn Dollar, aber als selbst die armen und degradierten Indianer der Rancherias [3] sich den Luxus des Lebens leisten konnten, waren die Kosten für das Nötigste 100 Dollar wert wenig Bedeutung für Männer, die dachten, vier Goldunzen seien nur ein gerechter Lohn für die Arbeit eines Tages.

Dies ist die Geschichte von nur wenigen kurzen Monaten – sozusagen das Vorwort zur größeren Geschichte. Es war noch zu früh, als dass die Entdeckung in den Vereinigten Staaten bekannt wurde, aber die Zeit rückte näher, in der sie das einzige alles beherrschende Thema in jedem Weiler von Maine bis Florida sein würde. Mittlerweile hat es sich auf alle Küsten und Inseln des Pazifiks ausgebreitet. Dunkelgesichtige Kanakas von den Sandwichinseln, dunkelhäutige Peruaner und Chilenen trugen ihre Tausende zum bereits zusammengesetzten Charakter der Bevölkerung des Landes des Goldes bei. Von den russischen Besitztümern im Norden, von den Sandwichinseln mitten im Pazifik verbreitete sich die wundersame Geschichte rasend schnell nach China und zu den australischen Inseln. Dann, mit den herbstlichen Regenfällen, wurde das erste Kapitel dieser Wundergeschichte für eine kurze Zeit abgeschlossen.

CHINESISCHER WÄSCHER.

Authentische Berichte über den Goldfund erschienen erstmals im Herbst in den öffentlichen Drucken der Atlantikstaaten. Im Dezember übermittelte Präsident Polk dem Land die Berichte von Gouverneur Mason und Konsul Larkin. Aus diesen Quellen wurde die Geschichte über die unzähligen Kanäle öffentlicher und privater Geheimdienste aufgegriffen und vervielfacht , bis der Name Kalifornien im ganzen Land ein Begriff wurde. Talismanisches Wort! Es sollte bald eine Million Männer aus ihren Häusern locken, um in den Schluchten der wilden Sierra ihr Glück zu suchen.

Selten in der Weltgeschichte wurde die Gesellschaft so tief in ihrer Mitte erschüttert . Es war wie ein elektrischer Schlag, der in der gesamten sozialen Organisation zu spüren war. Zuerst war da die Taubheit des Staunens, dann das Fieber ungewohnter Aufregung. Wie man in dieses Land aus Gold gelangt, war nun die spannende Frage der Stunde. Nahezu tausend Meilen öder Ebenen und Wüstenberge lagen zwischen ihm und der besiedelten Grenze. Diese konnten erst überquert werden, nachdem im Frühjahr Gras gewachsen war. Eine noch längere Seereise muss unternommen werden, indem man den Isthmus von Darien überquert und dabei den Weg nimmt, den die Vizekönige vorgezeichnet haben, als Spanien die Schlüssel zum Osten innehatte. oder wenn die Reise um Kap Hoorn herum erfolgen würde, würde sich die Entfernung mehr als vervierfachen. Doch der Gedanke an die riesigen Entfernungen, die es zu überwinden galt, schien die allgemeine Ungeduld, sie zu überwinden, nur noch zu verstärken. Die Stimmung in der öffentlichen Meinung war so, dass sie alles andere als einen Aufschub ertragen würde. Bald wurden in jedem Hafen [4] der Union Schiffe für Tampico oder Vera Cruz, für Chagres und für die lange Reise um Kap Hoorn ausgerüstet . In den Seehäfen war nichts zu hören als der Vorbereitungsruf. An der Grenze formierten sich überall Karawanen, um mit dem Erscheinen des ersten Grashalms über der Erde voranzuschreiten. „Ho für Kalifornien!" war der Schrei, der von jeder Brise getragen wurde, die Schiff um Schiff mit ihrer kleinen Kolonie von Goldsuchern über den weiten Ozean hinauswehte. „Ho für Kalifornien!" war die Parole derjenigen , die den Gefahren einer Winterreise durch die Sierras trotzten. Und „Kalifornien!" war immer noch die Antwort anderer Banden, die sich über die Kordilleren auf den von Cortez und seinen Kameraden zuerst verfolgten Wegen nach Acapulco, San Blas oder Mazatlan am Pazifik bewegten. Alle Wege schienen zum Golden Gate zu führen. Endlich wurde El Dorado gefunden.

auf eine Höhe von zwei- bis dreitausend Fuß erhebt. Zwischen diesen Punkten liegt die Meerenge – an ihrer engsten Stelle etwa eine Meile breit und vom Meer bis zur Bucht fünf Meilen lang. Zu diesem Tor I gab den Namen *Chrysopylae* oder Goldenes Tor aus demselben Grund, aus dem der Hafen von Byzanz *Chrysoceras* oder Goldenes Horn genannt wurde." – *Fremont*. Dies war vor der Goldentdeckung. Das alte Presidio befand sich am Ende der Südspitze.

[2] EIN RIESIGES GOLDFELD. Die meisten Nebenflüsse des Sacramento und des San Joaquin waren bald erschlossen, und es wurde sogar nach den Quellen dieser Flüsse gesucht, in der Annahme, dass dort Gold in jungfräulichen Massen existierte, von dem die weiter unten gefundenen Partikel vom Wasser abgetragen worden waren. Eifrige Goldsucher führten ihre Erkundungen bald vom Trinity im Norden bis zum King's River im Süden durch.

[3] INDIANER DER RANCHERIAS wurden in großer Zahl von den Weißen eingesetzt, um für sie Gold zu waschen. Mit Weidenkörben wuschen fünfzig Indianer in einer Woche vierzehn Pfund (Avoirdupois) Gold aus.

[4] IM HAFEN VON EVERT. „Ein Einwohner von New York, der nach einer dreimonatigen Abwesenheit (das war im Januar) zurückkam, würde sich wundern, wenn ihm überall das Wort ‚Kalifornien' ins Gesicht starrte und er die Kolonnen von Schiffen sah, die nach San Francisco auslaufen sollten. „– *New York Tribune*.

DIE KALIFORNIEN-PIONIERE.

Obwohl wir dort im vergangenen Jahr viel gesehen haben und die ersten Ankömmlinge die wahren Pioniere waren, kam es 1849 zu einem großen Ansturm auf die Goldregion, als sich die ersten Nachrichten in den gesamten Staaten verbreiteten. Daher wird die Geschichte des Goldfiebers üblicherweise auf dieses Jahr datiert.

Die Nachfrage nach Schifffahrtsgütern war so groß, dass sogar alte Walfangschiffe für die Beförderung von drei- bis vierhundert Passagieren rund um Kap Hoorn ausgerüstet wurden. Auch diese waren schnell mit Auswanderern überfüllt. Doch schon bald führte die Nachfrage nach schnelleren Schiffen zu neuen Modellen im Schiffbau; und diesem Grund verdanken wir die schnellen Klipperschiffe, die manchmal in 87 Tagen von New York nach San Francisco fuhren.

Anfangs war es für Männer üblich, sich in Unternehmen zu engagieren, die in ihrer eigenen Nachbarschaft gegründet wurden. Diejenigen, die nicht selbst gehen konnten, schlossen sich zusammen und schickten einen Stellvertreter, da Männer Anteile an einem Schiff oder einer Maschine besitzen können, wobei der Stellvertreter einen bestimmten Anteil am Gewinn seiner eigenen Arbeit behalten durfte.

EIN VATER.

Andererseits erhielten die Straßen unserer Hafenstädte durch die tägliche Anwesenheit von Männern in roten Wollhemden , Schlapphüten und Rindslederstiefeln – Männer, die Pistolen und Dolche trugen oder Gewehre trugen – ein neuartiges Aussehen Für friedliche Bürger, die gerade ihre Bauernhöfe, Werkstätten oder Zählhäuser verlassen hatten, war es nicht leicht zu wissen. Die Auswanderung beschränkte sich auch nicht nur auf das Knochengerüst der Gesellschaft. Männer aller Gesellschaftsschichten wurden davon angezogen. Ein Gelehrter könnte einen Tagelöhner als Begleiter haben. Larkin hat uns erzählt, wie das in den Minen funktionierte. Der einzige Zweck, nach Gold zu graben, stellte schnell alle auf eine Stufe, denn indem man die Arbeit zum einzigen Mittel des Reichtums machte, wie es am Anfang der Fall war, war der einfache Arbeiter zum Standesgenossen des gelehrtesten Gelehrten im Land geworden . Daher trug jedes Schiff und jede Karawane ihre kleine Republik der Gleichheit. Und daher schien die

Gesellschaft in ihre ursprünglichen Elemente zurückzukehren, als ob Gold der Magnet wäre, der alles andere anzieht.

BERG SHASTA.

Dem Auslaufen vieler Schiffe, vollbeladen mit eifrigen Goldsuchern, folgte im Frühjahr der Marsch Tausender über die Ebenen. Wie Kolonien wandernder Ameisen kroch die lange Reihe von Wagen über die Straßen, die zum South Pass und zum Rio Grande führten. In Salt Lake City, dessen Gründung wir gerade gesehen haben, blieben die müden Auswanderer eine Weile, um ihre gescheiterten Tiere für die gefürchtete Durchquerung der Wüste zu rekrutieren; dann wieder auf die Straße, um sich immer weiter durch die ausgedörrten Täler zu kämpfen, wo ihre hageren Tiere verdursteten, oder die Granithänge der Sierras hinauf, wo sie vor Erschöpfung abstürzten, bis sie schließlich das Sacramento Valley erreichten und der Shasta Peak ausbrach auf ihren entzückten Anblick. Hunderte kamen übrigens ums Leben, und noch lange nach dem Goldmarsch im Jahr 1849 konnte man seine Spuren anhand der verlassenen Wagen oder toten Tiere erkennen, die seinen Weg verstreuten.

Viele gelangten über den Fluss Chagres nach Panama, dessen Lauf bis zu der Gebirgskette führte, die die Gewässer des Atlantiks von denen des Pazifiks trennte. Tag für Tag hätte man eine bunte Flotte von Einbaumkanus sehen können, die sich mit Stangen und Rudern gegen die schnelle Strömung dieses Gebirgsbaches abmühten. An der Spitze der Schifffahrt hoben auf einer offenen Stelle unter den hohen Bergen ein paar Kokosnusspalmen Büschel anmutigen Laubes über eine Ansammlung elender Hütten, deren Besitzer gemischter spanischer und indianischer Abstammung waren. Dies lag an der Route, die die Spanier 1513 entdeckt hatten. Das war Gorgona .

AUF DEM OREGON TRAIL.

Gorgona zogen die Auswanderer mit Maultieren über die Berge zum Pazifik, dem sie hier sehr nahe kommen. In der antiken Stadt Panama, die nur als Exemplar jener älteren Zivilisation interessant ist, die ihren Lauf genommen hatte, warteten bald mehrere tausend Amerikaner [1] auf Schiffe, die sie nach Kalifornien weiterbringen sollten. Jeder verrückte Hulk, der schweben würde, wurde von früheren Ankömmlingen aufgegriffen. So mussten diese Leute während der kränklichen Jahreszeit in Panama bleiben, obwohl das tödliche Fieber des Landes täglich ihre Reihen der Tapfersten und Besten dünner machte. So mussten Monate des mühsamen Wartens vergehen, bis diese Menschen das Land des Goldes betreten konnten.

Als sie dort ankamen [2], fanden sie San Francisco [3] vor, eine Stadt voller Zelte und Hütten, die über eine Gruppe kahler, windgepeitschter Sandhügel verstreut waren. Im darunter liegenden Becken, das von der geschwungenen Küste gebildet wurde, ankerte eine Flotte verlassener Schiffe. Weiter entfernt erhob sich die kleine Insel Yerba Buena [4] und noch weiter, jenseits der Meilen glitzernden Wassers, umschloss die schroffe Wand der Coast Range die Bucht prächtig mit ihrem umschließenden Arm.

SAN FRANCISCO IM JAHR 1849.

Fügen Sie diesem Bild nun die Eile und Verwirrung hinzu, die der Strand zu jeder Tageszeit zeigte, und wir werden einen schnellen Blick auf die bescheidenen Anfänge des vorgesehenen Handelszentrums im Pazifik werfen. Diese Zelte am Strand waren die Lagerhäuser der zukünftigen Metropole; die auf den Hügeln waren die Wohnsitze der reichsten Bürger.

Wenn wir dem Bootsschwarm folgen würden, der stündlich vom Strand zu den Minen aufbricht, würden sie uns zu den beiden großen Binnenwasserstraßen des Landes führen. An der Stelle, an der Sutter seinen Landeplatz eingerichtet hatte, war eine andere Stadt entstanden. Das war Sacramento. Auf der San Joaquin, wo Weber 1844 ein Zuhause gefunden hatte, wuchs Stockton auf. Dies waren die beiden großen Depots für die Minen im Norden und Süden.

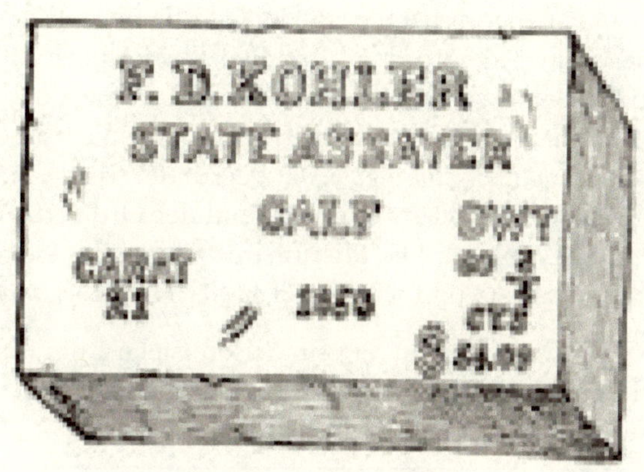

FRÜHE MÜNZE.

Zu Beginn des neuen Jahres (1849) war die Bevölkerung Kaliforniens auf 25.000 angewachsen. Die Wintermonate, oder, wie wir in dieser Region sagen sollten, die Regenzeit, brachten überall großes Leid für die schlecht untergebrachten und schlecht ernährten Auswanderer, von denen viele in einem Zustand der Armut in die Minen kamen. Es gab viele Dinge, die nicht einmal mit Gold gekauft werden konnten oder die Reichtum nicht beherrschte. Männer, die beides hatten, waren froh, Eicheln zum Leben zu haben. Viele starben in diesem ersten Winter. Mit dem Beginn des Frühlings wurden die erschöpften Reihen durch Neuankömmlinge mehr als aufgefüllt, und als der Januar wieder vorüber war, zählte die Zahl der Pioniere von 1849 hunderttausend.

FUSSNOTEN

[1] ZWEITAUSEND AMERIKANER. „Bei der Besiedlung einer Insel wird das erste Gebäude, das ein Spanier errichtet, eine Kirche sein, ein Franzose ein Fort, ein Holländer ein Lagerhaus und ein Engländer ein Bierhaus." Hinzu kommt, dass ein Amerikaner eine Zeitung gründen würde. Nachdem die inhaftierten Amerikaner in Panama eine ungenutzte Druckerei gefunden hatten, gründeten sie eine Zeitung namens „Star", deren Herausgeber John A. Lewis aus Boston war.

[2] ALS SIE ES TATSÄCHLICH ERREICHTEN. Der Schoner „Phoenix" benötigte für die Überfahrt einhundertfünfzehn Tage; die zwei Freunde, fünfeinhalb Monate unterwegs von Panama nach San Francisco.

[3] SAN FRANCISCO : benannt nach dem Heiligen Franziskus von Assisi, dem Gründer des Franziskanerordens, der die kalifornischen Missionen gründete. Sehen Sie sich die Legende seiner Predigt an die Vögel an. Die Mission von San Francisco lag zwei Meilen vom Landeplatz an der Bucht entfernt, wo die heutige gleichnamige Stadt gegründet wurde. An diesem Landungspunkt wurde ein Zollamt errichtet und der Ort Yerba Buena genannt (siehe Anmerkung 4). Die Missionare wählten das kleine Dolores Valley, weil es der sonnigste und wärmste Teil der Halbinsel war.

[4] YERBA BUENA ; Vorname von San Francisco (siehe Anmerkung 3); bedeutet gutes Kraut: jetzt auf der Insel fortgesetzt. Eine in Kalifornien verbreitete Rebe mit einer kleinen weißen Blüte.

KALIFORNIEN EIN FREIER STAAT.

Die Vereinigten Staaten richteten in Kalifornien nicht sofort eine Territorialregierung ein, sondern setzten darüber Militärgouverneure ein, die die alten Gesetze Mexikos in Kraft hielten. Was das waren, konnten nur die Ureinwohner wissen. Sie waren noch nicht ins Englische übersetzt. Tatsächlich verspotteten viele die Idee, durch Gesetze regiert zu werden, die für Spanier gemacht wurden. Anstatt also mit der Macht ausgestattet zu sein, Gesetze zu erlassen, die den neuen und seltsamen Bedingungen angepasst waren, die sich aus der Goldentdeckung ergaben, während die Gesellschaft ungeformt war oder daran zerbrach, lebten die Menschen in Kalifornien fast ohne Gesetze, abgesehen von solchen als zwingendes Bedürfnis sie dazu zwang, für sich selbst etwas zu machen und durchzusetzen. Dieser Zustand konnte bei einem Volk, das aus allen Teilen der Erde eilig zusammengewürfelt wurde und von dem die meisten gesetzestreu waren, viele aber Ausgestoßene der Gesellschaft waren, nur eine einzige Folge haben. Es führte zu Verwirrung, Gesetzlosigkeit und Kriminalität. In den Annalen des Staates wird es üblicherweise als Interregnum bezeichnet, nach dem lateinischen Wort, das eine Aussetzung der regulären Regierungsfunktionen bedeutet.

Da die eigentlichen Gesetze entweder weitgehend unbekannt blieben oder wenig geschätzt wurden, passte sich das Volk ihnen nur so weit an, dass sie den Beamten oder Gerichten, die sie untereinander wählten, spanische Namen gaben. Überall nahmen sie das Gesetz selbst in die Hand und führten lokale Gesetze oder Gebräuche mit Gesetzeskraft ein, je nachdem, was ihre Situation zu rechtfertigen schien.

So legten die Bergleute selbst fest, wie viel Platz jeder Mann zum Graben haben sollte; und sie führten in ihren Lagern strenge Justizkodizes ein, nach denen die schlimmsten Verbrechen in der Regel sofort bestraft wurden. Wenn zum Beispiel ein Mann einen Mord begangen hatte, wurde er sofort vor einem zu diesem Zweck eilig einberufenen Bergarbeitergericht angeklagt. Prozesse dieser Art wurden im Allgemeinen ordnungsgemäß durchgeführt und verfehlten selten die Gerechtigkeit, doch wurden sie immer als Abkehr von den Gepflogenheiten zivilisierter Menschen und insofern als Rückfall in die Barbarei empfunden .

HYDRAULISCHER BERGBAU.

Viel Unordnung bringt viel Ordnung mit sich. Als Gouverneur Riley über alle Übel informiert wurde, zu denen dieser Zustand führte, berief er 1849 das Volk zu einer Versammlung zur Bildung einer Landesregierung ein . Die Delegierten versammelten sich dementsprechend im September in Monterey. Sie verfassten nach dem Plan der Freistaaten eine Verfassung, die die Sklaverei verbot; Denn da die Arbeit der Eckpfeiler des Staates sein sollte, wollten die Männer von 1849 die freie Arbeit nicht durch die Konkurrenz mit der Sklavenarbeit herabwürdigen. Im November wurde die Verfassung vom Volk ratifiziert; und im Dezember trafen sich die von ihr gewählten Beamten in San José, um die Landesregierung vollständig zu organisieren.

HÜHNERVERKÄUFER.

Dem Antrag Kaliforniens, ein Freistaat zu werden, stießen die Südstaatenmänner im Kongress auf heftigen Widerstand, die gehofft hatten, dass Kalifornien ein Sklavenstaat werden würde. Es brachte noch einmal das ganze Thema der Ausweitung der Sklaverei zur Sprache. Schließlich führte der Kampf zu einem weiteren Kompromiss, durch den Kalifornien ein Freistaat wurde (1850), der Sklavenhandel im District of Columbia abgeschafft und das Gesetz über flüchtige Sklaven verabschiedet wurde, hauptsächlich durch die Bemühungen von Henry Clay. Die Umsetzung des letztgenannten Gesetzes erregte die Empörung des Nordens, da noch nie etwas geschehen war. Der Widerstand gegen die Ausweitung der Sklaverei war dort nun zur beherrschenden Frage in der Politik, in der Literatur und auf der Kanzel geworden. Die Doktrin, dass die Bevölkerung eines Territoriums allein das Recht haben sollte, zu entscheiden, ob sie Sklaverei betreiben möchte oder nicht, war von Senator Douglas im Fall Kaliforniens mit großer Nachdruck vertreten worden; und so brachte die Volkssouveränität, wie sie genannt wurde, nun zunächst die gemäßigten Befürworter der Sklaverei zusammen, diejenigen, denen ihre Ausweitung gleichgültig war, und diejenigen, die glaubten, eine solche Regelung, wie Mr. Douglas sie vorschlug, würde die Frage aus der Parteiagitation herauslösen und so stellen ein Ende der Sezessionsdrohungen, die das Schreckgespenst aller waren, die die Union liebten.

ARIZONA.

Nachdem mit Mexiko ein Streit über die durch den Krieg festgelegte Grenze entstanden war, legte Präsident Pierce ihn bei, indem er das betreffende Gebiet (1853) für zehn Millionen Dollar kaufte. General James Gadsden verhandelte über die Übertragung, und für ihn wurde sie „Gadsden Purchase" genannt. Die Vereinigten Staaten erwarben somit den Landstreifen zwischen dem Gila River und der heutigen Südgrenze Arizonas. Vor dem Kauf war es Teil des mexikanischen Bundesstaates Sonora. Herr Gadsden bemühte sich, damit den Hafen von Guaymas am Golf von Kalifornien zu sichern, wurde jedoch vom Kongress in seinen Bemühungen nicht unterstützt.

Zur Zeit seiner Abtretung an uns war Arizona praktisch unbekannt, außer den Jägern und Fallenstellern oder den wenigen, die die Berichte der frühen spanischen Entdecker gelesen hatten. Herr Gadsden wurde verspottet, weil er den Kauf getätigt hatte, und der Kongress wurde dafür gerügt , dass er das Geld des Volkes für eine trockene Wüste verschwendet hatte, in der es nicht genügend Holz und Wasser gab, um eine Bevölkerung zivilisierter Lebewesen zu ernähren. Das Versäumnis der Spanier, nennenswerte Siedlungen zu gründen, wurde thematisiert. Geschichten über Minen von sagenhaftem Reichtum, die Arizona in seinen Bergen verschlossen hielt, stammten tatsächlich aus längst vergangenen Zeiten und waren im Ausland mehr oder weniger aktuell, aber nur wenige glaubten daran oder konnten sich keinen Ausgleichsvorteil vorstellen, der uns für die Millionen erwachsen würde Der Kongress hatte ausgegeben. Die Regierung ließ jedoch sofort das Gebiet untersuchen, um die Frage zu klären, ob wir beim Kauf betrogen worden waren oder nicht.

MISSION SAN XAVIER DEL BAC, IN DER NÄHE VON TUCSON.

II.
DER WETTBEWERB UM FREIEN BODEN.

DER KANSAS-NEBRASKA-KAMPF.

In der Zeit, die unsere Geschichte jetzt erreicht, wurde der politische Sinn des Volkes in allen Angelegenheiten, die das nationale Leben berührten, durch die Whig- und die Demokratische Partei repräsentiert. Es wurde noch ein weiteres Gremium gegründet, um die Einreise weiterer Sklavenstaaten zu verhindern, und nannte sich daher Free-Soil-Partei. Diese letzte Partei war erst nach dem Krieg mit Mexiko entstanden und war noch nicht stark genug, um mit den älteren Parteien erfolgreich um die Kontrolle in nationalen Angelegenheiten zu konkurrieren; aber es wurde von Tag zu Tag stärker.

Keine der beiden großen Parteien war durch geografische Grenzen getrennt. Beide nannten sich nationale Parteien, aber da die Ausweitung der Sklaverei zur entscheidenden Frage der Stunde geworden war, verlor die Whig-Partei an Boden gegenüber der Free-Soil-Partei, die tatsächlich größtenteils aus dem Abfall derjenigen Whigs entstand, die sich fortan für eine Kandidatur entschieden mit den Gegnern der Sklaverei, bis diese Frage für immer geklärt wäre. Obwohl die Whig-Partei in den freien Staaten die stärkste Partei war, begann sie zu zerfallen, weil sie nicht mehr die wachsende Stimmung gegen die Sklaverei in diesen Staaten vertrat, obwohl sie immer noch von fähigen Staatsmännern wie Daniel Webster geführt wurde, den das Land immer hatte Ich suchte in der Vergangenheit nach sicherem Rat und Führung durch alle Gefahren des Parteikonflikts.

Im Gegensatz dazu war die Demokratische Partei, die in den Sklavenstaaten am stärksten vertreten war, fester denn je durch die Agitation über die Sklaverei geeint, von der ihr großer Anführer Calhoun ihnen gesagt hatte, dass sie nur durch eine Ausweitung aufrechterhalten werden könne und dies auch nur möglich sei verlängert, indem es aggressiv wird.

STEPHEN A. DOUGLAS.

Hier haben wir also kurz zusammengefasst die politische Situation nach der Aufnahme Kaliforniens. Im Süden unterstützte die Demokratische Partei standhaft und trotzig die Ausweitung der Sklaverei; im Norden begünstigte es die Volkssouveränität, wie sie von Herrn Douglas definiert wurde. Die Free-Soil-Partei erklärte ihre Absicht, sich der Schaffung weiterer Sklavenstaaten zu widersetzen, und bereitete sich unter der Führung von Sumner aus Massachusetts, Chase aus Ohio und Seward aus New York darauf vor, gegen ihre furchtbaren Gegner anzutreten. Die Whigs galten nun als die Partei des Schwankens, der Schwäche und des Kompromisses. Obwohl sie nominell in Opposition zu den Demokraten standen, wurde ihrer Führung nicht mehr vertraut, da man den Eindruck hatte, sie habe das eine Prinzip aufgegeben [1], um das sich der kommende Kampf unweigerlich drehen würde.

Der Demokratischen Partei gelang es, Franklin Pierce [2] für die Amtszeit von 1853 bis 1857 zum Präsidenten zu wählen.

Seine Regierung ist vor allem wegen der Verabschiedung des Kansas-Nebraska Act denkwürdig, durch den aus dem Louisiana Purchase zwei neue Territorien gebildet und zur Besiedlung freigegeben wurden. Bei der Ausarbeitung dieses Gesetzes überließen seine Autoren es dem Volk, selbst zu entscheiden, ob es Sklaverei betreiben wollte oder nicht, wie Douglas es forderte ; und um dies zu erreichen, wurde der Kompromiss von 1820 aufgehoben. Diese Maßnahme war größtenteils das Werk von Herrn Douglas, der argumentierte, dass das Volk Herrscher sei, und eine Rückverweisung der Sklavereifrage an das Volk als die einzig wahre

Möglichkeit ansah, die Unruhen darüber zu regeln. Es hatte einen gewissen Fairplay-Look, der viele im Norden für seine Unterstützung gewann. In dieser Form verabschiedete der Kongress das Gesetz am 30. Mai 1854.

Die Aufhebung des Missouri-Kompromisses wurde von vielen im Norden und einigen im Süden [3] als Verletzung des dem ganzen Volk so heilig gegebenen Versprechens angesehen, die Sklaverei nördlich von 36° 30° nicht zuzulassen. Wir werden sehen, wozu es geführt hat.

Schauen wir uns zunächst die neuen Gebiete an, wie sie durch das Bio-Gesetz festgelegt wurden. Vom Missouri im Osten reichten sie bis zu den Rocky Mountains im Westen. Sie enthielten die fruchtbarsten Ländereien der öffentlichen Hand. Die großen Durchgangsstraßen nach Oregon, Kalifornien und New Mexico verliefen auf ihrer gesamten Länge und machten schon zu diesem frühen Zeitpunkt deutlich, dass die große Bewegung der Menschen von Ost nach West entlang der Linien dieser Durchgangsstraßen verlaufen musste. Unterwegs war sein Weg mit bevölkerungsreichen Städten und Dörfern übersät.

Wir haben die Entdecker bereits durch dieses herrliche Land geführt. Durch sie war viel Wissen über seine natürlichen Eigenschaften, sein schönes Klima und die unvergleichliche Fruchtbarkeit seines Bodens gewonnen worden. Der Westen war sein Nachbar und wusste am meisten darüber. Der Osten kannte es nur aus den Berichten von Pike, Long und Fremont, aus den Berichten von Auswanderern oder aus den Reisegeschichten von Irving, Latrobe und anderen, die alle bei ihren Lesern eine Art romantisches Interesse hervorriefen.

Auf dem jungfräulichen Boden von Kansas waren die Fragmente vieler einst mächtiger roter Nationen des Ostens kolonisiert worden. Hier treffen wir endlich wieder auf die Wyandots des Huronsees, [4] die Delawares von Pennsylvania, die Sacs and Foxes, Ottawas , Pottawatomies , Shawnees, Kickapoos, Piankeshaws und andere kriegerische Völker, deren Rasse als Nationen geführt worden war. Bis zu diesem Punkt waren sie schließlich durch die immer weiter voranschreitende Flut der weißen Auswanderung zurückgedrängt worden. Wahrscheinlich waren sie den ursprünglichen Besitzern des Bodens – den Missouris , Kansas, Otoes , Pawnees, Osages – zahlenmäßig weit überlegen und alle behielten ihre Stammesorganisation innerhalb der ihnen von der Regierung gesetzten Grenzen unbeeinträchtigt bei. Hier lebten diese Wracks einst mächtiger Völker friedlich auf der Gabe der Nation, die ihnen gesagt hatte, Kansas sei ihre dauerhafte Heimat.

Unter den meisten dieser Stämme waren Missionen und Schulen verschiedener religiöser Konfessionen gegründet worden. Eines der reichsten und scheinbar wohlhabendsten war das von den Methodisten [5] unter den Shawnees gegründete Volk, das halbzivilisiert war und auch einige Sklaven hielt.

Um ihre Auswanderer zu schützen, die ständig über die großen Routen in Richtung Pazifik reisten, hatte die Regierung die Militärposten Fort Leavenworth [6] am Missouri, Fort Riley an der Kreuzung der beiden Hauptarme des Kansas und Fort Kearney am Missouri errichtet die Platte. Fort Scott wurde ebenfalls im Süden gegründet, an der Straße, die zum Indianergebiet führte.

Diesen neuen Territorien standen zwei Staaten gegenüber, ein Sklave und ein Freier. Es wurde angenommen, dass Kansas seine Siedler größtenteils aus Missouri holen und so leicht ein Sklavenstaat werden würde, während Nebraska durch den Einfluss seines Nachbarn Iowa auf ähnliche Weise ein Freistaat werden würde. Darüber hinaus galten der Boden und das Klima von Kansas als günstig für den Einsatz von Sklavenarbeitern, während man davon ausging, dass Nebraska nördlich der Grenze lag, jenseits derer diese Arbeit rentabel gemacht werden konnte. Daher richteten sich die Bemühungen derjenigen, die die Sklaverei befürworteten, auf Kansas; und da der größte Teil davon von Indianern bewohnt war, wurde deren Entfernung oder Beschränkung auf kleinere Gebiete vorgesehen, um so Platz für die künftige Besiedlung zu schaffen.

FUSSNOTEN

[1] DAS PRINZIP AUFGEGEBEN. Die beiden großen Whig-Führer Webster und Clay befürworteten die Kompromissmaßnahmen von 1850. Clay war ein Mann aus dem Süden, wenn auch kein Sklaverei-Propagandist wie Calhoun; aber Webster, ein Mann aus dem Norden, enttäuschte viele seiner Wähler und verlor von da an seinen alten Einfluss auf sie.

[2] FRANKLIN PIERCE stammte aus New Hampshire, war von Beruf Anwalt und hatte im mexikanischen Krieg gedient. Er gehörte nicht zu den vordersten demokratischen Staatsmännern, wurde aber als Kompromisskandidat ausgewählt, nachdem 35 Stimmzettel zwischen Cass, Douglas und Buchanan aufgeteilt worden waren.

[3] EINIGE IM SÜDEN. Benton aus Missouri und Houston aus Texas lehnten die Aufhebung ab.

[4] WYANDOTS DES HURONSEES. Schauen Sie zurück auf „ Westward by the Great Waterways ". Zu den anderen Stämmen siehe Index .

[5] METHODISTISCHE MISSION. Dies war eine Mission der Methodist Church South. Weitere Missionen dieser Konfession wurden bei den Omahas , Kickapoos, Kansas und Delaware gegründet. Die Baptisten und Quäker hatten auch Missionen unter den Shawnees, die Baptisten in den Delawares und die Katholiken (St. Mary's) unter den Kansas.

[6] FORT LEAVENWORTH , gegründet 1827 von Colonel Henry Leavenworth, nach dem es benannt ist. Es war das große Grenzversorgungsdepot für die anderen Militärposten auf den Routen Santa Fé und Oregon, die von der Regierung in Militärstraßen umgewandelt wurden. Die Forts Riley, Kearney und Scott wurden in ähnlicher Weise nach General Bennet Riley (Militärgouverneur von Kalifornien), General Stephen W. Kearney (Eroberer von New Mexico) und General Winfield Scott (Eroberer von Old Mexico) benannt.

KANSAS DAS SCHLACHTFELD.

Als der Kongress beschloss, dass Freiheit und Sklaverei in Kansas um die Vorherrschaft konkurrieren sollten, erinnert uns diese Entscheidung an das Urteil des weisen Königs der Geschichte, der entscheiden musste, welcher von zwei Müttern ein Kind gehörte, und einem seiner Wächter befahl, es zu beschneiden spalte es mit seinem Schwert in zwei Teile und gib jedem Anspruchsteller die Hälfte.

In diesem Wettbewerb standen der Kongress und der Präsident auf der Seite des Südens. Die gesetzgebende Macht hatte zunächst alle Beschränkungen aufgehoben, um Kansas zu einem Sklavenstaat zu machen, und nun sollte die Exekutive Gouverneure [1] über die Menschen ernennen, die dorthin gehen sollten, um dort zu leben, und den Militärkommandanten Befehle erteilen, ihnen zu helfen, wenn dazu aufgerufen.

Es gab noch ein weiteres sehr wirksames Mittel, das dem gleichen Ziel diente und das sich in den Händen gesetzloser Männer als ernstes Hindernis für die friedliche Einwanderung von Siedlern aus den freien Staaten erwies. Der Hauptweg für Reisen in das umstrittene Gebiet war der Missouri River, dessen Ufer bereits von einer Bevölkerung mit vielen Sklaven gesäumt waren und daher leicht zu aktiver Feindschaft angeregt wurden, weil man befürchtete, dass die Gründung eines Freistaates an der Grenze ihre Neger befallen würde wegzulaufen und sie so ihres Eigentums zu berauben.

Darüber hinaus hatten die Missourianer, wie wir bereits sagten, Kansas zuversichtlich als ihr Eigentum angesehen, wann immer es für Siedlungen geöffnet werden sollte, und konnten den Gedanken nicht ertragen, dass es ihnen von einem Volk entrissen wurde, dessen Politik sie verabscheuten und dessen Anwesenheit sie fürchteten .

Unter diesen Bedingungen begann die Siedlerbewegung nach Kansas im Norden und Süden. Es war kein friedlicher Marsch friedlicher Bürger unter der schützenden Hand der Nation, sondern wurde durch Gruppenrivalität in einen politischen Kreuzzug verwandelt. Überall im Norden und Süden fanden öffentliche Versammlungen statt, um die abenteuerlustigen jungen Männer beider Sektionen zum Gehen zu ermutigen, wie in Kriegszeiten. Sektionale Leidenschaften wurden geweckt und entfacht. In den Kirchen wurden große Summen gesammelt, um diese Auswanderer für den Konflikt zu bewaffnen, von dem klar war, dass er früher oder später stattfinden musste. Damit begann endlich der Krieg der Sektionen, der so lange den nationalen Frieden bedroht hatte. Der Kongress hatte es dem Volk überlassen, die Frage zu regeln, weniger im Geiste staatsmännischer Kunst als vielmehr als Ausweg aus der Schwierigkeit; Und als die Menschen sahen, dass eine friedliche Lösung unmöglich war, bereiteten sie sich darauf vor, dagegen anzukämpfen, nicht mit Stimmzetteln, wie Douglas geglaubt hatte, sondern als Männer, die davon überzeugt sind, dass Gewalt, und zwar nur Gewalt, über die Gerechtigkeit ihrer Sache entscheiden kann .

Die Verbesserungen eines Hausbesetzers.

Missourianer begannen mit der Besiedlung von Kansas. Im Juni 1854 wurde Leavenworth [2] zwei Meilen unterhalb der gleichnamigen Festung angelegt. Eine weitere Stadt wurde ebenfalls 25 Meilen weiter flussaufwärts des Missouri gegründet und nach Senator Atchison [3] von Missouri benannt. Diese beiden, mit St. Joseph im Norden und Kansas City im Süden, kontrollierten nicht nur das gesamte Flussufer von Kansas, sondern auch die hineinführenden Straßen, da St. Joseph und Kansas City die etablierten Ausgangspunkte waren für die Überquerung der Ebenen, von denen die großen Überlandrouten abzweigten. Missouri-Siedler gründeten kurz darauf auch eine dritte Stadt im Kansas Valley, der sie den Namen Lecompton gaben [4] und die sie bald zur Hauptstadt des Territoriums machte.

So trat der Norden in den Konflikt ein, um die Kontrolle über Kansas zu erlangen, und zwar unter allen Nachteilen, die die Abgelegenheit, die frühere Besetzung oder die unnachgiebige Entschlossenheit, alle auszuschließen, die die Sklaverei nicht befürworteten, mit sich bringen konnten.

STRAßE, KANSAS CITY, 1857.

Neuengland stand im Mittelpunkt des Denkens und Handelns gegen die Sklaverei, und der Rest des Nordens suchte zweifellos nach einer Führung. Es war daher in Neuengland, wo erstmals aktive Schritte unternommen wurden, um Siedler aus dem Freistaat nach Kansas zu schicken. Dies wurde durch eine Vereinigung namens New-England Emigrant Aid Company [5] erreicht , die die Mutter oder der Vorläufer vieler ähnlicher Organisationen war, die später in den gesamten Freistaaten gegründet wurden. Die New-England Company handelte mit großer Methode. Es bildeten kleine Kolonien, die unter kompetenter Führung standen, mit landwirtschaftlichen Geräten ausgestattet wurden und sogar Sägewerke errichteten, um neue Siedlungen zu errichten. Einige Kolonisten nahmen ihre Familien mit, aber die meisten der ersten Ankömmlinge waren alleinstehende Männer, die der Wunsch, Kansas als einen freien Staat zu sehen, und nicht ein gedankenloser Abenteuergeist, den geordneten Gemeinden des Fernen Ostens entrissen hatte. Zuversichtlich machten sie sich an diese Arbeit, begleitet von den Gebeten und guten Wünschen ihrer Freunde und Nachbarn, obwohl sie an die unhöfliche Begegnung mit Grenzbewohnern und das Grenzleben ebenso wenig gewöhnt waren wie die beiden Arten von Zivilisation, die jede für sich darstellte, voneinander entfernt waren .

LAWRENCE, KANSAS.

Diese Auswanderer ließen sich im Kansas Valley nieder , wo sie Lawrence [6] (August 1854), Topeka, Manhattan und Wabaunsee gründeten. Später wurden entlang der Osage-Gewässer Siedlungen gegründet, deren wichtigstes und in den Annalen von Kansas berühmtestes Osawatomie war.

Der leitende Kopf dieser freistaatlichen Bewegung an Ort und Stelle war
Charles Robinson, den kein geeigneterer Repräsentant des Geistes seiner
Mission oder jemand, der die Fähigkeit besaß, sich gegen die vielfältigen
Schwierigkeiten von Zeit und Ort durchzusetzen, hätte haben können
gewählt worden.

FUSSNOTEN

[1] GOUVERNEURE VON KANSAS. In vier Jahren hatte Kansas fünf
Gouverneure; nämlich Reeder, Shannon, Geary, Walker und Denver.
Reeder weigerte sich, die falschen Territorialgesetze durchzusetzen, und
wurde abgesetzt. Shannon versuchte, die Freistaatsbewegung
niederzuschlagen, trat jedoch aus Verzweiflung zurück. Geary schloss sich
dem an, wurde mit dem Leben bedroht und floh verkleidet aus dem
Territorium. Walker erwies sich als zu ehrlich, um betrügerische Wahlen zu
ertragen, und verließ das Territorium, als er von denen, die ihn dorthin
geschickt hatten, im Stich gelassen wurde. Denver fand die Kontroverse
zugunsten eines Freistaates praktisch beigelegt. Kansas wurde daher nicht
zu Unrecht als „Friedhof" der Gouverneure bezeichnet.

[2] LEAVENWORTH ist im Westen von einem hohen Bergrücken umgeben,
der ein natürliches Amphitheater bildet . Seine Lage wird kaum von einer
anderen Stadt im Missouri Valley übertroffen. Die Nähe zum Fort machte
sie bald zur ersten Handelsstadt von Kansas, da sie die
bevölkerungsreichste war. Kansas hat die einmalige Gelegenheit verpasst,
eine großartige Stadt innerhalb seiner eigenen Grenzen zu haben.

[3] SENATOR DAVID R. ATCHISON war vor Ort der Anführer der Pro-
Sklaverei-Bewegung. Atchison war die Residenz der Senatoren Samuel C.
Pomeroy und John J. Ingalls und ist heute eine blühende Stadt.

[4] LECOMPTON erhielt seinen Namen von Samuel D. Lecompte , dem
Obersten Territorialrichter von Kansas.

[5] DIE NEW-ENGLAND EMIGRANT AID COMPANY war eine eingetragene
Organisation nach den Gesetzen von Massachusetts. Seine Geschichte wird
von Eli Thayer geschrieben, einem seiner ersten Förderer. Die Männer, die
es verfassten, waren eher Vertreter der allgemeinen Antisklaverei-Stimmung
als Politiker. Alle waren von einwandfreiem Charakter. Ihre Kolonien
waren die Verkörperung der Neuengland-Idee, wie sie durch das Motto von
Massachusetts „ *Ense petit placidum sub libertate quietam* " interpretiert wurde:

„Diese Hand, der Herrschaft der Tyrannen entgegenzutreten,

Sucht mit dem Schwert die sanfte Ruhe der Freiheit.

[6] LAWRENCE , benannt nach Amos A. Lawrence aus Massachusetts.

Der Kampf wurde gekämpft und gewonnen.

allem erforderte , was ihr im Weg stand. Wenn man dies zugibt, folgte dem Versuch, in Kansas ein freies Gemeinwesen zu errichten, mit Sicherheit ein Rückgriff auf die Gesetzlosigkeit – insbesondere seitens einer unhöflichen Bevölkerung wie der an der Grenze zu Missouri.

Von dem Moment an, als das Organic Act zum Gesetz wurde, war die Zukunft von Kansas immer und vor allem eine nationale Frage. Die Führer des Südens hatten den Missourianern gesagt, dass sie Kansas um jeden Preis der Sklaverei aussetzen müssten, wenn sie dem Süden nicht die politische Macht entreißen wollten. Der Norden hatte sich der Herausforderung mit den Worten von Senator Seward gestellt, der sagte: „Dann kommen Sie, meine Herren der Sklavenstaaten! Da es kein Entrinnen vor Ihrer Herausforderung gibt, nehme ich sie im Namen der Freiheit an. Wir werden uns auf den Wettbewerb einlassen." den jungfräulichen Boden von Kansas, und Gott schenke der zahlenmäßig stärkeren Seite den Sieg, denn sie ist im Rechten."

DIE FÄHRE, LAWRENCE, KANSAS.

Die Menschen in West-Missouri, von denen in früheren Kapiteln Einblicke gegeben wurden, waren typische amerikanische Grenzbewohner, unhöflich in Manieren und Sprache, kaum berührt von den verfeinerten Einflüssen des älteren Ostens, offenherzig und überaus gastfreundlich, aber dazu fähig Sie begingen brutale Exzesse, wenn ihre Leidenschaften geweckt wurden, wie sie es jetzt durch die übertriebene Appelle ihrer vertrauenswürdigsten Führer taten, dem Abolitionismus ein Ende zu machen, wenn sie nicht sehen würden, dass er eine Bedrohung für ihren inneren Frieden darstellte – eine Anstiftung zum Aufstand oder unaufhörlich Turbulenzen entlang ihrer Grenze. Ihr Charakter kann aus dem Namen erraten werden, den sie in einem Geist der Tapferkeit aus dem Munde ihrer Gegner nahmen : den der Grenzräuber. Sie waren Experten im Umgang mit dem Gewehr, mutige Reiter, von Kindesbeinen an an das Leben im Freien gewöhnt und durch Erfahrungen aus den Wechselfällen des Grenzlebens abgehärtet, bis hin zu den Knochen eines selbstbehauptenden Amerikanismus der Davy-Crockett-Schule. Da die öffentliche Meinung die Beilegung privater Streitigkeiten mit der Pistole oder dem Bowiemesser rechtfertigte, wurde die Tötung im Vergleich zu Gemeinschaften, in denen die Durchsetzung von Gesetzen der Schutz des Bürgers ist, als gering angesehen. Wenn man dazu noch die übliche Verachtung der Grenzbewohner für diejenigen hinzufügt, die in Städten aufgewachsen sind oder die den Rückgriff auf Gewalt zur Unterstützung ihrer Prinzipien scheuten, haben wir das Maß der Gegner, denen die Freistaatsmänner des Nordens auf ihrem eigenen Boden gegenüberstehen sollten , und mit ihren eigenen Waffen in ihren Händen.

Ein Hausbesetzer zieht seinen Anspruch zurück.

Die sich aus diesem Zustand ergebenden Ereignisse lassen sich kurz zusammenfassen.

Während die Freistaatsbewegung durch den Zuzug tatsächlicher Siedler stetig an Boden gewann, unternahmen die Missourianer entschlossene Anstrengungen, sie aufzuhalten, indem sie zunächst die Regierung des Territoriums an sich rissen und dann alle, die sich ihren Gesetzlosen widersetzten, einschüchterten oder vertrieben Handlungen. So wurde eine Wahl für Mitglieder der Territorialgesetzgebung (März 1855) von Missourianern kontrolliert, die ganz offen mit Waffen in die Wahlbezirke kamen, ihre Stimmzettel unwidersprochen abgaben und dann wieder nach Missouri zurückkehrten und so zurückkehrten gesetzgebende Körperschaft durch rechtswidrige Abstimmungen. Diese Legislative erließ Gesetze zur Einführung der Sklaverei. Die Männer des Freistaates weigerten sich, es oder seine Gesetze anzuerkennen. Sie verfassten eine Verfassung [1] zum Verbot der Sklaverei und beantragten die Aufnahme in die Union. Sie wählten auch Staatsbeamte und eine Legislative, die sie im schlimmsten Fall einsetzen wollten. In der Zwischenzeit organisierten sie sich, um bei Bedarf Gewalt mit Gewalt abzuwehren. Alle, die dagegen waren, Kansas zu einem Sklavenstaat zu machen, schlossen sich nun in der Freistaatspartei zusammen.

Diese Partei, die gerade Charles Robinson zum Gouverneur gewählt hatte, weigerte sich, Steuern zu zahlen, Verfügungen zu gehorchen oder sich in irgendeiner Weise an die Gesetze der sogenannten Scheingesetzgebung zu halten. Die Pro-Sklaverei-Partei erklärte diesen Verrat. Der Kongress lehnte die Topeka-Verfassung ab, das Repräsentantenhaus stimmte für ihre Aufnahme, der Senat dagegen.

Als Folge der Rettung eines Freistaatsmannes aus den Händen des Sheriffs wurde Lawrence bald von einer großen Streitmacht aus Missourianern belagert, die unter dem Deckmantel des Gesetzes versammelt waren, in Wirklichkeit aber Eindringlinge des Territoriums waren . Die Einwohner von Lawrence bereiteten sich auf eine starke Verteidigung vor, indem sie an allen Zugängen zur Stadt Erdfestungen errichteten, in denen ständig mit Sharpes Gewehren bewaffnete Männer stationiert waren. Als die Missourianer sahen, dass sie zum Kampf entschlossen waren, zogen sie ab, ohne den Mut zu wagen, sie anzugreifen.

Als die andere Partei feststellte, dass die Männer des Freistaats so standhaft waren, berief sie sich als Nächstes auf die richterliche Gewalt, um ihnen bei der Auflösung der Vereinbarung zu helfen, die sie gegen die Durchsetzung illegaler Gesetze eingegangen waren. Gouverneur Robinson und viele andere Führer des Freistaats wurden von einer großen Jury auf Anweisung des Obersten Richters wegen Hochverrats angeklagt [2] , der die Taten der Männer des Freistaats als Anstiftung zum Krieg gegen die Bundesregierung definierte. Robinson und andere wurden verhaftet und eingesperrt. Einige der Anführer flohen aus dem Territorium.

Schlammfestung, Lawrence.

Es waren auch Anklageschriften gegen die beiden in Lawrence gedruckten Zeitungen sowie gegen das Hotel gefunden worden, in dem die Männer des Freistaats ihre Versammlungen abzuhalten pflegten. Diese wurden zu öffentlichen Belästigungen erklärt. Unter dem Vorwand des Gesetzes marschierte eine bewaffnete Gruppe zu Lawrence, warf die Pressen in den Fluss, brannte das Hotel nieder und brannte das Haus von Gouverneur Robinson nieder. Dies geschah am 20. Mai 1856.

Der nächste Akt der eigentlichen Regierung war die Einberufung von Truppen der Vereinigten Staaten, um die am 4. Juli in Topeka zusammengetretene Legislative des Freistaats aufzulösen. Alle diese Vorgänge hatten in der gesamten Union das größte Interesse und während ihres Aufenthalts in Kansas Widerstand gegen sie geweckt Die Unterdrückung wurde vorübergehend unterdrückt, sie gewann in allen freien Staaten an Stärke [3].

JOHN BROWN.

Unter den Freistaatsmännern gab es einige, die glaubten, dass solche Taten, wie sie in Lawrence begangen worden waren, Repressalien in Form von Sachleistungen erforderten. Unter diesen erlangte James H. Lane [4] große Berühmtheit; aber der belebende Geist war zweifellos John Brown von Osawatomie, [5] der der Ansicht war, dass die Politik der Unterwerfung völlig falsch sei und dass auch die Befürworter der Sklaverei um ihre eigene Sicherheit fürchten müssen, bevor Frieden erreicht werden könne. Er sprach sich dafür aus, Schlag für Schlag zu geben. Diese Idee fand großen Anklang beim kämpfenden Teil der Freistaatsmänner. Was die Frage der Sklaverei angeht, war Browns Geist sicherlich durch die allumfassende Vorstellung beunruhigt, dass Sklaverei eine Sache der Gewalt sei, die einen gewaltsamen Tod erleiden müsse. Dies zu erreichen, war nun das einzige Ziel seines Lebens, und er verfolgte es so unerbittlich wie das Schicksal. Um dieses Ziel zu erreichen, besaß er bestimmte Eigenschaften, die ihn entweder zum Helden oder zum Märtyrer machen, je nachdem, welches Ziel in der Geschichte gewichtet wird. Ein eiserner Wille, ein religiöser Eifer, der dem Fanatismus gleichkam, verbanden sich mit einem ruhigen, aber entschlossenen Mut, den keine Gefahr einschüchtern oder von seinem Ziel abbringen konnte. Er war ein Puritaner vom Schlage Cromwells aus dem 17. Jahrhundert – ein Mann aus Eisen, der einer Eisenzeit angehörte.

Brown hatte bald Angst vor seinen Taten an der Grenze. Die Schläge, die er ausführte, waren schnell, heimlich und tödlich. Nun waren es die Befürworter der Sklaverei, die vertrieben oder ermordet wurden oder deren Häuser mitten in der Nacht angezündet wurden. Männer, die geschickt wurden, um ihn zu fangen, wurden selbst gefangen genommen und festgehalten. Diese Taten führten zu Vergeltungsmaßnahmen, Vergeltungsmaßnahmen für neue Verbrechen, und eine Zeit lang war Kansas der Gewalt ausgeliefert.

BROWN'S BLOCKHAUS.

Im Glauben, dass der Kongress sie in die Union aufnehmen würde, formulierte die Sklavereipartei auch eine Staatsverfassung in der Hauptstadt Lecompton. Aber eine Wahl für eine neue Legislative hatte sie mit überwältigender Mehrheit besiegt und so die Kontrolle über die Territorialkörperschaft endlich den Männern des Freistaats überlassen. Daher sahen die Lecompton-Männer nun keine Hoffnung mehr für sich außer in ihrer Staatsverfassung. Da sie sich weigerten, das gesamte Instrument dem Volk vorzulegen, verzichteten die Männer des Freistaats darauf, für oder gegen den einzigen Vorschlag „ Sklaverei" oder „keine Sklaverei" zu stimmen, da sie auf jeden Fall die verhasste Verfassung erhalten müssten. Die Rückgaben zeigten die alte Entschlossenheit, den Menschen gegen ihren Willen die Sklaverei aufzuzwingen. Eine große Mehrheit wurde für die Verfassung erreicht, indem die Wahlurnen mit gefälschten Stimmen vollgestopft wurden. Von sechstausend und ungeraden Stimmen (6.226) wurde fast die Hälfte (2.720) illegal abgegeben. Die Verfassung von Lecompton wurde jedoch von Präsident Buchanan mit seiner Zustimmung dem Kongress vorgelegt. Im Kongress löste es eine stürmische Debatte aus, wurde zur endgültigen Ratifizierung an die Bevölkerung von Kansas zurückgeschickt und von ihnen bei den Wahlen im August 1858 entschieden abgelehnt.

Obwohl Kansas noch drei Jahre länger aus der Union herausgehalten wurde, war ihre Haltung gegenüber der Sklaverei nun so wenig zweifelhaft, dass die Befürworter der Sklaverei den Wettbewerb aus Verzweiflung aufgaben.

Um ihre Sache im ganzen Land aufrechtzuerhalten und sie zu einer Sache zu machen, in der sich die Gegner der Sklaverei vereinen konnten, lebten die Freistaatsmänner von Kansas eine Zeit lang fast im Chaos, anstatt den Namen eines gesetzestreuen Volkes einzubüßen. Dabei zeigten sie bewundernswerte Selbstbeherrschung. Um sich in Kansas zu behaupten, waren sie schließlich gezwungen, die Taktiken ihrer Angreifer zu übernehmen und Schlag für Schlag zu versetzen. Gebildete Menschen fühlten sich durch diese Art von Leben auf die Probe gestellt. Es machte sie rücksichtslos. Es schwächte den Respekt vor dem Gesetz, selbst bei den Gesetzestreuen. Es brachte den materiellen Fortschritt zum Stillstand und erzeugte lebenslange Feindschaften zwischen Männern, die als Nachbarn zusammenleben sollten. Der soziale Fortschritt wurde um Jahre verschoben. Das bloße Vorhandensein eines Konflikts hatte die Tendenz, böse Männer an die Front zu bringen, deren Einfluss sich als Hindernis für die Wiederherstellung der Ordnung im Staat erwies. Der Wettbewerb in Kansas bewies, dass Douglas Unrecht hatte und John Brown recht hatte, insofern es dabei um die Frage eines friedlichen Wettbewerbs um den Boden ging. Im nationalen Sinne war es daher nur der Auftakt zum großen Bürgerkrieg des Jahrhunderts.

FUSSNOTEN

[1] VERFASSUNG ZUM VERBOT DER SKLAVEREI , in der Geschichte als Topeka-Verfassung bekannt. Der Staat trat schließlich der Union auf der Grundlage einer 1859 in Wyandotte ausgearbeiteten Verfassung bei, die im Oktober desselben Jahres bei den Wahlen ratifiziert wurde.

[2] ANGEKLAGT WEGEN HOCHVERRATS. Die Gerichte wurden von Bundestruppen unterstützt, mit denen die Freistaatsmänner keinen Konflikt riskieren würden. Robinson und andere „Hochverratsgefangene"

erlitten mehrere Monate Haft. Es war ein kluger Plan, der Freistaatspartei ihre Führer zu entziehen.

[3] STÄRKE ERLANGEN. Seit seiner Veröffentlichung im Jahr 1852 haben Menschen überall „Onkel Toms Hütte" von Mrs. HB Stowes gelesen, ein Buch, das möglicherweise mehr dazu beitrug, die öffentliche Meinung gegen die Sklaverei zu festigen, indem es die Aufmerksamkeit auf ihre schlimmsten Übel lenkte, als alle politischen Diskussionen dieser Zeit zusammensetzen. Aus dieser Sicht verdient es einen Platz in der Reihe der Ereignisse, die auf die Kompromisse von 1850 folgten. Eine weitere Episode ähnlicher Tendenz war der Angriff von Preston S. Brooks aus South Carolina auf Senator Sumner in der Senatskammer, der aus Kansas hervorgegangen war Probleme (1856). Eine weitere Entscheidung war die Entscheidung von Richter Taney im Fall von Dred Scott, einem Sklaven, der erklärte, dass die Sklaverei ein Recht habe, überall im öffentlichen Bereich zu existieren, bis sie durch staatliche Gesetze verboten werde.

[4] JAMES H. LANE aus Indiana hatte im Mexiko-Krieg ehrenvolle Dienste geleistet. Er kam als Befürworter der Sklaverei nach Kansas, schloss sich aber bald der Free-State-Partei an, in der er großen Einfluss erlangte – vielleicht mehr als jeder andere Mann in ihr. Lane war ein geborener Anführer von Männern. Dies erklärt seinen Aufstieg angesichts der anderen Tatsache, dass er nie das Vertrauen anderer bedeutender Führer des Freistaats hatte. Bei den landwirtschaftlichen Siedlern war er stark. Lanes große Popularität wählte ihn von Kansas aus in den Senat der Vereinigten Staaten. Während der Rebellion befehligte er eine Brigade. Seine öffentliche und private Integrität wurde gleichermaßen in Frage gestellt. Obwohl Lane einst der beliebte Held seiner Zeit war, war er das Produkt anormaler Zustände und starb mit ihnen.

[5] OSAWATOMIE ist eine Mischung aus Osage und Pottawatomie.

ZWEI FREIE STAATEN ZUGELASSEN.

Minnesota kam 1858 und Oregon 1859 der Union bei und stärkte sie so durch die Hinzufügung von zwei jungen und robusten Commonwealths, die beide urzeitliche Wildnisse im Gedächtnis der heute lebenden Menschen waren.

III.
DIE KRONE DES KONTINENTS.

Gold in Colorado und der Ansturm dort.

Diejenigen, die mit den allgemeinen Merkmalen der Rocky Mountains am besten vertraut waren, hatten schon lange vorhergesagt, dass sie irgendwann reich an Bodenschätzen sein würden. Einer der frühesten und optimistischsten Verfechter dieser Idee war Colonel William Gilpin aus Missouri, dessen Vorhersagen im Lichte späteren Wissens wie die Gabe der Prophezeiung erscheinen. Tatsächlich gab es in Salt Lake mehr oder weniger aktuelle Berichte über den Fund von Gold in den Gebirgsbächen des Großen Beckens, und zwar bereits im Jahr 1848, aber jede Suche danach wurde von den Mormonenführern abgeraten, da sie dazu neigte, einen Schwarm Gold über sich zu bringen Abenteurer, deren Anwesenheit unweigerlich zum Ruin ihrer isolierten Republik führen und so alle bisherigen Mühen und Nöte nutzlos machen würde. Wir haben gesehen, dass solche Berichte die Mormonen in Kalifornien erreichten, die sich darauf vorbereiteten, nach Salt Lake City zu gehen.

Dann war die Existenz reicher Silberminen in den Bergen von New Mexico, die die Spanier seit einer unbekannten Zeitspanne auf die gröbste Art und Weise betrieben hatten, seit der Zeit von La Salle allgemein bekannt, obwohl die Die in Bezug auf sie eingehaltene Geheimhaltung schloss praktisch eine Untersuchung darüber aus, ob das Unternehmen profitabel war oder nicht. Aber Kalifornien war so lange das Ziel aller Goldsucher, dass die Goldfelder erst zu erschöpfen begannen und die Menschen zu fragen begannen: „Was kommt als Nächstes?" dass das große Rückgrat des Kontinents, über das die Auswanderung so lange und rücksichtslos gerast war, sie plötzlich mit der Frage, wie man sagen könnte: „Warum mich nicht durchsuchen?" stoppte?

TOR, GARTEN DER GÖTTER.

Der erste Bericht über den Goldfund am östlichen Fuß der Rocky Mountains erreichte den Missouri River im Juli 1858, erlangte aber erst einige Monate später große Anerkennung. Im Oktober jedoch erreichte das Fieber an der Grenze seinen Höhepunkt und hatte einige Fortschritte in Richtung Osten gemacht. Obwohl mehrere Partys in den Grenzstädten Kansas und Missouri starteten, hinderte die Verspätung der Saison viele daran, zu diesem Zeitpunkt dorthin zu reisen. In der Zwischenzeit gingen jedoch weiterhin Berichte ein, von denen jeder offenbar gut authentisch und schlüssiger war, was die Haupttatsache anbelangte, dass unweit des Fußes des Pike's Peak Gold in lohnender Menge vorhanden war. Die Region, in der Berichten zufolge die Entdeckungen stattfanden, erhielt daher den Namen dieses herrlichen Berges, dessen Seiten vage mit Adern aus dem Edelmetall aus dem Sand der Platte versehen sein sollten.

Nach vielen Prospektionen wurde festgestellt, dass der Boden entlang des Cherry Creek, einem kleinen Nebenfluss der South Platte, dem Bergmann die besten Ergebnisse versprach. Es wurde daher zum Stützpunkt für künftige Operationen, die bis ins Herz der Berge vordringen sollten. Zunächst einfach als Cherry Creek bekannt, nahm das Lager der ersten Ankömmlinge bald den Namen Denver City an, [1] nach James W. Denver, dem Gouverneur von Kansas, zu dem diese Goldregion damals gehörte.

HUMOR DER STRASSE.

Mit Beginn des Frühlings und der Eröffnung der Schifffahrt auf dem Missouri begannen Auswanderer zu den verschiedenen Ausgangspunkten für die neue Goldregion zu strömen. Von Omaha bis zur Unabhängigkeit herrschte entlang der Grenze ein beispielloses Treiben. Viele begannen eine Reise von 1100 Kilometern zu Fuß. Einige legten ihre weltlichen Güter in Handkarren, vor denen sie sich festschnallten. Ein Mann soll eine Schubkarre von Kansas City nach Cherry Creek geschoben haben. Die meisten Auswanderer zogen jedoch in Wagen über die inzwischen gut markierten Straßen der Pioniere, und nachts waren die Prärien weit und breit mit ihren Lagerfeuern erleuchtet.

DENVER IM JAHR 1859.

ÜBERLANDETAPPE . – IM CAMP.

Angesichts des Ansturms auf den Pike's Peak richtete die Firma Russell, Majors & Waddell, die jahrelang Vorräte zu den Militärposten in Kansas, Utah und New Mexico transportiert hatte, nun eine Linie täglicher Reisebusse von Leavenworth nach Denver ein. die den Republikaner hinauf und von dort zum Platte geführt wurden. So kommt nach dem Indianerpony, der Fallenstellerkarawane, der Entdecker- und Auswandererkavalkade endlich die moderne Postkutsche mit ihrem Versprechen, auf ihrem Weg noch Größeres zu erwarten. Am 21. Mai erreichte der erste Bus Leavenworth auf dem Rückweg aus den Bergen und brachte nur ein paar tausend Dollar

Staub mit sich; Doch in diesem Monat fand John H. Gregory, ein alter Bergmann aus Georgia, reiche Goldvorkommen in den Bergen am Quellgebiet von Clear Creek. Diese Entdeckung begründete den Wert Colorados als goldhaltige Region.

REINGEHEN.

Bei einem Besuch im Jahr 1859 wurden die Gregory Diggings in einer Schlucht gefunden, entlang derer kilometerweit Blockhütten, Zelte und Lager verstreut waren, die hastig mit Brettern oder Kiefernzweigen abgedeckt waren. Es waren damals fünftausend Menschen darin, und jeden Tag kamen mehr hinzu.

Hier wiederholten sich die Erfahrungen des kalifornischen Lebens. Einige Männer zogen zweihundert Dollar pro Tag ab; andere, die genauso hart arbeiteten, bekamen für ihre Arbeit keine fünf Dollar pro Tag. Das Ergebnis war, dass ständig ein Strom von Zuversichtlichen und Fröhlichen hereinkam , während nicht wenige, denen es bei den Ausgrabungen nicht gelungen war, ihr Glück zu finden, ebenso ständig niedergeschlagen und in Lumpen herauskamen.

KOMMT HERAUS.

Im Jahr 1859 lebten in Denver etwa tausend Menschen, die in dreihundert grob behauenen Blockhäusern lebten. Nur sehr wenige von ihnen hatten Glasfenster oder Türen oder andere Böden als den nackten Boden. Herde und Feuerstellen wurden aus Lehm gebaut, wie in New Mexico, und Schornsteine aus kreuzweise übereinander gelegten Stöcken, deren Zwischenräume mit Lehm gefüllt waren, wie es die Neu-Engländer von 1630 zu tun pflegten. Da außer in den Sommermonaten kein Regen fällt, war das Leben an der frischen Luft für die Menschen, die gezwungen waren, das Beste aus allem herauszuholen , leicht zu ertragen und lernten daher leicht, auf den sogenannten Luxus zu verzichten.

BÜRO FÜR „ROCKY-MOUNTAIN NEWS", DENVER.

Malerisch zwischen diesen heimeligen Behausungen der Weißen gelegen, sah man viele Hauthütten. Diese gehörten einer Gruppe von Arapaho-Indianern, die ihr Lager im Herzen der wachsenden Stadt aufgeschlagen hatten. Bald darauf wurden Golden City im Norden und Colorado City im Süden gegründet. Der erste war ein Zwischenpunkt auf dem Weg zu den Gregory Diggings; der zweite begann am Fuße des Pike's Peak, in der Nähe der berühmten *Fontaine qui bouille*, [2] oder kochenden Quelle, und auf dem Weg nach Santa Fé .

COLORADO-STADT, 1859.

Innerhalb weniger Monate hatte sich Denver zu einer Stadt mit Ziegel- und Fachwerkhäusern entwickelt, mit zwei Theatern, einer Münzprägeanstalt, die das Gold ihrer eigenen Minen prägte, und konkurrierenden Tageszeitungen. Es hatte gerade die zweite Entwicklungsstufe der Grenzstädte erreicht.

QUARZ-STANZMÜHLE.

Die Oberflächen- oder Seifenabbaustätten Colorados waren bald erschöpft, aber an ihrer Stelle wurden Gürtel aus mit Quarz vermischtem Gold auf dem gesamten Weg vom Pike's Peak im Süden bis zum Long's Peak im Norden durchbohrt. Oberhalb dieses Goldgürtels wurden manchmal auf den Gipfeln der Berge reiche Silbererze gefunden. Diese Entdeckungen wandelten den Bergbau bald von einer Beschäftigung, die jedermann betreiben konnte und die anfangs so viele Menschen nach Colorado gelockt hatte, zu größeren Kapitalgeschäften, mit all den Hilfsmitteln, die die moderne Wissenschaft zu ihrer Hilfe bereitstellt.

FUSSNOTEN

[1] DENVER-STADT. Green Russell, ein Georgier, schlug im Sommer 1858 mit einer Gruppe von Goldsuchern das erste Lager am Cherry Creek auf. Sie nannten es Auraria, nach einer Bergbaustadt in Georgia. Die Partei, die Denver City benannte, kam im Winter 1858/59 mit General Larimer aus Leavenworth, Kansas. Die Goldregion bildete zunächst eine Grafschaft von Kansas namens Arapaho, obwohl sie sechshundert Meilen von Junction City entfernt war, der damaligen nächstgelegenen Siedlung von Kansas. Das nächstgelegene Postamt war Fort Laramie, zweihundertzwanzig Meilen nördlich von Denver.

[2] FONTAINE QUI BOUILLE , Französisch. „Die drei Quellen, die aus der Erde sprudeln und nicht vor Hitze kochen, sind stark mit Soda imprägniert." Sie wurden von Pike, Long, Fremont und anderen besucht und beschrieben.

DIE PACIFIC RAILROAD.
Bereiten Sie sich in Kriegszeiten auf den Frieden vor.

In etwa einem halben Jahrhundert haben wir gesehen, wie sich die große Masse der Nation mehr als fünfhundert Meilen nach Westen bewegte. Es rückte vor wie eine Armee, die ins Feld zieht, und baute an allen strategischen Punkten ihre Außensiedlungen vor sich auf, deren Besitz für den Erfolg ihrer friedlichen Mission unerlässlich war. Diese Armee marschierte mit einer Geschwindigkeit von zehn Meilen im Jahr, größtenteils entlang des neununddreißigsten Breitengrads, wobei die Vorteile von Boden und Klima ihr unfehlbarer Leitfaden waren. Sein Ziel war der Pazifische Ozean.

QUÄKERGEWEHR AN DER BÜHNENSTATION.

Wir haben auch die Besetzung der Pazifikküste miterlebt, den Aufstieg zweier großer Staaten dort, deren Bevölkerung bereits ihre Hände nach Osten ausstreckte, als ob sie das Kommen beschleunigen wollten. Der Genius der Zivilisation schwebte über diesem großen Marsch und leitete ihn, der niemals` aufhörte, sondern seine Linien neu zu formen und mit majestätischem Schritt weiter voranzuschreiten.

Wir haben außerdem gesehen, wie sich ein dritter Körper fest in den Felsfesten der Rocky Mountains niederließ, dessen Mission es war, seine eigene Zivilisation sowohl nach Osten als auch nach Westen auszudehnen, so wie der Kieselstein, der in einen Teich fällt, seinen immer größer werdenden Kreis darüber aussendet der Wasseroberfläche. So errichteten die Menschen in New Mexico, Colorado und Utah bereits kleine Kolonien in den späteren Territorien Nevada, Arizona, Idaho und Montana. Somit waren diese Gebiete die Vorboten des kommenden Ostens. Und auf diese Weise hatte der energische Westen im Voraus die Festungen gesichert, die im physischen Sinne den Marsch zum Pazifik behinderten.

Im weiteren Verlauf brachte der Osten alle Hilfsmittel der Zivilisation mit und setzte sie auf der ganzen Linie in Betrieb. Im Jahr 1859 [1] erreichten

Lokomotive und Telegraf die Ostgrenze von Kansas. Zwischen dem Missouri und dem Pazifik musste nun noch eine Lücke von zweitausend Meilen geschlossen werden. Wie man dies überbrücken und auf diese Weise weit voneinander entfernte Gruppen zusammenbringen kann, war eine Frage, die in den Köpfen der Menschen nun nationale Bedeutung erlangte.

Der Westen verlangte, dass dies ohne weitere Verzögerung geschehen sollte; Die älteren Sektionen reagierten im Geiste des nationalen Fortschritts.

Das Privatunternehmen hatte bereits etwas in Richtung des gewünschten Ziels erreicht. Im Sommer 1859 baute dieselbe energische Firma, die die erste Postkutsche durch die Wüste von West-Kansas nach Denver geschickt hatte, einen Ponyexpress [2] ein, der zwischen dem Missouri River und dem Pazifik verkehren sollte. In der offenen Prärie wurden im Abstand von 25 Meilen Stationen eingerichtet, wo frische Tiere und Reiter gesattelt und ausgerüstet für die Straße bereitgehalten wurden. Auf seinem robusten kleinen Indianerpony ritt der Kurier mit Peitsche und Sporen zur nächsten Station, wo er, ob bei Tag oder Nacht, nur lange genug anhielt, um sich einen Bissen zu schnappen, ein frisches Pony zu besteigen und seine Brieftasche dahinter zu sichern ihn. Anschließend preschte er mit voller Geschwindigkeit weiter. Obwohl es sich hierbei um eine der ältesten bekannten Methoden zur Übermittlung von Nachrichten handelt, waren die Schwierigkeiten hier so groß, dass sie selten überwunden wurden. Dank harter Arbeit wurden Sendungen in Denver manchmal in weniger als drei Tagen und in Sacramento in acht Tagen ab dem Zeitpunkt der Abreise zugestellt.

Die zwischen St. Louis und San Francisco (1859) gegründete Butterfield Overland Stage Company [3] war ein ernsteres Unterfangen. Jeden Tag im Jahr fuhren Busse über die längste Etappenstrecke der Welt und legten von einem Ende zum anderen eine Distanz von fast dreitausend Meilen zurück.

PONY EXPRESS UND OVERLAND BÜHNE.

Sogar solche Errungenschaften galten als Notbehelfe, die die kommende Eisenbahn aufgeben sollte. Das und nur das würde das Problem lösen, wie man so entlegene Teile der Union dauerhaft vereinen und zusammenhalten kann. Im Osten war das Land schon immer besiedelt, bevor die Eisenbahnen gebaut wurden; im Westen wird erwartet, dass die Eisenbahnen eine Besiedlung mit sich bringen, oder in einem Fall wie dem vorliegenden sogar vorhergehen. Aber ohne ein Land, das es unterstützt, wurde die vorgeschlagene Pacific Railway [4] war etwas, das zu groß war, als dass sich private Unternehmen damit auseinandersetzen könnten. Von dem Zeitpunkt an, als es zum ersten Mal erwähnt wurde, nahm das Unternehmen daher nationalen Charakter und Bedeutung an.

Doch die Sklavereifrage hatte nun eine nationale Krise ausgelöst. Zu lange hatte es über dem Land gehangen wie eine Sturmwolke, die es mit Verwüstung überwältigen würde. Auf die Wahl von Abraham Lincoln zum Präsidenten (1860) folgte die Abspaltung der meisten Sklavenstaaten (1861), die Abspaltung durch einen Bürgerkrieg und der Bürgerkrieg durch die Abschaffung der Sklaverei im Land. Da alle Ressourcen des Landes für die Fortsetzung des Krieges erforderlich waren, schien es auf den ersten Blick, dass kein Zeitpunkt schlechter gewählt werden könnte, um die Ansprüche der Pacific Railway durchzusetzen, als zu einer Zeit, als die Menschen so sehr an der Nation selbst zweifelten und fürchteten.

Das Volk war jedoch anderer Meinung und sollte herrschen. In der Tat schien die Idee, den Großen Westen fester an sie zu binden, in dem Moment, als die Union am stärksten von der Auflösung bedroht war, von einer klugen Prognose diktiert zu sein, denn wenn die Abgeschiedenheit ein Element der Schwäche für die Nation sein sollte, dann umso eher Diese Abgeschiedenheit wurde beseitigt, umso besser für seine Sicherheit.

Der Kongress machte großzügige Angebote für Geld und Land, und die Arbeiten begannen sowohl in Kalifornien (1862) als auch in Nebraska [5] (1863). Die zuerst begonnene Route vom Missouri folgte dem alten Auswandererpfad das Platte Valley hinauf und überquerte von dort die Berge in das Utah Basin, wo die Straße von Westen kommend auf sie münden sollte. Da das Platte Valley vom Missouri bis zu den Bergen fast auf toter Ebene liegt, gingen die Arbeiten an diesem Teil der Strecke rasch voran. Zwölftausend Mann waren dort beschäftigt. Vorne schaufelten Arbeitertrupps die lockere Erde zusammen, um die Böschung zu formen; danach kamen die Gleisleger und Gleisleger; dicht gefolgt von der Lokomotive und den Waggons, in denen die Arbeiter schliefen und aßen, seit sie die Siedlungen hinter sich gelassen hatten.

Als sich die Strecke den Black Hills näherte, versuchten die Indianer, ihr weiteres Vordringen zu stoppen. Sie glaubten, dass es dazu bestimmt sei, die Büffel von ihren alten Futterplätzen zu vertreiben und sie so aus ihrem Land verhungern zu lassen. In diesem Glauben griffen sie die Arbeiter an, rissen die Gleise ab und bedrängten die Bauarbeiter so sehr, dass die Arbeiten nur unter dem Schutz von US-Soldaten fortgesetzt werden konnten. Einige wohlmeinende Leute hielten es für falsch, aus irgendeinem Grund in die Jagdgründe der Indianer einzudringen, und Wendell Phillips freute sich, dass sie sich zu ihrer Verteidigung erhoben hatten . Er sagte: „Alles sei gegrüßt und lebe wohl für die Pacific Railroad! Verfolge diese Straße mit solchen Gefahren, dass niemand es wagen wird, sie zu benutzen!"

Gleisbau, Pacific Railroad.

Die Arbeit ging jedoch stetig weiter. Am 10. Mai 1869 trafen die beiden Enden in Promontory Point, Utah, zusammen und mit beeindruckenden Zeremonien wurde die Pacific Railway für den Verkehr der ganzen Welt freigegeben. Der Weg nach Indien war gefunden. Die Prophezeiung von Senator Benton wurde erfüllt.

FUSSNOTEN

[1] DIE LOKOMOTIVE ERREICHTE St. Joseph, Missouri, über die Hannibal and St. Joseph Railroad. Der Telegraph kam von St. Louis den Missouri River hinauf. Der Telegraph überquerte die Ebene vor der Eisenbahn.

[2] PONY EXPRESS folgte der alten Platte-Route *über* Forts Kearney, Laramie, den South Pass, Fort Bridger nach Salt Lake.

[3] Die Route DER BUTTERFIELD OVERLAND COMPANY führte durch das Indianergebiet, Texas und Arizona, mit einer Nebenstrecke von Memphis, Tennessee, *über* Fort Smith, Arkansas. Die Busse fuhren Tag und Nacht und legten die Reise normalerweise in 25 Tagen zurück.

[4] DIE PACIFIC RAILWAY. Ein Gesetz zur Genehmigung wurde 1859 vom Kongress verabschiedet. Es sah drei große Linien vor, nämlich die Nord-, die Süd- und die Mittellinie, die alle gebaut wurden. Der Ausbruch des Bürgerkriegs brachte das Unternehmen zu dieser Zeit zum Erliegen. Die Regierung hatte bereits veranlasst, alle möglichen Routen zu vermessen. Bereits 1846 notierte Leutnant Emory auf dem Marsch nach Kalifornien die Durchführbarkeit der Route den Arkansas hinauf, den Rio Grande und Gila hinunter nach San Diego oder Los Angeles. Dies ist praktisch die heutige Südpazifikroute.

[5] Strecken NACH KALIFORNIEN UND NEBRASKA . Das in Kalifornien begonnene Gebiet wird Zentralpazifik genannt. Diejenige, die Omaha verlässt, ist die Union Pacific. Beide Linien haben viele Abzweigungen. Auf der kalifornischen Seite erreichte der erste Personenzug am 30. November 1867 den Gipfel der Sierra. Die Union Pacific trieb ihre Arbeit erst voran, als der Krieg fast zu Ende war. Im Herbst 1866 lag es vierzig Meilen westlich von Fort Kearney. Als die Central Pacific im Truckee Valley lag (140 Meilen gebaut), befand sich die Union Pacific in den Black Hills (500 Meilen gebaut). Brigham Young baute einen Teil der Straße in Utah.

KANSAS, NEVADA, NEBRASKA UND COLORADO ZUGELASSEN.

Kansas trat der Union bei (1861), als die abspaltenden Staaten austraten. Obwohl der friedliche Fortschritt durch den Krieg gehemmt wurde, der die meisten ihrer wehrfähigen Männer im Feld zurückhielt, leistete sie, der jüngste Staat, an der Seite der Älteren tapfer und gut ihren Teil in diesem denkwürdigen Waffenkonflikt. Sie behielt den Namen der Nation, die vor der Ankunft der Weißen an ihrem großen Fluss gelebt hatte. Mit dem Ende des Bürgerkriegs begann eine Ära des Wohlstands, die in der Geschichte der Nation kaum ihresgleichen hatte und hauptsächlich auf die Fruchtbarkeit ihres Bodens zurückzuführen war, die sie in die vorderste Reihe der Agrarstaaten gebracht hat.

NEVADA [1] aus Kalifornien hervorgegangen ist, obwohl es ursprünglich Teil von Utah war. Eine Zeit lang war es nur als Washoe bekannt, weil die Indianer am östlichen Fuß der großen Sierra lebten.

Bereits 1850 wurde hier von Auswanderern, die die Nachricht nach Kalifornien überbrachten, etwas Gold an der Oberfläche gefunden. Ihr Bericht brachte eine Reihe eifriger Goldsucher in die Schluchten rund um

Virginia City, und auf der Suche nach Gold wurden Anfang 1859 am Mount Davidson reiche Silbererze entdeckt. Hier am Osthang dieses Berges, in der Nähe der neu entdeckten Silberader, begann die Stadt Virginia mit ein paar Blockhütten. In sechzehn Jahren hatte es eine Bevölkerung von 25.000. 1864 wurde Nevada in die Union aufgenommen.

NEBRASKA [2] ähnelt in Boden und Klima Kansas, ist jedoch etwas weniger fruchtbar. Obwohl Kansas zur gleichen Zeit für Siedlungen geöffnet wurde, wurde die Auswanderung aufgrund der Aufregung um die Sklaverei größtenteils in den letztgenannten Staat gelenkt. Im Jahr 1861 wurde die Fläche von Nebraska durch die Bildung von Dakota stark verkleinert, obwohl sie immer noch größer ist als ganz Neuengland. Omaha, [3] Plattsmouth und Nebraska City entwickelten sich zu Ausstattungspunkten für den Handel in den Ebenen. Alle waren im Jahr 1857 Dörfer. Als sich das Eisenbahnsystem von Iowa zielsicher auf die Platte konzentrierte, gewann Omaha, die Hauptstadt, an Bedeutung; Doch als dort die Endstation der Pacific Railway festgelegt wurde, war ihre Zukunft gesichert. Von diesem Zeitpunkt an war der Fortschritt Nebraskas deutlich zu erkennen. Im Jahr 1867 kam es zur Schwesternschaft der Staaten.

COLORADO wurde nach dem großen Fluss benannt, der zwischen seinen Bergen entspringt. Es wurde (1861) aus Teilen aus New Mexico, Utah und Kansas gebildet. Neben dem Reichtum an Bodenschätzen hat sich die Schaf- und Rinderhaltung zu einem wichtigen Wirtschaftszweig entwickelt. 1876 wurde Colorado in die Union aufgenommen.

FUSSNOTEN

[1] NEVADA , spanisch für „verschneit", wird treffend „Der Wüstenstaat" genannt. Außer Blei und Silber produziert es wenig oder gar nichts. Carson, die Hauptstadt, ist nach Fremonts altem Reiseführer benannt. Obwohl auch im Reese River District (Austin) Silberminen eröffnet wurden, wurden die wichtigsten Mineralvorkommen in der Nähe von Virginia City gefunden. Dort setzte ein großer Ansturm aus Kalifornien ein, wo die Aufregung um Washoe eine Zeit lang mit der von 1849 durchaus mithalten konnte. Hier gibt es die großen Comstock-, Gould- und Curry- und andere reiche Silbervorkommen. Dies erklärt, warum sich die Bevölkerung hauptsächlich an einem Ort im Westen des Staates konzentriert. Kalifornien ist sein natürlicher Absatzmarkt. In sechzehn Jahren lieferten die Comstock-Minen Silberbarren im Wert von über zweihundert Millionen Dollar.

[2] NEBRASKA. Als ich Nebraska besuchte (April 1858), wurden einige Siedlungen an den Flüssen Nemaha, Saline, Big Blue und Elkhorn gegründet, aber alle hätten nicht zu einer großen Stadt geführt. Die große Flut westlicher Reisen setzte über Independence, Kansas City, Leavenworth und St. Joseph ein. Im Jahr 1872 riet die Londoner *Times* offen von der Auswanderung nach Nebraska ab und forderte stattdessen das Land am Red River. West-Nebraska ist unfruchtbar.

[3] OMAHA liegt sechshundert Meilen von St. Louis am Missouri River, fünfhundert Meilen von Chicago und 1.898 Meilen von San Francisco entfernt. Es hat eine bezaubernde Seite. Im Jahr 1866 war die Einwohnerzahl auf achttausend gestiegen.

DIE LETZTEN STAATEN.

Es ist zumindest bemerkenswert, dass bei der Befolgung des Gesetzes, das die Bewegung unseres Volkes von Ost nach West regelt, der große Teil des Wildnislandes, den Lewis und Clarke zuerst erkundeten, der letzte besiedelt sein sollte. Der Kurs ihrer Erkundungen führte über Dakota, Montana, Idaho und Washington bis zum Pazifischen Ozean.

Der Grund für diese lange Pause zwischen dem ersten und dem letzten Akt in der Geschichte des Großen Westens liegt in der Tatsache, dass sich spätere Erkundungen bald für das Platte Valley entschieden, da es den mit Abstand kürzesten Weg durch das Zentrum des Westens bietet Kontinent.

Daher sind die soeben genannten neuen Staaten größtenteils ein Ergebnis der zentraleren Region, in der sich die große Auswanderungsmasse zunächst niedergelassen hat. Es sei außerdem darauf hingewiesen, dass in den Gebieten, in denen Gold und Silber vorkommen, die Besiedlung nahezu gleichzeitig erfolgte.

IDAHO [1] wuchs wie Nevada mit der Entdeckung von Gold und Silber in seinen Grenzen auf . HYPERLINK "https://gutenberg.org/files/57528/57528-h/57528-h.htm" \l "FN_255" Der Fund dieser Edelmetalle reicht nicht weiter zurück als im Sommer 1862. Dabei handelte es sich um Seifenlagerstätten. Ein Jahr später wurden Quarzerzgänge zu Tage gefördert, deren Reichtum denen von Colorado in nichts nachstand. Bald wurde der alte Hudson's Bay-Posten Fort Boisé [2] in eine Sparstadt umgewandelt. Der Mineralfund erstreckte sich rasch entlang der Flüsse Salmon, Boisé und Clearwater. Im Süden entstand am Boisé die Stadt Idaho ; im Norden wurde Lewiston am Clearwater besiedelt. Im Jahr

1860 gab es in Idaho kaum Weiße; 1863 waren sie zahlreich genug, um eine Territorialregierung zu berechtigen.

WASHINGTON [3] ist ein weiterer Teil des älteren Oregon, dessen Grenzen uns glücklicherweise die herrlichen Häfen bescherten, die der Puget Sound umarmt. Hier liegt also der natürliche Endpunkt der Northern Pacific Railway [4], die von Duluth und St. Paul kommt, die hier in Betracht gezogene Staatenkette durchquert und über Lower Columbia Tacoma erreicht. Washington wurde 1889 zum Bundesstaat erklärt.

MONTANA. [5] Über dieses Territorium war im Jahr 1860 nur bekannt, dass es zwei wichtige Militärposten enthielt: Fort Benton an der Spitze der Schifffahrt auf dem Missouri und Fort Union nahe der Mündung des Yellowstone. Doch 1861 wurde Gold in einer Schlucht an der Spitze des Jefferson Fork des Missouri gefunden. Die Bevölkerung strömte herein. Hier wurde Bannack City gegründet. Wie in Colorado und Nevada wurden auch hier die Oberflächengrabungen schnell ausgearbeitet. 1862 wurde Virginia City als Nachfolger von Bannack gegründet; und 1863 Helena als Nachfolgerin von Virginia und Versorgungspunkt für die Minen des Blackfeet-Landes. Montana wurde 1864 als Territorium gegründet. Ein Jahr später gab es nur vier Postämter, in denen alle drei Wochen Post einging, während im Territorium nur eine Zeitung gedruckt wurde. Doch schon zu diesem frühen Zeitpunkt, als der Bergbau die Aufmerksamkeit von neun Zehnteln der Bevölkerung fesselte, zeigte sich, dass die landwirtschaftlichen Ressourcen Montanas sehr groß waren, und seit dem Bau der Northern Pacific Railway entlang des Yellowstone ist dieses Tal zu einem Tal geworden für Montana, was die Willamette für Oregon ist. Montana wurde 1889 in die Union aufgenommen.

DAKOTA hat deutlich unter Beweis gestellt, dass es in der Lage ist, große Bevölkerungsgruppen zu ernähren, sei es durch den Anbau von Getreide oder durch Viehzucht , für die die wilden Gräser der Ebenen reichlich Weideland bieten. In der Mitte durch den Missouri geteilt und im Osten durch den Red River im Norden begrenzt, hat sich Dakota in seiner östlichen Hälfte zu einer großen Weizenproduktionsregion und in seiner westlichen Hälfte zu einer Viehzuchtregion entwickelt. Dakota wurde 1861 zum Territorium erklärt und trat 1889 als zwei Staaten (North Dakota und South Dakota) der Union bei.

WYOMING enthält in seiner nordwestlichen Ecke den wunderschönen Yellowstone Park, den der Kongress mit kluger Prognose zum Nutzen und zur Belehrung der Menschheit ausgewiesen hat. Diese bemerkenswerte und malerische Region wird in nicht allzu langer Zeit zum auserwählten Spielplatz der Nation werden.

So beherbergt die Große Amerikanische Wüste, deren Durchquerung einst eine Leistung war, die es wert war, an die Nachwelt weitergegeben zu werden, und deren Länge und Breite anschaulich dargestellt wurde, als sei sie niemals dazu bestimmt, von Menschen bewohnt zu werden, heute überall große und wohlhabende Bevölkerungen.

Es ist nur hinzuzufügen, dass die Mormonen diesen weit verbreiteten Irrtum zunächst widerlegten, indem sie ihre Wohnsitze mitten in der Wüste errichteten, wozu sie sich zunächst aufgrund ihres unvollkommenen Wissens entschieden hatten und das sie dann aus Notwendigkeit auf die Probe stellen mussten. Diese Menschen haben daher eine Arbeit geleistet, die in ihrer Art ebenso bemerkenswert ist wie die der frühen Kolonisten Neuenglands.

Es sollte außerdem hinzugefügt werden, dass die Besetzung dieser Gebiete, insbesondere von Montana und Dakota, zu ernsthaften Konflikten mit den Indianern führte, die bis zum Tod für die Erhaltung ihrer letzten Jagdgründe kämpften. Der Sioux-Krieg von 1876 wurde durch den Ansturm von Goldsuchern in die Black Hills ausgelöst, die die Sioux für sich reserviert hatten. Sie griffen die Weißen an, zu deren Hilfe Soldaten geschickt wurden. Eine von General Custer angeführte Gruppe kam am Little Big Horn im Kampf mit konföderierten Indianern unter der Führung von Sitting Bull, einem Sioux-Häuptling, ums Leben.

FUSSNOTEN

[1] IDAHO. Indisch, soll „glänzende Berge" bedeuten, von manchen jedoch ausführlicher als „Juwel der Berge" interpretiert. Ursprünglich Teil von Oregon. Das Territorium enthält die großen Wasserfälle des Shoshone oder Snake oder Lewis River. Fremont's Peak ist sein großes Wahrzeichen im Osten.

[2] BOISÉ (siehe S. 241) wurde nach unserer Besetzung Oregons ein Regierungsposten. Die Hauptstadt wurde zunächst in Lewiston festgelegt und dann nach Boisé verlegt .

[3] WASHINGTON. Neben den hervorragenden Häfen ist Washington für seine unerschöpflichen Wälder bekannt, was es zu einer großartigen Holzproduktionsregion macht. Im östlichen Teil wird Weizen angebaut und es gibt gute Weideflächen.

[4] DIE NORTHERN PACIFIC RAILWAY verbindet die Eisenbahn- und Wassersysteme der Großen Seen und des oberen Mississippi mit dem

Pazifik. Es ist die von Jona vorhergesagte Route . Carver im Jahr 1766. (Siehe S. 149.)

[5] MONTANA. Der Name beschreibt lediglich eine Bergregion. Fort Benton wurde nach Thomas H. Benton benannt. Von diesem Zeitpunkt an pflegten zurückkehrende Fallensteller oder Händler vor der Zeit der Dampfschiffe in Kanus den Fluss hinunter nach St. Louis zu fahren. Fort Union war ein Handelsposten, der mit Bezug auf die Route des Yellowstone Valley in die Berge errichtet wurde.

Das Werk von achtzig Jahren.

Unsere Geschichte endet damit, dass die nationale Domäne in Grenzen vollendet wird, die größer sind, als selbst der kluge Jefferson gehofft hatte. Obwohl „der Friede seine Siege hat", bietet eine friedliche Entwicklung, wie sie auf die Lösung schwerwiegender politischer Fragen folgte, weniger Material für die Geschichte als die bewegenden Aufzeichnungen über Kriege oder die Annalen politischer Konflikte.

Der Westen teilte mit dem Osten den Abfluss seiner Ressourcen durch den Sezessionskrieg. Seine Erholung von den Auswirkungen dieses Krieges war jedoch so deutlich, dass heute alle Spuren davon aus seinem äußeren und inneren Leben nahezu verschwunden sind. Nationale Einheit ist nicht mehr eine Sache territorialer Expansion, wie bei den Staatsmännern zu Jeffersons und Bentons Zeiten, sondern bedeutet jetzt eine vollkommene Vereinigung des ganzen Volkes im Interesse des Fortschritts und zum Wohl der Menschheit. In diesem friedlichen Konflikt engagieren sich die einst verfeindeten Teile nun in lobenswerter Weise.

Das Kind, das geboren wurde, als Lewis und Clarke in den Pazifik aufbrachen, könnte nun der lebende Zeuge dessen sein, was wir das Wunder des 19. Jahrhunderts nennen. Es ist wahr, dass ein großer Teil des schnellen Fortschritts des Großen Westens auf die Entwicklung seines außergewöhnlichen Bodenschatzes zurückzuführen ist, der dazu geführt hat, dass Massen der Bevölkerung plötzlich an bestimmte Punkte verlagert wurden und so die Besiedlung über ihr legitimes Wachstum hinaus erzwungen wurde.

Es gab jedoch auch andere wirksame Agenturen, die das gleiche Ziel verfolgten. Zu den wichtigsten zählen, immer unter Berücksichtigung der ständig verbesserten Möglichkeiten für die Übersiedlung von Auswanderern in den Westen, die großen Verbesserungen, die in der mechanischen Kunst erzielt wurden. Und zuallererst sollten wir die von Cyrus H. McCormick erfundene Erntemaschine erwähnen, von der man annimmt, dass sie die Linie der Zivilisation jedes Jahr viele Meilen nach Westen vorgeschoben hat . Ohne diese Erfindung wäre das, was vor vierzig Jahren eine unbewohnte und unproduktive Region war, kaum in die Kornkammer des Kontinents mit seinen Millionen Menschen, seiner wunderbaren Produktivität und seinem wachsenden Gewicht in der Nation verwandelt worden. Im Osten sind kleine Bauernhöfe die Regel; im Westen die Ausnahme. Zumindest scheint der Unterschied größtenteils auf den Grasmäher und die Getreideerntemaschinen zurückzuführen zu sein, die den Landwirten einer früheren Generation unbekannt waren, obwohl die besseren Bodenbedingungen berücksichtigt werden müssen, die ihn allgemeiner anpassen Anbau. Große Mengen fruchtbaren Landes, wie sie in den Bundesstaaten Kansas und Nebraska existieren, sind im Osten unbekannt.

ERNTEMASCHINE.

Dann hat der Bau der pazifischen Eisenbahnen wesentlich zum Aufstieg des Westens beigetragen. Von der Regierung großzügig mit Geld und Land ausgestattet, wurde der Verkauf des letzteren an Siedler zu einem sofortigen und wirksamen Mittel zum Aufbau des unbesetzten Landes. In ihren Vorkaufs- und Gehöftsgesetzen hat die Regierung auch allen, die sich auf dem freien öffentlichen Grundstück niederlassen wollten, ungewöhnliche Privilegien gewährt; Dadurch werden die wertvollsten und produktivsten landwirtschaftlichen Flächen der Welt für Menschen mit geringen Mitteln zugänglich . In dieser Hinsicht hat keine Regierung so viel für ihre Mittelschichtbevölkerung getan wie unsere. Und keine Bevölkerung hat die erhaltenen Vorteile schneller an den Geber zurückgegeben.

Ein weiteres aktives Mittel zur Schaffung des Großen Westens sollte nicht übersehen werden. Wenn wir an den Entdeckern vorbeikommen, deren Namen bekannt sind, kommen wir zu einer Klasse von Männern, deren Arbeit in ihrer Art nicht weniger wichtig war. Geschulte Journalisten wie Horace Greeley, Samuel Bowles, Albert D. Richardson, Henry Villard, Thomas W. Knox und William Phillips haben viel dazu beigetragen, den Westen in all seinen Aspekten, ob politisch, sozial oder wirtschaftlich, im Osten bekannt zu machen Es schilderte sein inneres und äußeres Leben einer Vielzahl von Lesern, von denen viele dadurch zu echten Auswanderern wurden.

Diese vereinten Agenturen, die alle harmonisch zusammenarbeiten, haben außergewöhnliche Ergebnisse hervorgebracht. Als wir beispielsweise alles kauften, lebten in Louisiana, von New Orleans bis Missouri gerechnet, nur etwa 45.000 Menschen. Im Jahr 1880, unter nicht ganz achtzigjähriger amerikanischer Herrschaft, hatte es über elf Millionen Einwohner, mehr als doppelt so viele wie alle Staaten, als Louisiana an uns abgetreten wurde. Die Gesamtbevölkerung des französischen und spanischen Louisiana entsprach derzeit nicht der von Minneapolis, St. Paul oder Kansas City, und keiner von ihnen hatte zum Zeitpunkt der Abtretung einen einzigen Siedler.

Spanien dachte daran, den Kontinent mit ein paar Soldaten und Missionaren zu kontrollieren. Ihre in ihrem Ursprung barbarische Zivilisation ist eher mittelalterlich als modern. In Amerika konnte es nicht höher steigen als seine Quelle. Mexiko und Kuba, zwei seiner frühesten Eroberungen, zeigen, was es in der Neuen Welt in dreihundertfünfzig Jahren seiner Herrschaft erreichen konnte.

Frankreich vergeudete seine Möglichkeiten mit Plänen, die für die damalige Zeit oder die für ihre Verwirklichung vorgesehenen Mittel zu groß waren. Es ist die Geschichte von Gewalt ohne Prognose. Ihre Entdecker überrannten das Land, hinterließen jedoch nur wenige nennenswerte Fußspuren. Man liest überall französische Namen, sieht aber keine gegründeten Städte. Die Politik Frankreichs zielte ebenso wie die Spaniens mehr darauf ab, Einnahmen aus Amerika zu erzielen, als es zu kolonisieren. Daher wurde jede Möglichkeit individueller Anstrengungen unternommen, um zur königlichen Staatskasse zurückzukehren.

Nun soll der Mann, der noch keine fünfzig Jahre alt ist, die Geographie aufschreiben, die er als Schuljunge studiert hat, und seinen Finger in die Mitte des Staates Iowa legen. Er wird die Grenze der Großen Amerikanischen Wüste erreicht haben, deren Geschichte wir ihm erzählt haben.

- 314 -